1 fr. 25 le volume

ŒUVRES COMPLÈTES D'HECTOR MALOT

RAPHAELLE

PARIS
LIBRAIRIE MARPON & FLAMMARION
E. FLAMMARION, SUCC^r
26, RUE RACINE, PRÈS L'ODÉON

EN VENTE A LA MÊME LIBRAIRIE

ŒUVRES COMPLÈTES D'HECTOR MALOT

à 1 fr. 25 le volume

POUR PARAITRE SUCCESSIVEMENT DANS CETTE COLLECTION

Le Lieutenant Bonnet.................	1 vol.
Suzanne...........................	1 vol.
Miss Clifton.......................	1 vol.
Clotilde Martory...................	1 vol.
Pompon...........................	1 vol.
Marichette........................	2 vol.
Un Curé de Province................	1 vol.
Un Miracle........................	1 vol.
Romain Kalbris....................	1 vol.
La Fille de la Comédienne..........	1 vol.
L'Héritage d'Arthur................	1 vol.
Le Colonel Chamberlain.............	1 vol.
La Marquise de Lucillière..........	1 vol.
Ida et Carmelita...................	1 vol.
Thérèse...........................	1 vol.
Le Mariage de Juliette.............	1 vol.
Une Belle-Mère....................	1 vol.
Séduction.........................	1 vol.

PARIS. — IMP. C. MARPON ET E. FLAMMARION, RUE RACINE, 26.

RAPHAËLLE

OUVRAGES DE HECTOR MALOT

COLLECTION GRAND IN-18 JÉSUS

LES VICTIMES D'AMOUR : LES AMANTS, LES ÉPOUX, LES ENFANTS........	2 vol.	SANS FAMILLE.........	2 vol
LES AMOURS DE JACQUES.	1 —	LE DOCTEUR CLAUDE....	1 —
ROMAIN KALBRIS.......	1 —	LA BOHÈME TAPAGEUSE..	3 —
UN BEAU-FRÈRE........	1 —	UNE FEMME D'ARGENT...	1 —
MADAME OBERNIN.......	1 —	POMPON.............	1 —
UNE BONNE AFFAIRE....	1 —	SÉDUCTION...........	1 —
UN CURÉ DE PROVINCE...	1 —	LES MILLIONS HONTEUX..	1 —
UN MIRACLE...........	1 —	LA PETITE SŒUR.......	2 —
SOUVENIRS D'UN BLESSÉ : SUZANNE............	1 —	PAULETTE............	1 —
SOUVENIRS D'UN BLESSÉ : MISS CLIFTON........	1 —	LES BESOIGNEUX.......	2 —
		MARICHETTE.........	2 —
		MICHELINE..........	1 —
LA BELLE MADAME DONIS.	1 —	LE SANG BLEU........	1 —
CLOTILDE MARTORY.....	1 —	LE LIEUTENANT BONNET.	1 —
UNE BELLE-MÈRE.......	1 —	BACCARA............	1 —
LE MARI DE CHARLOTTE..	1 —	ZYTE...............	1 —
L'HÉRITAGE D'ARTHUR...	1 —	VICES FRANÇAIS.......	1 —
L'AUBERGE DU MONDE : LE COLONEL CHAMBERLAIN, LA MARQUISE DE LUCILLIÈRE..............	2 —	GHISLAINE..........	1 —
		CONSCIENCE.........	1 —
		JUSTICE............	1 —
		MARIAGE RICHE.......	1 —
L'AUBERGE DU MONDE : IDA ET CARMELITA, THÉRÈSE	2 —	MONDAINE...........	1 —
		MÈRE...............	1 —
MADAME PRÉTAVOINE....	2 —	ANIE...............	1 —
		COMPLICES..........	1 —
CARA................	1 —	EN FAMILLE..........	2 —

Mme HECTOR MALOT

FOLIE D'AMOUR........	1 vol.	LE PRINCE...........	1 vol.

ÉMILE COLIN — IMPRIMERIE DE LAGNY

RAPHAËLLE

PAR

HECTOR MALOT

PARIS
ERNEST FLAMMARION, ÉDITEUR
26, RUE RACINE, PRÈS L'ODÉON

Tous droits réservés.

RAPHAËLLE

I

Peu de rues à Paris comptent autant d'hôtels, anciens ou nouveaux, que la rue de Lille : hôtel de Montmorency, de Choiseul-Praslin, de Noailles, de Mortemart, de Bentheim, de Lauraguais, de Rouault, d'Humières, d'Ozembray, hôtel de l'ambassade de Prusse, palais de la Légion d'honneur, dix autres.

Au-dessus de la porte d'entrée d'un de ces hôtels d'assez médiocre apparence, bien que cette porte d'ordre dorique flanquée de chaque côté de colonnes accouplées ait des prétentions au style, — on lit sur une plaque de marbre noir :

HOTEL DE CONDRIEU — R.

Cette inscription tire d'autant mieux l'attention

qu'elle est unique dans cette rue, les autres hôtels ne se signalant au dehors par rien de particulier, pas même un écusson avec armoiries.

Que veut dire ce R séparé du nom par un trait d'union ?

Pour peu que celui qui se pose cette question ait ouvert un dictionnaire biographique, un livre de mémoires ou un roman historique, il sait que ce nom de Condrieu est écrit à chaque page de l'histoire de France, et s'il n'a jamais entendu parler de Condrieu le Barbu, qui fut tué à Poitiers ; de François de Condrieu, qui fut tué à Pavie ; de Louis de Condrieu, l'un des chefs de la Ligue ; de Gaston de Condrieu, l'ambassadeur de Henri IV ; de Guy de Condrieu, l'ami de Louis XIII, il connaît au moins la belle marquise de Condrieu, la maîtresse de Louis XIV, qui obtint que son royal amant érigeât le marquisat de Condrieu en duché-pairie en faveur de son mari, non moins complaisant et non moins âpre au gain que M. de Soubise, et il se dit que ce R tout seul indique assurément une branche de cette grande famille des Condrieu.

En effet, n'y avait-il pas sous le second Empire un sénateur du nom de Condrieu-Revel qui portait le titre de comte ?

Cet hôtel était le sien, sans aucun doute, et ce Condrieu-Revel ne pouvait être qu'un membre de la famille des Condrieu ; Revel était là comme Nivelle, Laval, Fosseux, Tancarville s'est trouvé à la suite du nom de Montmorency.

Il fallait être bien au courant des hommes et des choses du monde parisien pour savoir qu'entre les Condrieu tout court et les Condrieu-Revel il n'y avait jamais eu aucun lien de parenté, et pour expliquer d'une façon nette et claire ce qu'étaient ces Condrieu-

Revel; encore y avait-il à leur sujet des points entièrement inexplicables.

Ce qu'on savait généralement de ceux-ci, c'était qu'un général portant ce nom de Condrieu s'était distingué dans les guerres de la Révolution et de l'Empire, et qu'il avait été fait comte par Napoléon. D'où venait-il ? Qui était-il ? Cela restait obscur. Brave soldat à coup sûr, de plus bon courtisan. Napoléon n'en avait pas demandé davantage. Un Condrieu à sa cour, cela était pour lui plaire, lui qui accueillait l'ancienne noblesse avec des joies de parvenu; celui-là avait l'apparence de l'authenticité s'il n'en avait pas la réalité.

A la Restauration, le chef de la famille de Condrieu, la vraie, le duc Albert, rentrant en France avec Louis XVIII, qu'il avait accompagné en exil, s'était inquiété de ce comte de Condrieu et il avait fait demander au général si, par extraordinaire, ils seraient parents. Très poliment, humblement même, le général avait répondu qu'il n'avait jamais prétendu à cet insigne honneur; mais qu'à l'avenir, pour éviter toute confusion et dans un sentiment de délicatesse qui, espérait-il, serait apprécié, il joindrait à son nom de Condrieu, que tout naturellement il ne pouvait ni changer ni abandonner, celui de Revel, que quelques-uns de ses ancêtres avaient autrefois ajouté au leur.

Satisfait de ces explications, le duc Albert n'avait pas poussé les choses plus loin; maintenant que le silence qui pendant les vingt années de la Révolution et de l'Empire s'était fait sur lui, avait cessé, maintenant qu'il avait repris à la cour et dans l'État les charges qu'avait occupées sa famille, il n'y avait plus en France qu'un Condrieu, — lui; ce général de Bonaparte n'existait pas; ça ne comptait pas.

Les choses étaient restées ainsi jusqu'aux journées de juillet 1830, où les Condrieu avaient repris le chemin de l'exil avec Charles X et où un Condrieu-Revel, le fils précisément de ce général de Bonaparte « qui ne comptait pas », était venu occuper au palais du Luxembourg la propre place du duc Albert de Condrieu.

C'était un homme habile que ce nouveau comte de Condrieu, qui après avoir servi avec zèle l'administration impériale, avait obtenu un rapide avancement sous la Restauration et avait su se faire nommer pair de France par Louis-Philippe.

De tournure épaisse, il s'exprimait cependant difficilement, lentement, en répétant ses mots comme s'il ne pouvait pas les trouver ; mais s'il ne payait pas de mine avec sa grande taille voûtée aux épaules remontées, sa tête en poire couronnée d'un toupet frisé, ses fortes mâchoires et ses bajoues pendantes, sa démarche lourde, à pas traînés, son geste hésitant et gauche, il n'en était pas moins plein de finesse et d'astuce, retors, prompt à tourner tout à son avantage, âpre au gain, ambitieux d'honneurs autant que de fortune et de biens, capable de tout pour réussir, sans scrupule et sans honte, avec une suite dans l'esprit, une fermeté dans le caractère, une persévérance dans la volonté qui faisaient qu'un but visé par lui était sûrement atteint un jour, tôt ou tard, malgré tout et contre tous.

Pendant la Restauration, le duc Albert de Condrieu avait acquis une autorité considérable dans la Chambre des pairs aussi bien par le talent que par le caractère ; mais en héritant de son fauteuil le comte de Condrieu-Revel n'avait point hérité de cette autorité. Cependant, s'il n'avait pas su s'emparer de la tribune, il avait su tout au moins y monter à propos pour y prononcer quelques-uns de ces mots décisifs qui posent un homme et le font remarquer.

En dehors de la Chambre, on avait encore lu assez souvent ce nom de Condrieu-Revel dans les journaux, car, bien qu'il ne fût pas plus écrivain qu'orateur, le comte avait publié de temps en temps quelques mémoires et quelques livres dont la presse s'était occupée. Un livre ne se composant pas d'un mot heureux dit avec plus ou moins d'à-propos, il fallait l'écrire ; mais pour cela M. de Condrieu-Revel avait une méthode aussi commode que peu fatigante. Décidé à publier un mémoire ou un livre sur un sujet qu'il avait préparé, il se faisait envoyer de jeunes écrivains à leurs débuts, zélés, instruits, intelligents et ayant une bonne écriture ; puis, quand parmi ceux qui se présentaient il en avait trouvé un possédant les qualités qu'il exigeait, — qualités qui devaient être en réalité plus nombreuses que celles qu'il réclamait ostensiblement, — il lui remettait un manuscrit assez mince accompagné d'un petit discours qu'il savait admirablement faire comprendre plutôt par ses silences, les sourires discrets, ses sous-entendus, que par ses mots mêmes qu'il employait : « Voici un manuscrit que je viens d'achever (c'était toujours le même qui servait) ; il est fort mal écrit, vous le voyez, si mal que je ne puis pas moi-même en lire un mot ; il est vrai que j'ai la vue très mauvaise. Tâchez de le déchiffrer, et alors mettez-le au net, je vous prie, vous trouverez sans doute des phrases inachevées : achevez-les, des passages incomplets : complétez-les, je vous y autorise ; seulement, comme il peut être utile pour un travail Ide ce genre de bien savoir à l'avance ce que j'ai voulu faire, je vais vous l'expliquer, cela facilitera beaucoup votre lecture, et même cela pourra la remplacer... quelquefois. » Et tout de suite il expliquait assez brièvement, d'une façon embrouillée et confuse, ce qu'il avait peut-être voulu faire, mais ce qu'en réalité il n'avait nullement fait. Si le jeune écrivain était sot, ou bien s'il était indépendant, il rapportait le manuscrit du comte, en s'excusant de n'avoir pu le déchiffrer ; si au contraire il était intelligent, besoigneux, disposé à tout faire pour gagner quelque argent, il rapportait un gros manuscrit bien net joint à celui qu'il était censé avoir lu ; le comte l'en remerciait fort poliment, le louait pour sa belle écriture et le payait un peu plus cher que ne se payent généralement les copies. Puis bientôt le livre paraissait sous le nom du comte de Condrieu-Revel, commandeur de la Légion d'honneur, membre de plusieurs sociétés savantes de France et de l'étranger, et propageait dans le monde entier la réputation et la gloire de son noble auteur.

Et, pendant ce temps, à Holy-Rood, à Goritz, plus tard à Frohsdorff, les Condrieu, les vrais, restaient les fidèles serviteurs de leur roi.

En France, on ne connaissait plus qu'un Condrieu, le comte de Condrieu-Revel précisément, l'habile politique, l'auteur de tant d'œuvres remarquables.

La branche cadette avait détrôné la branche aînée, qui n'existait plus pour le public.

Comment n'eût-on pas cru à cette parenté lorsqu'on avait vu mademoiselle Éléonore-Simonne-Gaëtane de Condrieu, fille de M. le comte de Condrieu-Revel, épouser le duc de Naurouse.

Était-il raisonnable de supposer qu'un Naurouse, héritier d'un des grands noms de France, prenait pour femme une fille sans naissance ?

II

Voici comment s'était fait son mariage.

Bien qu'il fût fils d'un général qui devait tout à l'Empire et à l'empereur, ou plutôt justement parce qu'il était le fils de ce général, M. de Condrieu-Revel avait salué la Restauration avec un bruyant enthousiasme, et il avait été récompensé de ce beau zèle par une des meilleures sous-préfectures du Midi. Là il s'était marié et, tout gauche, tout lourdaud qu'il fût, il avait eu l'habileté de prendre pour femme une belle, très belle jeune fille, d'excellente maison et fort riche. A la vérité, ce n'était point à la jeune fille qu'il avait plu ; se connaissant bien, il s'était contenté de séduire son beau-père.

Après avoir donné un enfant, un fils, à son mari, madame de Condrieu-Revel s'était éloignée de celui-ci et l'avait pris en aversion. Aussi douce, tendre, affectueuse, aussi sensible que son mari était dur et sec, elle avait voulu ne vivre que pour son enfant. Mais M. de Condrieu-Revel, toujours occupé à pousser sa fortune, avait de grandes ambitions pour ce fils, en qui, par un étrange hasard, il se retrouvait tout entier; aussi, dès que l'enfant était arrivé à sept ans, l'avait-il enlevé à sa mère, pour le faire élever en vue des hautes destinées qu'il visait déjà pour lui.

Sans mari, sans enfant, madame de Condrieu, qu'on courtisait autant pour sa grâce que pour sa beauté, avait accepté l'amour d'un de ceux qui s'empressaient autour d'elle.

M. de Condrieu-Revel était en ce moment préfet

en Provence, et le personnage le plus considérable de son département était le marquis de Varages. Jeune encore, chevaleresque, romanesque, en vue par ses aventures aussi bien que par l'influence dont il disposait, intéressant par sa mine pâle, sa distinction, sa générosité, ses beaux yeux brûlants de poitrinaire, les histoires qu'on faisait ou qu'on racontait sur son compte, le marquis de Varages s'était attaché à madame de Condrieu et il en avait été aimé.

Une fille était née de cette liaison : Éléonore-Simonne-Gaëtane de Condrieu-Revel.

Pour un mari séparé depuis plusieurs années d'une femme fière, incapable de recourir à certaines manœuvres au moyen desquelles elle eût pu arriver tant bien que mal à légitimer cette grossesse intempestive, le cas eût pu être tragique.

Mais M. de Condrieu-Revel, qui n'avait jamais été un caractère tragique, n'était pas un homme à oublier ses intérêts dans un accès de douleur ou de fureur. Or, son intérêt était d'éviter le scandale d'un éclat et aussi de ne pas se faire un ennemi déclaré du marquis de Varages, qui, par son influence et ses attaches, pouvait entraver sa carrière administrative.

La situation était d'autant plus difficile que son honneur et son ambition n'étaient pas seuls en jeu : par la naissance de ce second enfant, la fortune de son fils aîné allait se trouver diminuée de moitié. On n'était plus au temps où l'aîné seul recueillait la fortune paternelle, et où cadets et filles, ne comptant pour rien, étaient jetés à Malte ou dans l'Église; maintenant ce second enfant devait, avec la complicité de la loi, voler la part de son aîné.

C'était là, à ses yeux, une abomination plus horrible que la faute même de sa femme; car, si grande que fût son ambition, elle était plus grande encore, plus âpre, plus dévorante pour son fils que pour lui.

Lui n'était qu'un fils de parvenu; mais son fils aurait des ancêtres et il pourrait fonder une maison solidement établie sur de grands biens.

C'était là le but de sa vie, et ce but il l'avait poursuivi par tous les moyens, même les plus chimériques, arrangeant tout, disposant tout : mariages, héritages, naissances, morts, pour qu'à un moment donné les diverses fortunes auxquelles il pouvait avoir un droit se réunissent en un seul bloc sur la tête de ce fils unique.

C'était chez lui une idée fixe, une manie à laquelle il croyait si fermement, qu'il était convaincu que tous les membres de sa famille, comme tous ceux de la famille de sa femme, devaient mourir un jour exprès et à point pour que son fils en héritât.

Comment sa femme, qui connaissait ses combinaisons, se permettait-elle d'avoir un second enfant? Qu'elle aimât le marquis de Varages, cela était de peu d'importance; mais comment osait-elle être enceinte?

Un soir il s'était enfermé avec elle et, de sa voix lente, en répétant ses mots selon sa prudente habitude, il lui avait adressé ce petit discours :

— Je pourrais vous tuer, oui, je le pourrais, je le devrais peut-être. Rassurez-vous, je n'en ferai rien; mais c'est à une condition, condition formelle, condition expresse, qui est que vous vous arrangerez pour que la naissance de l'enfant dont vous êtes enceinte ne nuise en rien à mon fils. Quant à votre amant, que je pourrais aussi tuer, je le pourrais, je laisse ce soin à sa maladie, qui s'en acquittera sûrement avant peu, avant peu, je l'espère. Mais, de ce côté, je pose aussi ma condition, qui est que vous preniez vos dispositions pour qu'il lègue sa fortune à votre enfant. C'est le seul moyen d'empêcher cet enfant d'être dans la misère, qui serait son lot, je vous le jure. Né d'un père poitrinaire, cet enfant aura de grandes chances pour mourir jeune, très jeune, et dans ce cas, ce sera son frère aîné qui héritera de lui, — ce qui sera justice... justice de Dieu pour le père et pour l'enfant.

La justice de Dieu avait réalisé les espérances de M. de Condrieu-Revel; à quatre ans, mademoiselle Éléonore-Gaëtane de Condrieu s'était trouvée légataire pour cent mille francs de rente de son parrain, le marquis de Varages.

Mais où M. de Condrieu-Revel avait mal spéculé, ç'avait été en comptant que cette fille de poitrinaire devait mourir très jeune; elle avait vécu au contraire, se développant chaque année en beauté, ayant pris à son père et à sa mère, si charmants l'un et l'autre, ce qu'ils avaient de mieux.

Cette beauté avait exaspéré M. de Condrieu et il ne s'était un peu calmé qu'en se disant que, si elle n'était pas encore morte, tuée par la maladie de son père dont elle portait le germe, elle pouvait au moins mourir pour tout le monde en entrant au couvent, après avoir abandonné à son frère une fortune dont elle n'avait pas besoin.

La mort de la comtesse de Condrieu ayant facilité la mise à exécution de ce plan, on avait entouré la jeune fille, restée sans appui et sans affection, de gens pieux qui avaient incliné son esprit vers les choses de la religion : mais elle avait résisté à tous, et, en édifiant chacun par sa piété, elle avait persisté fermement dans sa résolution de ne pas entrer au couvent.

Évidemment c'était sa beauté dont elle tirait vanité

qui la fortifiait dans cette obstination, et M. de Condrieu, à l'exemple d'un duc de Mazarin qui ne voulait pas que ses filles fussent trop belles, avait pensé à lui faire arracher ses dents de devant.

Faudrait-il donc la marier ou la laisser se marier, car elle était de caractère à trouver et à prendre un mari sans attendre qu'on lui en donnât un.

Heureusement un esprit fertile en ressources comme le sien ne restait jamais à court, et un dessein avorté était aussitôt chez lui remplacé par un autre : s'il fallait subir ce mariage, on devait au moins s'arranger pour qu'il fût stérile ; si elle n'était pas morte à quinze ans, elle mourrait à vingt-cinq, et alors ce serait toujours son frère qui hériterait d'elle.

Au moment où elle allait atteindre l'âge légal où une fille peut forcer son père de consentir à son mariage, un jeune pair de France, pair par voie d'hérédité, le duc de Naurouse, était venu occuper sa place dans le palais du Luxembourg, à côté de M. de Condrieu.

Ce duc de Naurouse n'avait pour lui que sa naissance et sa fortune, qui, à la vérité, étaient l'une et l'autre des plus belles ; pour tout le reste, un véritable avorton, dernier rejeton d'une race épuisée jusqu'à la moelle : petit, laid comme un singe, mal bâti, il semblait n'avoir que le souffle ; avec cela un tremblement général qui indiquait clairement la paralysie et le ramollissement. M. de Condrieu, en l'examinant, s'était dit qu'un pareil homme était bien certainement incapable d'avoir des enfants et qu'il était condamné à une mort prochaine, sans appel possible ; c'était donc le gendre qu'il lui fallait.

— Plaisez au duc de Naurouse, avait-il dit à sa fille, faites sa conquête et je vous le donne pour mari, puisqu'il vous en faut un.

Si malheureuse, si désespérée elle était, qu'elle avait accepté.

De son côté, le duc de Naurouse était si peu habitué au sourire d'une femme, qu'il avait été fasciné par cette belle jeune fille qui ne se moquait pas de lui et ne lui tournait pas le dos avec mépris. Aimé! il serait aimé!

Le mariage s'était accompli.

Mais les prévisions du comte de Condrieu-Revel avaient reçu un démenti terrible : l'impossible s'était réalisé, la beauté de la jeune duchesse de Naurouse avait fait un miracle, un fils était né de ce mariage.

Pour M. de Condrieu, quel effondrement!

Mais la justice — la justice de Dieu lui devait une consolation, une compensation : deux ans après la naissance de son fils, le duc de Naurouse était mort d'une attaque de paralysie, et, quatre ans après, la duchesse avait succombé à la maladie de poitrine qui la minait.

Orphelin à six ans, le jeune duc Roger s'était trouvé placé sous la tutelle de son grand-père.

III

Le temps avait marché.

Le jour était arrivé où Roger de Naurouse allait atteindre sa majorité, et où son grand-père devait lui rendre son compte de tutelle.

Pour cela, le notaire de la famille, M⁰ Le Genest de la Crochardière, avait été mandé à l'hôtel de Condrieu-Revel, et le comte l'attendait dans son grand salon du rez-de-chaussée; le notaire devait arriver à midi, et le duc de Naurouse à midi et demi seulement.

Bien qu'il eût dépassé soixante-quinze ans, le comte était aussi solide, aussi vert qu'à soixante; l'âge semblait avoir glissé sur lui sans l'atteindre, la vieillesse lui ayant été plutôt favorable que contraire, en atténuant les défauts de la jeunesse : ainsi sa taille voûtée qui, à trente ans, lui donnait un aspect ridicule, ne choquait plus maintenant; de même ses manières lourdes, sa démarche hésitante, ses gestes gauches, étaient maintenant tout naturels; de jaunes qu'ils étaient, ses cheveux avaient passé au blanc, et ses yeux, en pâlissant, avaient perdu leur dureté.

Enveloppé dans une redingote trop longue et assis près de la cheminée, dans laquelle brûlait un grand feu qu'activait un vent glacial de décembre, il feuilletait des dossiers bariolés de titres en écriture bâtarde ou ronde, avec çà et là des annotations plus fines : *Terre de Naurouse, Terre de Varages, Forêt de Montvalent, Ferme de Roc-de-Cor, Mines de Fabrèges, Compte particulier de M. le duc de Naurouse.*

En les reposant sur la table, il avait un sourire narquois, et, avant d'en reprendre un nouveau, il promenait ses regards dans le salon en se frottant les mains doucement, comme un homme dont les articulations sont endolories par des nodosités goutteuses.

Éclairé par quatre fenêtres donnant sur un jardin dont on voyait les arbustes couverts d'une couche de neige pointillée de noir de fumée, ce salon était vaste et de belle ordonnance avec un air de dignité raide qui tenait pour beaucoup à son mobilier, datant des beaux jours du premier Empire : meubles carrés en bois doré, tendus d'une étoffe de soie verte à médaillons réguliers; rideaux de même étoffe aux plis élimés; lustres en cristal; appliques et garniture de cheminée en bronze doré; aux murs un seul tableau : un portrait de femme en pied plus grand que nature, occupait le panneau qui faisait face aux fenêtres; sur un cartouche appliqué contre la large bordure de ce portrait on lisait: *Hyacinthe Rigaud*, et au-dessous en caractères plus forts : Duchesse de Condrieu, 1637-1709.

C'était en effet le portrait de la belle marquise, la maîtresse de Louis XIV, avec son air de grandeur, avec sa beauté royale que Rigaud avait admirablement saisis et rendus dans cette œuvre, une de ses meilleures.

Pourquoi ce portrait se trouvait-il à la place d'honneur et tout seul dans le salon de réception du comte de Condrieu-Revel, puisque les Condrieu-Revel, ainsi que le général l'avait reconnu, n'avaient pas la prétention d'être les descendants des marquis de Condrieu, devenus ducs et pairs par la grâce de Louis XIV?

Il en était de ce cartouche comme du R qu'on lisait au-dessus de la porte d'entrée : ceux-là seuls qui étaient capables d'aller au fond des choses étaient en état de l'expliquer; quant au vulgaire admis dans ce salon, il se disait que de cette marquise de Condrieu descendait incontestablement le maître de la maison.

Un valet en petite livrée ouvrit un des battants de la porte du salon et annonça, comme le dernier coup de midi sonnait :

— M. Le Genest de la Crochardière!

— Vous êtes le bienvenu, mon cher notaire; asseyez-vous près du feu, je vous prie.

Cela fut dit d'un ton glorieux, quoique avec un air affable.

— Je vous remercie de m'avoir envoyé ces pièces à l'avance ; j'ai jeté les yeux dessus et j'ai trouvé vos résumés d'une clarté parfaite. J'espère que mon petit-fils n'aura rien à dire.

— N'en doutez pas, monsieur le comte ; d'ailleurs il a dû voir avec quelle rectitude nous avons procédé ; car je l'ai averti du dépôt des pièces dont il m'a envoyé récépissé.

— Il n'a rien vu, et n'a pas pris connaissance de ces pièces ; aussi n'ai-je pas votre superbe confiance, non, vraiment, je ne l'ai pas, car je connais mon petit-fils mieux que vous ne pouvez le connaître ; pour le malheur de ma vieillesse, je le connais.

M. de Condrieu poussa un profond soupir.

— Il est si jeune, essaya le notaire sur le ton de la consolation.

— Il est aujourd'hui ce qu'il sera dans cinq ans, dans dix ans, si Dieu lui accorde dix années d'existence.

Et le nouveau soupir qu'il poussa fut plus profond encore, plus douloureux que le premier.

— Ah ! je suis désolé, accablé, mon cher notaire. Le malheur frappe sur ma maison et sur moi à coups redoublés ; à coups redoublés, oui, vraiment : la mort m'a arraché mon fils en qui j'avais mis tant d'espoirs orgueilleux, elle m'a pris ma fille, elle m'a pris mon gendre, et je la vois depuis vingt ans suspendue au-dessus de mon petit-fils, le duc de Naurouse.

A ne faire attention qu'aux paroles mêmes du comte, on pouvait croire que c'était une douleur semblable que lui avait fait éprouver la mort de son fils et de sa fille ; mais le ton avec lequel il avait dit : « La mort m'a arraché mon fils », ne ressemblait en rien à celui avec lequel il avait dit : « Elle m'a pris ma fille et elle est suspendue au-dessus de mon petit-fils. » Dans l'un il y avait un cri déchirant, un sanglot parti du cœur; dans l'autre, il n'y avait rien, rien que des mots alignés pour finir une phrase. C'est que la mort de ce fils avait été un coup effroyable qui avait terrassé, écrasé M. de Condrieu-Revel en anéantissant tout le travail et toutes les espérances de sa vie; tandis que la mort de sa fille, — c'est-à-dire de la fille de sa femme et du marquis de Varages, — avait été un soulagement en même temps que la réalisation d'une combinaison impatiemment attendue.

Continuant son rôle de consolateur, après un moment de silence qu'il crut ne pas devoir laisser se prolonger trop longtemps, le notaire reprit la parole :

— Si la santé de M. le duc de Naurouse peut vous inspirer des craintes qui, pour moi, n'ont rien de fondé, vous pouvez au moins avoir toute sécurité pour celle de vos autres petits-enfants; M. votre fils, mort victime d'un déplorable accident de chasse, était d'une santé magnifique qu'il a transmise à ses enfants. Son fils, M. le vicomte Ludovic, est solide comme un paysan ; mademoiselle Christine, que je viens de rencontrer dans le vestibule, bien que plus frêle et plus délicate que son frère, comme cela doit être, a un air de fraîcheur, une exubérance de vie qui font plaisir à voir.

Au nom de Ludovic, un sourire avait éclairé le visage de M. de Condrieu :

— Oui, oui, dit-il, Ludovic est, Dieu merci, un vrai Condrieu pour tout, pour la santé comme pour le reste. Si je ne l'avais pas eu, bien certainement je n'aurais survécu à mon fils; sans lui j'aurais succombé au désespoir... sans lui et sans Christine, bien entendu ; c'est pour lui que je tiens à la vie... et aussi pour Christine. C'est de lui que désormais, de lui seul, j'attends quelque satisfaction en ce monde. Il y aurait injustice à ne pas reconnaître qu'il m'en a déjà donné de grandes : à vingt ans, Ludovic est aussi raisonnable, aussi calme, aussi froid qu'on l'est généralement à quarante ; je n'ai pas une folie de jeune homme à lui reprocher. Avec cela, appliqué au travail, intelligent, noblement ambitieux, économe, ce sera un homme remarquable, j'en suis certain, et qui réalisera les espérances que j'avais fondées sur son père. Christine est aussi une excellente petite fille, moins raisonnable, il est vrai, moins calme, mais douée d'une qualité féminine, à mes yeux la première de toutes : le dévouement. Par amitié pour son frère, elle entrera au couvent et renoncera à sa part de fortune en faveur de Ludovic... et aussi par piété, par vocation, car, si elle n'avait pas la vocation, vous comprenez que je ne voudrais pas qu'elle fût religieuse, non, je ne le voudrais pas ; mais elle a cette vocation, certainement elle l'a, très certainement, j'en suis convaincu.

— Elle est bien jeune.

— Dix-sept ans ; c'est précisément l'âge des résolutions enthousiastes, et vous sentez qu'il est sage de ne pas les contrarier. Une fois dans la route, la bonne route, on ne revient pas en arrière, on ne revient pas.

A ce moment, celui dont on venait de parler, le vicomte Ludovic, entr'ouvrit la porte du salon et, après un court moment d'hésitation, il entra en se dirigeant vers son grand-père.

C'était un grand garçon long et osseux, aux épaules remontées, avec une tête anguleuse ; pas de barbe encore ; des cheveux jaunes comme l'avaient été ceux de son grand-père, qui se montrait très satisfait de cette ressemblance, estimant qu'il valait mieux avoir l'air d'un Condrieu, que d'avoir les plus beaux cheveux du monde.

Après avoir salué le notaire, il s'approcha de son grand-père.

— Je ne vous savais pas déjà en affaire, et, avant de partir pour l'École de droit, j'avais voulu vous demander si vous n'aviez rien à me dire.

Puis, comme il s'éloignait, M. de Condrieu le rappela :

— Si, par hasard, tu rencontrais ton cousin Roger dans la cour ou à la porte, sois aimable avec lui, n'est-ce pas?

IV

— Ah! pourquoi Roger ne ressemble-t-il pas à son cousin ! s'écria M. de Condrieu-Revel d'une voix désolée et en levant les bras au ciel lorsque Ludovic eut refermé la porte du salon ; oui, pourquoi, je me demande pourquoi. Intelligence, raison, santé, Ludovic a tout ; on peut bâtir sur lui comme sur un roc solide ; l'édifice qu'on aura pris la peine d'élever ne s'effondrera pas. Mais Roger? A-t-il un avenir seulement ; en a-t-il un? Quelques années, quelques jours ?

Lorsque M. de Condrieu-Revel parlait de choses qui lui étaient agréables il s'exprimait sans se reprendre et sans se répéter ; au contraire, lorsque le sujet était pénible ou bien quand la matière était délicate, lorsqu'il fallait être prudent, se tenir sur la réserve et ne pas s'engager, il ânonnait, en répétant ses mots, de manière à porter son attention sur ceux qu'il allait employer et non sur ceux qu'il prononçait machinalement. Lorsqu'il parlait de son petit-fils Ludovic il allait droit ; mais aussitôt qu'il s'agissait de son petit-fils Roger, il commençait à balbutier.

— C'est non seulement le chagrin qui me tourmente, continua-t-il, c'est encore le remords, la responsabilité de ma faute, de mon imprudence au moins, oui, mon imprudence ; je n'aurais pas dû consentir au mariage de ma fille, ma pauvre fille, ma chère fille, avec le duc de Naurouse, car j'avais des doutes sur la santé du duc. Ma pauvre fille s'était prise d'amour pour lui ; non qu'il fût beau, il s'en fallait de tout, mais il avait de l'esprit, du cœur, de grandes manières, la naissance, la fortune. J'eus la faiblesse de consentir pour ne pas peiner ma fille, j'eus cette faiblesse et je ne tardai pas à voir combien j'avais été coupable : un père devrait être inflexible, il le devrait. Un vrai moribond, le duc, affligé de toutes les maladies : au cerveau, au poumon, dans le sang. Votre prédécesseur me fit à son sujet de sages observations que, pour notre malheur, je n'écoutai point. A vivre près de lui, ma pauvre fille, qui était d'une santé excellente, devint poitrinaire, oui, elle le devint, positivement. Quelle peut être la constitution d'un enfant né d'un tel père ? Détestable, n'est-ce pas ?

— Les tempéraments ne se transmettent pas fatalement par voie d'hérédité.

— Sans doute, mais vous conviendrez qu'il y a bien des chances pour que Roger ait pris au moins une des maladies de son père, et c'est assez pour justifier mes craintes. Au reste, les premières années de l'enfant ont été mauvaises : toujours malade. Plus tard, il s'est raffermi ; mais j'avais des craintes si grandes, que je n'ai osé ni le contrarier ni le faire travailler ; l'élever, je ne pensais qu'à cela, et, pour le laisser se développer, se fortifier, je lui évitais les chagrins et les fatigues d'esprit : c'était tout mon souci, je n'en avais pas d'autres. Je me disais : qu'il vive, c'est l'essentiel, qu'il vive. Je voulais aussi l'aguerrir, retremper sa misérable santé, et, tout en ménageant ses efforts intellectuels, je lui faisais faire certains efforts physiques qui, selon moi et d'après l'avis des médecins que je consultais, devaient le régénérer. J'ai obtenu les résultats les plus déplorables, tout à fait déplorables ; il n'a rien appris et il a gagné toutes les maladies que peuvent avoir les enfants, toutes. Je me rassurais pour son ignorance en espérant que plus tard il travaillerait ; mais ce plus tard n'est jamais venu, malheureusement. Aujourd'hui Roger, qui atteint sa majorité, ne sait rien. Quelle différence entre lui et mon cher Ludovic, si assidu au travail. S'il avait été inintelligent, je serais peut-être sans excuses d'avoir suivi ce système. Mais, intelligent, il l'est ; son esprit est vif ; quand il veut s'appliquer il saisit les choses du premier coup ; ses reparties sont instantanées ; il juge les choses et les gens aussi sûrement que promptement ; rien de ce qui se passe autour de lui ne lui échappe ; plus d'une fois il m'a interloqué, oui, interloqué, moi. Le voyant ainsi je pensais que quand il le voudrait, il regagnerait le temps perdu. Le malheur est qu'il ne l'a jamais voulu, jamais, jamais ! C'est ainsi qu'il est arrivé à dix-huit ans et que nous avons dû nous séparer.

Toujours en vertu du principe que je devais lui éviter toute peine, j'avais laissé son caractère se développer librement, et par malheur il s'était développé du mauvais côté : violent, emporté, poussant la personnalité jusqu'à l'extrême, incapable de supporter la contradiction la plus légère. Quand il grandit, cela rendit les relations difficiles, pénibles entre nous ; d'autant plus pénibles qu'il a le cœur dur et qu'il était peu reconnaissant de ce que j'avais fait, de ce que je faisais chaque jour pour lui. Enfant, je l'avais tant bien que mal dompté ; mais, devenu jeune homme, je trouvai en lui une énergie diabolique, infernale. Ce ne furent plus des difficultés qui surgirent entre nous, ce furent des scènes, des scènes violentes. Roger eût été mon seul petit-fils, j'aurais tout supporté de lui ; mais la mort de ma belle-fille et de mon fils a mis sous ma garde mes autres petits-enfants : Ludovic et Christine ; j'avais cru que je pourrais élever ces trois enfants comme frères et sœurs, sous le même toit, dans une même affection. Le caractère de Roger rendit cette union impossible. Quels exemples détestables, déplorables ne donnait-il pas à son cousin et à sa cousine, lui qui ne voulait rien faire, lui qui jetait l'argent à pleines mains, lui qui... Vous voyez que je ne pouvais le laisser en contact avec Ludovic et Christine sous peine de perdre ceux-ci et sous peine aussi de compromettre mon autorité de chef de la famille, que Roger bravait ou insultait à chaque instant. Qu'auriez-vous fait ?

— Mais, monsieur le comte... dit le notaire qui jugeait prudent de ne pas répondre franchement.

— Je vous en prie.

— Ne me disiez-vous pas que M. le duc de Naurouse touchait à ce moment à ses dix-huit ans.

— C'est lorsqu'il a atteint ses dix-huit ans que nous nous sommes séparés.

— Vous auriez pu le faire émanciper.

— Émanciper un jeune homme qui a plus de cinq cent mille francs de rente, qui est un prodigue ! Vous n'y pensez pas, mon cher notaire, vous n'y pensez pas; mais il eût gaspillé sa fortune.

— Ne va-t-il pas la gaspiller maintenant ?

— Cela est grandement à craindre; mais maintenant la situation n'est pas la même : la majorité n'est pas facultative, c'est la loi qui la donne ; tandis que l'émancipation est un acte volontaire de la famille. Nous n'avons pas voulu émanciper Roger, le livrer à lui-même; de là sa fureur contre nous, contre moi particulièrement, car il voulait être émancipé ; c'était chez lui une idée fixe. Je suis, vous le savez, un homme de conciliation, un homme de paix, n'ayant d'autre but en cette vie que d'être agréable, que de rendre service aux miens. La colère de Roger pouvait me peiner, elle ne pouvait pas changer mes sentiments envers lui, car, quoi qu'il fasse, je l'aime toujours, le malheureux enfant. Il voulait la liberté. J'ai tâché de concilier son désir avec ce qui était raisonnable. Je lui ai donné la liberté pour sa personne; mais je ne la lui ai point donnée pour sa fortune. C'est-à-dire que je l'ai autorisé à quitter cette maison pour vivre à sa guise, où il voudrait, comme il voudrait ; mais j'ai gardé la tutelle et l'administration de ses biens. C'était chose grave que cette résolution, je le savais à l'avance ; je savais à quels dangers allait se trouver exposé un jeune homme de dix-huit ans, passionné pour le plaisir, ne connaissant ni bornes, ni mesures, et qu'on savait riche, très riche. Mais j'ai cru que c'était une épreuve que je devais risquer. J'ai voulu qu'il ne passât point brusquement de ma direction à la liberté. J'ai voulu qu'il s'habituât pendant les trois années qui s'écouleraient entre ses dix-huit ans et sa majorité à une demi-liberté. J'ai pensé que ce serait une sorte d'apprentissage. La transition n'étant pas brusque serait moins périlleuse, me disais-je. Ai-je eu raison? C'est ce que nous allons voir.

M. de Condrieu continua :

— Si j'avais laissé Roger entièrement libre, j'aurais commis une grave imprudence ; d'autant plus grave, que je ne pouvais plus le surveiller moi-même, puisqu'il est sorti d'ici en déclarant qu'il ne remettrait jamais les pieds dans cet hôtel et que, par conséquent, je ne pouvais aller chez lui. Il fallait donc que je fisse exercer cette surveillance sur lui par un tiers. Pendant les derniers temps qu'il était sous ma direction, Roger s'était lié, et malgré moi, avec le vicomte de Mautravers. Ce Mautravers, dont vous connaissez le nom...

— Grand nom...

— Grand nom assurément, mais triste personnage. Que les Mautravers en soient arrivés à être représentés aujourd'hui par un homme qui vit d'expédients, pour ne pas dire davantage, cela est triste ; mais enfin cela est, malheureusement, et personne ne peut s'en affliger plus que moi, qui ai la religion de la noblesse, la foi, le culte. Quelle désolation de voir ce nom, qui a brillé entre ceux de Turenne et de Condé s'étaler aujourd'hui dans les petits journaux et faire tapage à côté des filles en vue, leur disputant la célébrité ! C'est cette célébrité tapageuse qui avait lié Roger avec Mautravers, pour lui un modèle attrayant, un type à imiter, à égaler. Est-ce drôle qu'il y ait des gens bien nés qui mettent leur gloire à assourdir le public comme s'ils étaient des comédiens ou des artistes. Je crains que Roger ne soit infecté de cette maladie honteuse. Ce qu'il y a de certain, c'est qu'il fut entraîné dans le rayonnement de Mautravers et qu'il devint l'élève, l'ami de celui-ci. J'avais certains moyens d'action sur Mautravers. Je l'allai trouver; mais, bien entendu, je ne mis pas ces moyens en jeu; je les tins seulement en réserve, car je pense qu'il est d'une bonne politique de demander comme une grâce ce qu'on peut exiger comme un droit, oui, cela est d'une bonne politique, très bonne, dont je me suis toujours bien trouvé. C'est votre avis aussi, n'est-ce pas ?

Le notaire répondit par un sourire affirmatif.

— Je représentai à Mautravers, poursuivit M. de Condrieu, les dangers qui allaient envelopper Roger, et je lui demandai de me prévenir le jour où ils deviendraient menaçants pour sa santé ou son honneur. Il entra dans mes vues et me promit son concours : il a rempli sa promesse, il l'a remplie fidèlement, exactement. Depuis trois ans, j'ai été tenu au courant de ce que faisait Roger; j'ai connu ses relations avec ses amis, ses maîtresses; j'ai appris ses folies, ses imprudences; j'ai su le chiffre des dettes qu'il contractait; je l'ai suivi... de loin, de loin. Ah! mon cher notaire, quel chagrin pour moi! quel désespoir! Aujourd'hui, Roger ne vaut pas mieux que Mautravers.

— Oh! monsieur le comte! un Naurouse!

— Il ne vaut pas mieux, pas mieux, pas mieux, tout Naurouse qu'il soit. La seule différence qu'il y ait entre eux, c'est que Roger sait qu'il peut payer les dettes qu'il fait, tandis que Mautravers n'en sait rien; l'un compte sur sa fortune, l'autre sur sa chance.

— Et ces dettes de M. le duc de Naurouse, sont-elles considérables?

— Hélas! la première année, elles ont dépassé cent

mille francs; la seconde deux cent cinquante mille; la troisième, trois cent mille. Vous voyez la progression.

— Elle est effrayante.

— Comment en serait-il autrement avec le genre de vie qu'il a adopté, avec les amis qui sont les siens. Les chevaux, les femmes, le jeu dévorent sa vie et son argent; autour de lui ses amis en font autant, s'ils ne font pas pire : le prince Savine, qui a hérité, il y a deux ans, d'une des plus grandes fortunes de la Russie; le prince de Kappel, qui ne se souvient qu'il est fils de roi que quand il est ivre; le marquis de Sermizelles, qui a gaspillé en trois ou quatre ans les trois ou quatre millions qui lui venaient de son père; Mautravers et autres... autres Mautravers. Vous voyez quelle peut être cette vie à outrance; et si vous avez une idée des désastres qu'elle peut amener dans la fortune, vous devez imaginer aussi quels effets déplorables elle peut produire dans la santé. Roger, avec son mauvais tempérament et sa faible constitution, avait besoin d'une existence régulière, de repos, de régime, et c'est justemen le désordre, la fatigue, les excès de tout genre, les veilles, la fièvre du jeu, qui sont sa règle. Si encore il n'avait pas d'énergie, il serait vite à bout; mais justement l'énergie est chez lui extraordinaire. Il se fatigue peut-être plus vite qu'un autre; mais, comme il veut résister à cette fatigue, il lutte plus longtemps qu'un autre; on le trouve debout encore quand ses amis sont depuis longtemps épuisés, accablés, écrasés. J'avais voulu avoir un médecin près de lui, afin d'être renseigné sur sa santé comme je suis renseigné par Mautravers sur sa conduite, et pour cela j'avais compté sur le docteur Patras, le vieux médecin de notre famille. Mais il a quitté Patras, il l'a même congédié et il a pris pour le soigner un jeune médecin, un certain docteur Harly.

— J'en ai entendu dire grand bien.

— Je ne conteste pas son savoir, je ne le conteste nullement. J'ai seulement des raisons de croire que c'est un intrigant. En tout cas, il ne me rend pas les mêmes service que Patras. Je me suis adressé à lui, et, tout en me répondant convenablement, — je le reconnais, convenablement, c'est le mot, — il s'en est tenu à des réponses vagues, comme s'il voulait se renfermer dans le secret professionnel. Le secret professionnel avec moi, comprenez-vous cela? Je ne sais même pas la vérité sur l'état de mon petit-fils.

Ce fut d'une voix tremblante que M. Condrieu prononça ces derniers mots, et l'émotion lui coupa la parole.

— Fatigué, épuisé, endetté, ayant contracté l'habitude de tous les excès, voilà comment il arrive à sa majorité. Que va-t-il faire maintenant qu'il va être entièrement libre : libre d'emprunter, libre de vendre, libre de se ruiner en quelques années, en quelques mois, s'il le veut? N'est-ce pas terrible? Qu'il dissipe sa fortune, je veux dire celle qui lui vient de son père, cela est un crime et ce n'est pas sans un serrement de cœur que je pense que cette terre de Naurouse que j'administre, que j'améliore depuis quinze ans, peut être vendue et passer en des mains étrangères; mais enfin cette fortune est la sienne, jusqu'à un certain point la sienne, il n'y a pas de Naurouse qui aient des droits sur elle. Tandis que s'il dissipe la fortune qui lui vient de sa mère, de ma pauvre fille, il y a des Condrieu, il y a mon petit-fils Ludovic de Condrieu qui a des droits sur elle. Croyez-vous que je puisse me résigner à l'idée que la terre de Varages, qui appartenait en propre à ma fille pour lui avoir été léguée par son parrain, notre bon et cher ami le marquis de Varages, peut échapper à Ludovic? Ne lui appartient-elle pas, je vous le demande?

— Peut-être vos craintes sont-elles exagérées, monsieur le comte.

— Elles ne sont que trop fondées, que trop justes, par malheur.

— On voit des jeunes gens faire des folies dans leur jeunesse et s'arrêter ensuite.

— Est-ce à vingt ans qu'on s'arrête, alors surtout qu'on est entraîné par des habitudes prises. Non, non, il ne s'arrêtera pas.

— Si les choses allaient jusqu'au point que vous redoutez, on pourrait en tout cas l'arrêter, s'il ne s'arrêtait pas de lui-même : la loi a prévu le cas de prodigalité et, si c'est elle qui fixe la majorité comme vous le disiez, si c'est elle qui donne la liberté, elle met à notre disposition des moyens pour corriger ce que cette liberté peut avoir d'excessif : au prodigue, elle donne un conseil judiciaire. Des dépenses voluptuaires en festins, au jeu, en chevaux, en présents frivoles ou honteux, de folles profusions peuvent donner lieu à la nomination d'un conseil judiciaire sans lequel le prodigue ne peut rien emprunter, ni recevoir un capital mobilier, ni aliéner, ni grever ses biens d'hypothèques Donc, si M. le duc de Naurouse se livrait aux folles profusions que vous redoutez et à la dissipation de sa fortune, vous pourriez lui faire nommer ce conseil; vous savez cela comme moi, monsieur le comte

— Je me suis dit cela, je n'ai jamais pu me faire à cette idée. Ce n'est pas la loi qui nomme le conseil judiciaire, c'est le tribunal; il y a procès. J'ai horreur des procès et des tribunaux. Vous ne sauriez vous imaginer à quel point ce sentiment est violent chez moi ; ainsi, en ce moment, je suis menacé du procès le plus ridicule qu'on puisse voir, et si injuste qu'il serait perdu d'avance pour ceux qui me l'intenteraient. Eh bien ! telle est mon horreur, que je cherche des moyens de donner satisfaction à la demande qu'on m'adresse. Il est vrai que je n'en trouve aucun. Et vous n'en trouverez pas plus que moi, je pense, quand vous la connaîtrez : le duc de Condrieu veut m'interdire le droit de conserver le nom de Condrieu, que nous portons publiquement et paisiblement depuis plus de deux cents ans.

— Comment cela?

Mais M. de Condrieu n'eut pas le temps de donner les explications qui lui étaient demandées; la porte du salon venait de s'ouvrir brusquement et, d'une voix retentissante, un domestique annonçait :

— M. le duc de Naurouse.

V

Celui qu'on venait d'annoncer entra vivement dans le salon, tenant d'une main son chapeau et de l'autre une petite canne à pomme d'or ciselée.

Bien qu'il portât un costume du matin, la tenue était d'une correction irréprochable et telle que la mode de cette saison l'exigeait : veston court en étoffe anglaise de couleur claire, boutonné d'un seul bouton; gilet long, pantalon large tombant sur des bottines lacées qui modelaient sans le serrer un pied petit, fin et cambré; la main, soigneusement gantée, était petite aussi, étroite, avec les doigts longs; en tout, des pieds à la tête, dans sa personne, dans son vêtement, dans ses manières, un type d'élégance aisée. Mais ce qui frappait surtout en lui c'était cette tête elle-même. Un peu petite pour le corps qui était d'assez grande taille, elle était cependant charmante, faite d'un mélange de grâce et de distinction, le hasard ayant permis qu'il fût le fils de sa mère, non de son père, et que celle-ci le créât à son image. C'était sa mère en effet qui lui avait transmis ce front plein et large, mais peu élevé, couronné de cheveux soyeux aux mèches noires frisées ; — ces sourcils dessinés d'un trait arqué au-dessus de deux yeux noirs pleins de flammes violentes ou de molles langueurs ; — ce nez mince aux narines frémissantes ; — cette bouche aux lèvres sensuelles qui découvraient souvent les dents avec un sourire de dédain ; — enfin c'était de sa mère encore qu'il tenait ce caractère de beauté délicate qui, chez un homme de trente ans, eût eu quelque chose de trop efféminé ; mais qui, chez un jeune homme de vingt ans, était vraiment séduisante.

M. de Condrieu et le notaire s'étaient levés : M. de Condrieu en faisant quelques pas en avant, le notaire restant debout près de son fauteuil.

Arrivé à une certaine distance de son grand-père, le duc de Naurouse s'inclina, mais sans prononcer une seule parole ; puis se tournant à demi vers le notaire, il le salua de la main.

— Vous vous faites annoncer chez moi, dit M. de Condrieu, chez moi...

Roger regarda son grand-père pendant quelques secondes en face, et ses lèvres s'agitèrent comme si elles murmuraient tout bas quelques mots inintelligibles ; cependant il ne lui dit rien et ce fut au notaire qu'il s'adressa :

— Monsieur le notaire (il prononça m'sieu), vous

2.

m'avez écrit pour me fixer un rendez-vous ici, aujourd'hui ; me voici.

— Vour n'avez chargé personne de vous assister ? demanda le notaire.

— Pourquoi faire ?

— Mais pour entendre le compte de tutelle dont il va vous être donné lecture et pour le discuter, si besoin est.

— C'est M. le comte de Condrieu qui a dressé ce compte de tutelle ? demanda Roger en regardant son grand-père.

— Non, monsieur le duc, c'est moi qui ai eu cet honneur, dit le notaire.

— Pas tout seul, n'est-ce pas.

— Avec mes clercs.

— Je veux dire que vous avez fait votre travail sur des pièces qui vous ont été fournies par M. le comte de Condrieu.

— Sans doute.

— Eh bien alors, pourquoi voulez-vous que je me fasse assister par quelqu'un ? Le plus malin des hommes d'affaires que j'aurais pu choisir n'en verrait pas plus que moi.

M. de Condrieu fit un mouvement ; mais Roger continua en levant la tête :

— D'ailleurs, eussé-je des observations à présenter, je les tairais ; il ne me convient pas d'engager des discussions à ce sujet, le jour où je suis maître de moi.

Il déboutonna le gant de sa main droite.

— Que faut-il signer ?

— Nous n'en sommes pas là, monsieur le duc ; avant de signer vous devez savoir ce que vous signez.

— A quoi bon ?

— C'est une quittance que vous allez donner. J'ai eu

l'honneur de vous informer que j'avais déposé, il y a dix jours, votre compte de tutelle détaillé, avec pièces justificatives à l'appui, chez M. votre grand-père, en vous priant d'en prendre connaissance. Je regrette que vous ne l'ayez pas fait, bien que vous ayez signé le récépissé de ces pièces.

— J'avais mes raisons pour cela.

— Il ne m'appartient pas d'examiner la valeur de ces raisons, je tiens seulement à vous faire remarquer que je me suis scrupuleusement conformé aux prescriptions de la loi, qui veut que l'oyant-compte...

— Pardon...

— C'est moi, monsieur le duc, qui vous demande pardon d'employer un mot de métier; je veux dire la loi exige que le mineur qui reçoit son compte de tutelle, — vous êtes *l'oyant*, M. votre grand-père est le *rendant* — la loi exige que le mineur soit éclairé et qu'on le force en quelque sorte d'examiner ce compte et de ne pas l'accepter les yeux fermés, *non visis tabulis nec dispunctis rationibus*.

Le duc de Naurouse était resté debout, comme un homme qui espère bien ne pas perdre son temps et échapper au plus vite à une corvée qui l'assomme. Au premier mot latin prononcé par le notaire, il posa vivement son chapeau sur une table et, attirant à lui un fauteuil, il s'allongea dedans, jetant sa jambe droite par-dessus son genou gauche et faisant sauter sa canne dans sa main. Jamais Acaste, dans la scène des deux marquis du *Misanthrope*, disant :

> J'ai du bien, je suis jeune, et sors d'une maison
> Qui se peut dire noble avec quelque raison,

n'avait eu plus de désinvolture et de noble aisance.

— Vous pouvez aller, m'sieu le notaire, je vous

écoute, dit-il ; puisque je suis l'oyant et que je dois être éclairé, éclairez-moi... s'il n'y a pas moyen de faire autrement ; mais qu'il soit bien entendu, n'est-ce pas, que je suis résolu d'avance à ne rien contester ?

Si le notaire avait écouté, sans l'interrompre et sans manifester la plus légère incrédulité, le comte de Condrieu parler de sa tendresse pour son petit-fils, son cher petit-fils le duc de Naurouse, il savait parfaitement ce que valait cette tendresse. Notaire des familles de Condrieu et de Naurouse depuis vingt ans, il savait aussi, soit par lui-même, soit par les traditions de l'étude, comment la fortune du marquis de Varages avait été léguée à mademoiselle de Condrieu et à quel titre. Aussi n'avait-il pas été dupe des élans d'affection du comte, pas plus qu'il ne l'avait été de ses angoisses et de sa douleur. En réalité, le grand-père haïssait le petit-fils, c'est-à-dire l'enfant que la loi et non la nature avait fait son petit-fils ; il attendait sa mort avec impatience et en voyant la majorité arriver avant la mort, il cherchait les moyens de pourvoir le duc d'un conseil judiciaire, afin d'empêcher celui-ci de dissiper une fortune qui devait revenir un jour à son autre petit-fils, le vrai celui-là, celui qui était son sang, celui qu'il aimait.

Quant aux sentiments du petit-fils pour le grand-père, il ne les pouvait pas connaître aussi bien, ne sachant rien ou presque rien de ce jeune homme qu'il avait à peine entrevu à de longs intervalles, sans échanger avec lui autre chose que de banales paroles de politesse ; mais il n'y avait qu'à le regarder, il n'y avait qu'à voir son attitude hautaine, sa mine rogue, son sourire dédaigneux, il n'y avait qu'à écouter le ton avec lequel il parlait sans s'adresser directement à M. de Condrieu pour comprendre que les sentiments du petit-fils pour le grand-père ne différaient guère de ceux que le grand-père éprouvait pour le petit-fils.

Que les sentiments du grand-père fussent tels, on se l'expliquait jusqu'à un certain point, quand on savait que le comte de Condrieu avait connu la liaison de sa femme avec le marquis de Varages.

Mais ceux du petit-fils?

Le duc de Naurouse savait-il que M. de Condrieu n'était son grand-père que de nom?

C'était en mettant son dossier en ordre que le notaire se posait ces questions. Il allait commencer la lecture du compte de tutelle, dont il venait d'ouvrir la minute, quand le duc de Naurouse fut pris d'un accès de toux.

Cette toux était sèche, précipitée, et elle amenait une rougeur assez vive aux pommettes.

Pendant que son petit-fils toussait ainsi, M. de Condrieu ne le quittait pas des yeux, l'examinant des pieds à la tête, se penchant même en avant par un mouvement instinctif comme pour mieux voir.

— Vous êtes souffrant? dit-il quand la toux se calma.

Ce fut au tour de Roger de le regarder, ce qu'il fit de haut:

— Je vous remercie, dit-il enfin après quelques instants d'un silence que son attitude rendait gênant; je suis touché de votre sollicitude, mais elle est trop prompte... à s'alarmer. Je ne suis nullement souffrant; un peu de rhume seulement. Cette toux vient des bronches et non de la poitrine; cela doit vous rassurer. Au reste, puisque vous avez bien voulu vous inquiéter de ma santé auprès du docteur Harly, il a dû vous dire que vos craintes n'avaient pas de raison d'être ; je suis bien portant et j'espère vivre... longtemps.

Puis, se tournant vers le notaire, il tira sa montre et regarda l'heure en homme pressé d'en finir.

VI

Le notaire commença sa lecture :

« Par devant Mᵉ Le Genest de la Crochardière et
» son collègue, notaires à Paris,

» A comparu :

» M. le comte Pierre-Narcisse-Étienne de Con-
» drieu-Revel, sénateur ; commandeur de la Légion
» d'honneur, président honoraire de l'Académie phi-
» lotechnique, membre des Académies d'Aix, de
» Bordeaux, de Nantes, de Toulouse, etc., etc., de-
» meurant à Paris, rue de Lille,

» Lequel, dans le but de rendre compte de la tu-
» telle qu'il a eue de la personne et des bien des

» M. François-Roger de Charlus, duc de Nau-
» rouse, son petit-fils, demeurant de droit rue de
» Lille, chez son grand-père, et résidant de fait rue
» Auber,

« Expose préalablement ce qui suit. »

Le duc de Naurouse avait pris une attitude résignée, mais en même temps attentive, et il était évident qu'il écoutait cette lecture sans en perdre un mot, le menton appuyé sur sa canne, les yeux mi-clos, sans un geste.

De l'exposé que lisait le notaire d'une voix monotone, sans rien détacher, sans faire valoir un mot plus que l'autre, il résultait :

Que M. de Condrieu s'était trouvé investi de la tutelle de son petit-fils, le duc de Naurouse, à la suite de la mort de sa fille, la duchesse de Naurouse;

Qu'il avait été fait à ce moment un inventaire, lequel avait constaté que le mineur se trouvait propriétaire d'une fortune immobilière et de valeurs mobilières;

La fortune immobilière se composait: de la terre patrimoniale de Naurouse, consistant en château, jardin anglais, parc, écuries, remises, forêt, fermes; — de la terre de Varages, consistant aussi en château et dépendances; — des mines de Fabrèges, situées dans les Cévennes; — de la forêt de Montvalent;

La fortune mobilière se composait de meubles, de valeurs et de créances;

Les meubles, à l'exception de ceux qui garnissaient les châteaux de Naurouse et de Varages, avaient été vendus;

Les valeurs, titres de rentes françaises et étrangères, actions, obligations avaient été vendues aussi;

Et avec le montant du tout on avait payé une partie des dettes qui chargeaient la succession;

Mais ce montant avait été insuffisant pour solder ces dettes;

De sorte que le tuteur s'était trouvé dans l'obligation de payer lui-même de ses deniers les plus urgentes, et de prendre des arrangements pour éteindre successivement avec les revenus de son pupille celles qui pouvaient attendre.

Si le duc de Naurouse avait été attentif pour la première partie de cet exposé rétrospectif, il le devint bien plus encore lorsqu'il vit son tuteur apparaître ; son attitude se modifia : il était assis carrément dans son fauteuil, il se pencha en avant.

Le notaire continuait et expliquait que l'extinction des dettes avait absorbé non seulement la totalité des créances et des valeurs mobilières, ainsi que cela était constaté par les pièces annexées, mais encore la plus grosse part des revenus de la propriété immobilière pendant plusieurs années, et que c'était seulement quand le mineur atteignait ses treize ans que ces revenus s'étaient trouvés affranchis de toutes charges.

Mais ils ne s'étaient pas accumulés, loin de là. Pendant tout le temps qu'on avait dû employer les revenus à payer les dettes, on n'avait pu faire aucune réparation aux propriétés ; les châteaux, les fermes, les divers bâtiments étaient dans un état de délabrement déplorable ; les chemins d'exploitation dans les forêts étaient défoncés. Il avait fallu faire ces réparations ; puis après, il avait fallu entreprendre des améliorations indispensables, construire de nouveaux bâtiments, percer de nouveaux chemins dans les forêts, ouvrir de nouvelles galeries dans les mines de Fabrèges.

Le notaire ne s'interrompait de lire que pour prendre sur la table, où elles étaient rangées, les pièces, qui justifiaient de ces dépenses et pour les présenter à Roger ; mais de la main celui-ci les refusait.

Lorsque le notaire arriva aux améliorations, ce fut Roger qui l'interrompit :

— Je ne veux pas contester ces dépenses, dit-il.

— Les pièces justificatives sont là, répliqua vivement M. de Condrieu.

— J'en suis convaincu, comme je suis convaincu

qu'elles sont extraordinairement justificatives ; mais ce n'est pas sur la justification des dépenses que porte mon observation, c'est sur la justification de l'urgence de ces dépenses ; et cette justification, on ne la fait pas, on ne fait même pas celle de leur utilité.

— Cette justification, au cas où elle serait nécessaire, ne se trouverait pas à sa place dans ce compte de tutelle, dit le notaire.

— Si vous entendez contester ces dépenses, dit M. de Condrieu, je prouverai leur utilité devant les tribunaux.

— Vous savez bien, monsieur le comte, que j'entends ne rien contester du tout, répliqua Roger froidement, j'ai eu l'honneur de vous le dire en commençant ; mais en même temps je vous ai dit aussi que je me permettrais des observations, et j'en fais une à propos de l'utilité et de l'urgence de ces dépenses, en réalité considérables. Utiles, je veux bien admettre qu'elles l'aient été, quoique cela ne me soit pas du tout démontré ; mais urgentes, c'est une autre affaire, et je crois qu'elles pouvaient attendre le moment où, majeur, je déciderais moi-même si je voulais ou ne voulais pas les entreprendre. Il est vrai qu'à attendre cette majorité, il y avait un inconvénient.

Il parlait si doucement, que M. de Condrieu se laissa prendre à son calme :

— Vous voyez bien, dit-il.

— Je vois que, si on avait attendu ma majorité, mes revenus se seraient accumulés et il aurait fallu me les remettre aujourd'hui, de sorte que j'aurais pu les dépenser... demain. Tandis qu'en les employant, on m'a mis dans l'impossibilité de les dépenser ainsi ;

maintenant, si je venais à mourir demain ou bientôt, on les retrouverait sur mes propriétés. Comme calcul d'héritier, c'est assez bien trouvé. Seulement, pour que ce calcul soit bon jusqu'au bout, il faut que je meure — ce dont je n'ai nullement envie, — et que je meure, sans avoir fait mon testament, ce qui n'est pas du tout probable,

Disant cela, il lança un regard de défi à son grand-père, puis tout de suite il continua :

— Pardonnez-moi cette observation... longue, j'en conviens, mais qui avait son utilité. M'sieu le notaire, je vous serai reconnaissant de continuer.

Le notaire continua, car il n'était pas au bout de sa minute ; il en était arrivé au chapitre des frais de gestion de la tutelle. Lorsqu'il aborda les déboursés du tuteur, le duc de Narouse, au lieu de repousser les pièces qui lui étaient présentées, comme il l'avait fait jusqu'à ce moment, en prit quelques-unes et se mit à les feuilleter...

Puis, presque aussitôt, il s'interrompit et se tourna vers son grand-père.

— J'ai grandement à vous remercier, dit-il, pour la façon dont vous avez compté vos déboursés.

Un sourire accompagnait ces paroles prononcées d'un ton doux ; cependant il était difficile de croire à leur sincérité, car sous ce sourire il semblait y avoir un ricanement ironique, de même que dans la voix il y avait un léger tremblement.

Il continua :

— Dans ces déboursés, je vois un voyage de Paris à Narouse porté à six cent quarante francs. Le prix de la place en première classe étant de quatre-vingts francs pour le trajet simple, cela indique que pour l'aller et le retour vous avez fait usage d'un coupé-lit de quatre places ordinaires.

Il était dans la nature et dans les habitudes de M. de Condrieu de ne jamais se laisser emporter lorsqu'un mot échappé à la colère pouvait compromettre son intérêt. Or son intérêt présentement était que ce compte de tutelle ne fût pas contesté, et il n'avait fallu rien moins que cette toute-puissante raison pour lui fermer les lèvres jusqu'à ce moment et lui faire tolérer l'attitude et les paroles de son petit-fils ; mais à ces mots, il ne fut pas maître de se contenir plus longtemps :

— Il est inouï vraiment, s'écria-t-il, que vous osiez...

Mais Roger poursuivit :

— Il serait inouï, n'est-ce pas, qu'un Naurouse marchandât ses dépenses. Si c'est là ce que vous voulez dire je suis tout à fait de votre avis. Je ne les marchande pas, rassurez-vous. Loin de là, je suis bien aise que vous les ayez faites. Au moins, je n'aurai pas le remords de me dire que ma tutelle vous a été onéreuse. Je vous assure que c'était avec inquiétude que je pensais à cela. Cette inquiétude était d'autant plus grande, que je me rappelais le temps de mon enfance où, quand je vous accompagnais en chemin de fer, nous ne voyagions que de nuit pour qu'on ne vous reconnût pas et qu'on ne sût pas que M. le comte de Condrieu-Revel prenait les troisièmes classes. J'avais peur que vous n'eussiez fait pour moi ce que vous faisiez pour vous. Heureusement il n'en est rien, ces frais de coupé-lit souvent répétés en sont la preuve. Je vous remercie.

Il y eut quelques secondes d'un silence terrible :

M. de Condrieu poignardait Roger de son regard. Cependant sa colère n'éclata pas ; il pria le notaire d'en finir.

Ce fut avec un vrai soulagement que le notaire reprit sa lecture.

Il touchait à la fin de son travail, c'est-à-dire à la balance du compte de recettes et de dépenses.

Pour la première fois, le duc de Naurouse, en entendant la lecture de cette balance, eut un franc sourire, car elle se soldait en sa faveur par le chiffre de neuf cent soixante-dix sept mille cinq cent quarante francs.

M. de Condrieu, qui savait à l'avance le moment précis où le notaire devait, après de nombreuses opérations, arriver à ce chiffre, guettait l'effet qu'il allait produire sur son petit-fils.

En voyant ce sourire, il ne fut pas maître de ne pas respirer un peu haut ; un poids lourd lui était enlevé de dessus la poitrine ; les contestations qu'il redoutait ne se produiraient pas ; pour toucher immédiatement cette somme « qui, disait l'acte, allait lui être à l'instant même versée en billets de banque », Roger signerait tout ce qu'on voudrait lui faire signer.

Roger se leva.

Que dois-je signer ? et où dois-je signer ? dit-il vivement.

M. de Condrieu n'était pas homme à laisser les choses aller de ce train. Justement parce qu'il était sûr de les voir arriver où il avait voulu, il pouvait maintenant sans danger faire appel à la prudence :

— Un moment, dit-il, il me semble qu'il serait sage de procéder moins vite ; rien ne presse, et puisque vous n'avez pas voulu examiner ce compte à l'avance, il me semble qu'il serait prudent maintenant de faire cet examen à tête reposée, à tête reposée.

Pour toute réponse, Roger prit la plume du notaire :

— Où ? dit-il.

Et, légèrement, il signa et parapha tous les feuillets que le notaire lui indiqua.

— Et maintenant ? dit-il lorsqu'il eut fini.

— Maintenant, il me reste à vous verser votre reliquat de compte, dit M. de Condrieu.

Se levant lourdement, il alla soulever un tapis qui recouvrait une table : sur cette table étaient entassées des liasses de billets de banque.

— Si vous voulez vérifier, dit-il, il y a 97 liasses de dix mille francs, plus 7,540 francs à part.

Roger se mit à rire :

— Ah ! mon Dieu, s'écria-t-il, comment porter ça jusqu'à ma voiture.

— J'ai pensé qu'une valise vous serait nécessaire, dit M. de Condrieu, et j'en ai fait préparer une.

Et en effet, il tira une petite malle en cuir de derrière un fauteuil, et en peu de temps Roger, aidé du notaire, y entassa les billets de banque.

Depuis que M. de Condrieu avait son compte approuvé, il trouvait que le moment était venu de faire respecter son autorité de chef de famille et de répondre enfin comme il convenait aux insolences de son petit-fils.

— Maintenant que je ne suis plus votre tuteur, dit-il gravement, maintenant qu'il ne peut plus y avoir de discussions entre nous, puisque vous êtes maître de votre personne et de votre fortune, je veux croire que les raisons qui vous empêchaient de venir dans cette maison n'existent plus. Vous n'avez jamais trouvé en moi qu'une affection profonde...

— De l'affection! s'écria Roger avec un visage stupéfait.

— ... Profonde, continua M. de Condricu, une affection, une tendresse de père. Vous l'avez méconnue. Je vous promets d'oublier les griefs, les justes griefs que votre conduite a provoqués depuis trois ans, et de ne pas me souvenir que vous êtes entré ici tout à l'heure en me défiant par votre attitude, en raillant, en insultant mes cheveux blancs par vos paroles... inconsidérées, inconsidérées ; je veux le croire. Etait-ce ainsi que vous deviez payer les soins que j'ai eus pour vous ; les fatigues, les tracas que je me suis imposés dans votre intérêt, dans votre unique intérêt, par amitié pour vous ? Je vous le demande, Roger ?

Il s'établit un moment de silence avant que le duc de Naurouse répondit à cette interrogation : il se tenait la tête baissée, les yeux attachés sur la table et ses deux mains se contractaient par des mouvements convulsifs. Tout à coup il releva la tête :

— Puisque vous m'adressez cette question, dit-il, puisque vous me provoquez à parler, puisque vous mettez en avant votre affection, votre tendresse, vos soins, vos fatigues, mon intérêt défendu par vous, puisque vous voulez que je m'explique, que j'explique mon attitude et mes paroles, je vais le faire ; aussi bien cela vaut mieux.

— Monsieur le duc, essaya le notaire, qui voyait avec désespoir éclater la scène qu'il avait crue conjurée ; monsieur le duc, je vous en prie...

— Non, monsieur, non ; puisque vous avez été

témoin de l'insulte, vous devez entendre ce qui la justifie ou tout au moins ce qui l'explique.

Une transfiguration venait de se faire dans ce jeune homme : la passion, une passion violente, désordonnée, furieuse, se montrait dans son visage empourpré, dans son front aux veines gonflées, dans ses yeux enflammés, dans tout son corps frémissant de la tête aux pieds, et il était bien évident que le calme et la froideur qu'il avait gardés pendant la lecture du compte avaient été voulus chez lui ; c'était une attitude qu'il s'était imposée en entrant et qu'il n'avait pu maintenir que par un puissant effort de volonté, bien extraordinaire à son âge.

— On vous a parlé d'affection, dit-il avec véhémence, oui, je reconnais que mon grand-père est capable d'affection, d'une affection profonde, immense, pouvant l'entraîner jusqu'au crime ; mais cette affection n'existe que pour un seul de ses enfants, Ludovic de Condrieu, en faveur de qui les autres doivent être sacrifiés. Quand je suis entré dans cette maison, à six ans, n'ayant plus ni père ni mère, j'avais justement besoin, un grand besoin d'affection et de tendresse ; mais on a trouvé que j'avais encore plus grand besoin de l'air salubre de la campagne, et l'on m'a envoyé à la Girardière, dans les Dombes. L'air salubre, je l'aurais trouvé à Naurouse, à Varages ; à la Girardière, au milieu des étangs, je trouvai la fièvre. On m'y laissa quatre ans, quatre ans à trembler, à claquer des dents, à souffrir. Cependant la fièvre ne me tua point. Il fallut me faire revenir à Paris, puisque je n'avais pas voulu mourir. Pour me guérir de la fièvre, on me soumit à une série d'exercices violents qui me causèrent deux fluxions de poitrine et une pleurésie, mais qui n'arrivèrent pas non plus à me tuer. On avait soigné mon corps, on voulut s'occuper de mon intelligence et l'on me choisit un précepteur ivrogne, menteur, débauché, misérable, qui ne m'apprit rien, parce que je ne voulus pas apprendre l'ivrognerie et le mensonge. Mon cousin Ludovic suivait les cours du collège ; moi, je restais à l'hôtel dans la compagnie de ce digne maître, auquel on adjoignit, quand j'eus quelques années de plus, une femme de chambre spécialement attachée à mon service. Elle ne me tua pas non plus, et je déclare, pour que cela lui soit compté, que ce ne fut pas sa faute. Malgré l'habileté des combinaisons employées pour que ma succession s'ouvrît naturellement, j'avais échappé. On essaya de la liberté, et à dix-huit ans on me mit à même de faire toutes les folies, toutes les fautes que je voudrais. J'échappai encore et me voici arrivé à ma majorité, libre de ma personne, libre de ma fortune. Et maintenant on parle de tendresse paternelle, d'affection, on m'ouvre les bras. Je les repousse avec autant d'horreur que de frayeur. Voilà ce qui explique mon attitude : l'horreur pour ce que vous avez fait ; la peur de ce que vous voulez faire encore. Pour me tuer, vous avez tout tenté. Pour m'abêtir, vous n'avez rien négligé. Me tuer ; vous avez échoué, et les moyens que vous avez employés m'ont plutôt fortifié qu'affaibli. M'abêtir ; vous avez réussi : vous m'avez tenu dans l'ignorance ; vous avez encouragé ma paresse ; vous avez fait de moi un être inutile, déplacé dans le monde, car nous ne sommes plus au temps où la naissance et la fortune suffisent à un gentilhomme. Mais, si ignorant que je sois, je sais au moins ouvrir les yeux et les oreilles. J'ai vu, j'ai entendu. J'ai compris que j'avais des héritiers, non une famille. Et voilà comment je sors de cette maison pour n'y rentrer jamais.

Adieu, monsieur le comte. Monsieur de la Crochardière, au revoir.

VII

Roger était sorti si violemment, qu'il n'avait point pensé à la valise pleine de billets de banque : c'était bien d'argent qu'il avait souci, emporté, affolé par la colère.

Enfin, il avait donc pu jeter tout haut et devant témoin les paroles que depuis plusieurs années il s'était si souvent répétées tout bas; non toutes, mais quelques-unes de celles qui lui serraient le cœur le plus cruellement.

Ce fut seulement en se trouvant dans le vestibule que l'idée des billets de banque lui revint.

Il s'arrêta instinctivement, mais cependant sans faire un pas en arrière, sans même se retourner pour rentrer dans ce salon.

Un domestique se tenait debout à côté de la porte du perron, prêt à l'ouvrir.

— Allez donc, je vous prie, dit Roger, me chercher une valise en cuir que j'ai laissée dans le grand salon et portez-la dans ma voiture.

Le domestique s'empressa de faire ce qui lui était demandé; mais Roger au lieu de continuer son chemin et de monter en voiture s'arrêta au milieu du vestibule.

— Le vieux coquin, murmura-t-il à mi-voix, est capable de ne pas vouloir donner la valise.

Mais l'idée lui vint aussitôt que le notaire était encore là et que, devant un pareil témoin, son grand-père n'oserait pas faire ce que, seul, il eût pu très bien tenter.

Il n'avait donc pas besoin d'attendre, et il pouvait gagner sa voiture.

Mais au moment même où il allait sortir le bruit d'une porte le fit se retourner à demi : dans l'entrebâillement de cette porte venait d'apparaître une jeune fille blonde, aux yeux effarés, à la respiration haletante.

— Christine!

— Roger!

Vivement il alla vers elle les mains tendues, tandis qu'elle accourait à lui.

Elle mit ses deux mains dans celles qu'il lui tendait, et, durant quelques secondes, ils restèrent ainsi se regardant sans parler.

— Tu pars donc? dit-elle enfin.

— Sans doute.

— Ah!

Il y avait de la surprise dans cette exclamation, mais plus encore du chagrin.

— Tu vas revenir? demanda-t-elle avec une hésitation craintive.

— Non.

— Grand-père ne te l'a donc pas demandé?

Le domestique, qui avait été dans le salon chercher la valise, venait de rentrer dans le vestibule, tenant cette valise à la main.

— Portez cela dans ma voiture, dit Roger.

Le domestique sortit sans détourner la tête, bien qu'il fût fort surpris de trouver le duc de Naurouse et mademoiselle de Condrieu en tête à tête debout au milieu du vestibule, les mains dans les mains, parlant vivement à voix basse ; mais c'était un homme correct qui n'eût pas commis l'inconvenance de laisser paraître l'étonnement ou la surprise sur le visage compassé qu'il se donnait en tenue de service.

— Qu'a dit grand-père? insista Christine parlant avec une fiévreuse vivacité.

— Qu'il me promettait d'oublier les griefs,... les justes griefs, — il imita le ton lent et majestueux de son grand-père, — que ma conduite avait provoqués, si je voulais rentrer dans cette maison.

— Et tu as répondu?

— J'ai répondu... cela serait trop long à te répéter et inutile d'ailleurs.

— Et tu pars?

— Pour ne revenir jamais.

Elle dégagea ses mains et les joignit, les tordit vivement par un geste de douleur et de prière.

— Ah! Roger, tu n'es pas juste pour notre grand-père.

— Pas juste!

— Mon grand-père a pu te faire de la peine...

— De la peine.

— Te faire souffrir; mais c'était dans une bonne intention, dans ton intérêt..

— Ma pauvre Christine!

— Je t'assure qu'il t'aime et qu'il n'a jamais parlé de toi qu'avec tendresse; vous ne vous entendez pas, c'est là qu'est le mal; quand il avait l'autorité d'un tuteur sur toi, cela pouvait amener des discussions pénibles entre vous, mais maintenant?

— Ne me parle pas de ton grand-père.

— Ah! Roger, tu es terrible.

Il recula de deux pas et la regarda durement.

— Tu prends parti entre nous; tu me donnes tort?

— Non; ni à toi; ni à lui; à personne; je ne pense

pas à cela; je ne pense qu'à toi, à moi, à nous; nous ne nous verrons donc plus?

— Non.

— Comme tu dis cela!

— Avec chagrin, avec désespoir : je n'ai jamais oublié, pas un seul jour depuis que nous sommes séparés, ce que tu as été; une brave fille au cœur loyal, à l'âme tendre, une bonne petite sœur dans ma triste vie, tu as été mon unique consolation; il n'y a qu'en toi que dans cette maison maudite j'ai trouvé sympathie, affection et tendresse; c'est dans tes yeux si doux, si bons que j'ai repris bien souvent courage quand j'étais désespéré; c'est ta petite main qui bien souvent a rafraîchi, a guéri ma fièvre; quand tu étais près de moi, quand tu me regardais d'une certaine façon, tiens, comme en ce moment, avec ces yeux mélancoliques, j'oubliais le chagrin présent, ma misérable vie; j'oubliais que j'étais seul; je me sentais une famille, toi, Christine. Ah! si tu n'étais pas une Cons .eu...

— Que veux-tu dire?

— Rien, rien. Ne parlons pas de cela. Parlons de toi. On m'a dit que tu allais entrer au couvent. Est-ce vrai?

— C'est vrai.

— Librement?

— Très librement.

— Ce n'est pas ton grand-père qui te pousse, qui te contraint?

— Personne ne me contraint.

— Alors; pourquoi veux-tu être religieuse?

— Parce que c'est ma vocation.

— Que feras-tu de ta fortune?

— Je l'abandonnerai à Ludovic, ce qui lui permettra de tenir plus dignement son rang de chef de la famille.

— Ah! voilà bien ce que je pensais, ce que je craignais; on te pousse au couvent pour que tu te dépouilles en faveur de ton frère.

— Roger, je t'en prie, ne parle pas ainsi; ce n'est pas digne de toi, et tu me fais de la peine, beaucoup de peine.

— Pauvre enfant!

— Ne me plains pas; je ne suis pas à plaindre.

— Les martyrs non plus ne se trouvent pas à plaindre; heureusement tu n'as que dix-sept ans; tu as encore quatre ans avant d'atteindre ta majorité, et en quatre ans bien des choses peuvent se produire. Mais puisque tu dois entrer au couvent, pourquoi me demandais-tu de revenir ici?

— Je n'entre pas au couvent tout de suite.

— Quand?

— Dans quelques mois : nous nous serions vus.

— Christine, écoute-moi et crois-moi.

Disant cela, il se rapprocha d'elle et lui reprit les deux mains, qu'elle lui abandonna.

— Tu es la seule personne que j'aime, la seule qui m'ait fait du bien, la seule qui m'ait aimé; j'ai pour toi, ma petite Christine, ma petite cousine, la tendresse la plus vive, la plus profonde que jamais frère ait eue pour sa sœur. Si je te dis qu'il m'est impossible de rentrer dans cet hôtel où je te verrais, tu dois donc me croire sans m'en demander davantage. D'ailleurs je ne pourrais te donner les raisons qui me font agir qu'en accusant ton grand-père... et je ne le ferai pas; je ne veux pas que mes lèvres prononcent un seul mot qui puisse te peiner. Il m'est impossible de faire ce que tu me demandes, et cela m'est un chagrin assez cruel pour que tu n'insistes pas. Je voudrais te voir, non seulement pour te voir, pour le plaisir d'être avec toi, mais encore parce que je pourrais sans doute t'être utile... Cependant nous ne nous verrons pas... au moins ici.

— Que veux-tu donc?
— Où vas-tu à la messe?
— A Sainte-Clotilde.
— Eh bien je te verrai à la messe le dimanche quelquefois, quand je pourrai; je ne te parlerai pas, mais je te verrai. Veux-tu?
— Ah! Roger ce n'était pas cela que j'avais espéré.
— Et moi ce ne serait pas cela que je voudrais; mais il y a une terrible fatalité entre nous, ma pauvre enfant, contre laquelle ni toi ni moi ne pouvons rien. A la grand'messe le dimanche; c'est entendu, n'est-ce pas? Maintenant il faut que je te quitte; ton grand-père peut sortir du salon pour conduire le notaire jusqu'ici, et je ne voudrais pas qu'il me vît avec toi. Adieu.

Il lui serra les deux mains longuement, à plusieurs reprises.

Comme elle tenait sur lui ses yeux pleins de larmes :
— Ne me regarde pas, dit-il, tu me ferais pleurer. Adieu.

VIII

Si le jeune duc de Naurouse avait fait les grosses dettes dont son grand-père avait parlé, il n'avait pas cependant toujours gaspillé son argent en pure perte :

l'équipage qui l'attendait à la porte de l'hôtel était un modèle de correction et d'élégance.

Les chevaux, deux trotteurs russes à la robe noire, détalèrent grand train, libres et dégagés dans leur allure rapide, sûrs du pied, comme si une épaisse couche de neige glacée, après avoir commencé à fondre, n'avait pas recouvert le pavé.

Il n'était point dans le caractère de Roger de revenir sur une chose faite pour examiner s'il avait eu tort ou raison de la faire; ce qui était fini n'existait plus pour lui. Cependant, enfoncé dans un coin de son coupé et courant rapidement vers la rue Auber, son esprit n'avait point quitté l'hôtel de Condrieu-Revel, et c'était avec inquiétude, avec anxiété, qu'il se demandait s'il n'eût pas été plus sage à lui, plus prudent d'agir autrement.

A l'égard de son grand-père il n'éprouvait pas le plus léger remords; il avait été avec lui ce que depuis longtemps il voulait être; ne lui disant qu'une faible partie de ce qui, depuis dix ans, s'était jour par jour amassé dans son cœur.

Mais à l'égard de Christine, il n'éprouvait pas la même tranquillité de conscience.

Dans cette entrevue avec son grand-père, il avait cédé à des considérations égoïstes, ne pensant qu'à lui-même, à ses souffrances, à ses justes griefs, à sa vengeance; il avait oublié Christine.

Christine était une victime de M. de Condrieu comme lui-même en était une; on voulait la fortune de Christine pour Ludovic comme on avait voulu la sienne. Avec lui on avait compté sur la mort; avec Christine on comptait sur le couvent.

Il eût dû la défendre, non seulement parce qu'elle était menacée avec lui, mais encore parce qu'il était son seul protecteur; et pour la défendre il n'y avait qu'une chose efficace : rester près d'elle; lui montrer qu'on la trompait, qu'on l'aveuglait; lui faire toucher du doigt le but auquel on la conduisait et qu'elle ne voyait pas, abusée qu'elle était par les belles paroles dont on l'enveloppait : le rang de la famille, la gloire des Condrieu. Avec sa naïveté de petite fille, elle croyait cela et c'était de tout cœur qu'elle se dévouait.

Il arriva rue Auber.

Prévenu par la sonnerie du concierge, son valet de chambre se tenait, l'attendant, la porte ouverte.

— Eh bien? demanda Roger.
— Ils sont là.
— Tous?
— Oh! pour sûr.

Maintenant, allez me chercher une valise qui est dans ma voiture, vous la monterez dans ma chambre. Les comptes sont prêts?

— Ils sont en ordre sur la table.
— Bien. Quand vous m'aurez apporté la valise, vous appellerez les gens qui sont dans le salon et vous les introduirez un à un dans l'ordre que je vous dirai.

Tandis que le domestique descendait chercher la valise, Roger entra dans sa chambre directement par une porte de dégagement et sans passer par le salon.

Elle était curieusement disposée, cette chambre : tendue de drap de garance fin, comme celui qu'emploient les officiers français, avec des bordures de drap bleu; le lit, très large et bas, était recouvert de la même étoffe; aux murs étaient accrochés quelques portraits de chevaux de course, et, sur la cheminée ainsi que sur une console, se montraient dans des cadres en cuir de Russie ou en argent niellé des photographies de femmes de théâtre plus ou moins déshabillées ; au milieu d'une large table étaient entassés des mémoires et des comptes : leur masse était moins épaisse que celle que Roger venait de voir sur la table de son grand-père, mais elle était encore considérable.

Roger s'assit devant cette table, et quand son valet de chambre revint avec la valise, il la fit placer à côté de lui.

— Maintenant, dit-il, appelez M. Carbans.

L'usurier qui avait ruiné tant de jeunes gens entra en saluant humblement et le sourire aux lèvres.

Roger tenait un compte à sa main et le lisait :

— Faites-moi un reçu de 179,500 francs, dit il, on va vous payer ; je pourrais vous demander de réduire votre compte et vous y consentiriez, j'en suis certain, car vous savez que les 3,800 hectolitres de vin que vous m'avez livrés en place d'argent au prix de 50 francs l'hectolitre n'ont pu être revendus par moi que 20 francs l'hectolitre, leur prix réel, ce qui vous a donné un honnête bénéfice de près de 100,000 francs.

— Si monsieur le duc avait attendu, il aurait vendu les vins plus de 60 francs ; je lui en donne ma parole.

— Je ne discute pas, pas plus que je ne marchande ; je constate que vous m'avez vendu 50 francs ce que je n'ai pu revendre que 20 francs.

Puis se tournant vers son domestique :

— Ouvrez cette valise, prenez-y dix-huit paquets de dix mille francs et donnez-les à monsieur, qui vous rendra 500 francs.

A la vue de la valise ouverte et pleine de liasses de billets, Carbans se pencha en avant, irrésistiblement attiré.

— Ce serait dommage de toucher à la collection, dit-il ; si monsieur le duc voulait, on pourrait attendre.

— J'ai trop attendu ; emportez vos billets ; cependant

si vous n'êtes pas trop pressé, ne partez pas, j'aurai un mot à vous dire tout à l'heure.

— Toujours heureux d'être à la disposition de monsieur le duc.

Après Carbans, on appela M. Tom-Brazier.

— Je trouve sur votre facture, dit le duc, une paire de boucles d'oreilles, émeraudes et diamants, marquée 22,000 francs.

— Ce sont celles que M. le duc a bien voulu offrir à mademoiselle Balbine.

— Précisément. Trois mois après, elles ont été revendues à la vente de Balbine 6,000 francs seulement.

— Je ne sais pas, monsieur le duc.

— Je sais, moi. Plus loin, je vois un bracelet marqué 14,000 francs.

— Le bracelet de mademoiselle Flora?

— Oui, Flora, comme Balbine, a fait une vente, et le bracelet n'a été vendu que 5,000 francs.

— Ah! je me souviens parfaitement : jamais moment n'avait été plus mauvais; une débâcle à la Bourse...

— Il suffit on va vous payer.

La vue de la valise produisit sur Brazier le même effet qu'elle avait produit sur Carbans.

— Si monsieur le duc désire, dit-il obséquieusement, on pourrait examiner à nouveau la facture; tout le monde peut se tromper.

Comme il l'avait fait pour Carbans, Roger prévint Tom-Brazier de ne pas partir, parce qu'il aurait quelque chose à lui dire.

Puis le défilé des créanciers se continua : marchands de chevaux, marchands de fourrages, carrossiers, tapissiers, couturiers, chemisiers; chacun reçut des mains du valet de chambre la somme qui lui était due et retourna prendre place dans le salon pour attendre le duc.

Quand le dernier créancier fut sorti, Roger, ayant renvoyé son valet de chambre, compta ce qui restait dans la valise : quinze liasses seulement, 150,000 fr. — 829,000 francs avaient été payés.

Sans s'attarder à vérifier ce compte, Roger passa dans son salon, où se trouvaient réunis ceux de ses fournisseurs à qui il avait annoncé une communication; ils étaient là, causant entre eux joyeusement, unanimes à approuver les façons de payer du duc de Naurouse, qui était vraiment grand seigneur, un peu hautain peut-être, mais loyal.

A son entrée chacun se tourna vers lui :

— Messieurs, dit-il, je vous ai retenus tous ensemble dans ce salon, parce que, ayant tous agi avec moi de la même manière, je veux vous dire à tous en même temps ce que je pense : vous m'avez égorgé; je ne crie pas, je ne me plains pas, mais je vous préviens qu'à l'avenir je ne m'adresserai jamais à vous. Adieu.

Il y eut quelques exclamations, quelques protestations; mais elles se firent timidement. Seul Carbans se détacha du groupe et vint vers Roger :

— Vous avez peut-être raison de trouver, dit-il, que les commissions ont été un peu fortes; mais si vous étiez mort avant votre majorité, comment croyez-vous que M. de Condrieu eût payé vos dettes? Il ne les eût pas payées du tout. Il y avait de gros risques à faire des affaires avec vous; et le risque, ça se paye.

Roger, si fier, si dédaigneux en parlant haut quelques minutes auparavant, baissa la tête et rentra brusquement dans sa chambre avant que les fournisseurs fussent sortis du salon.

IX

C'était un petit coup de théâtre que le duc de Naurouse avait préparé.

Indigné, exaspéré d'être volé par ses créanciers, tout en étant obligé de supporter en silence leurs voleries, parce qu'il avait besoin d'eux, il s'était promis de leur dire leur fait quand il pourrait élever la voix librement, c'est-à-dire le jour de sa majorité.

Cela rentrait dans le programme complet qu'il s'était tracé pour ce jour fameux.

Les créanciers après le grand-père

Il leur cracherait au visage ce qu'ils méritaient :

« Vous êtes tous des canailles ! »

Les payer intégralement et leur dire cela, ce serait crâne.

Il n'avait point eu cette crânerie, et voilà qu'au moment de lâcher ce gros mot une pudeur juvénile l'avait retenu sur ses lèvres.

Mais, ce qui était beaucoup plus grave, voilà qu'au lieu de sortir la tête basse, les créanciers, grâce à l'intervention de Carbans, l'avaient relevée; tandis que, de son côté, il la baissait.

Evidemment Carbans avait raison : son grand-père n'aurait rien payé de ses dettes, pas un sou; il se serait abrité derrière la loi.

Quand on appartenait à une pareille famille, il fallait mettre une sourdine à sa fierté, et, quoiqu'on fût Naurouse, ne pas oublier qu'on était en même temps Condrieu.

C'était en s'habillant pour le dîner qu'il réfléchissait

à cela tristement ; lorsque sa toilette fut achevée il se fit conduire rue Le Peletier et monta au second étage d'une maison d'assez modeste apparence.

A son coup de sonnette une femme de chambre simplement habillée vint lui ouvrir la porte.

— M. le docteur Harly ? demanda le duc.

— Il est dans son cabinet. Si monsieur veut me dire son nom.

Sans faire attention aux observations de la femme de chambre, qui, ne le connaissant pas, essayait de le retenir, le duc se dirigea vers une petite porte à demi dissimulée dans la boiserie du vestibule et par laquelle, après la consultation, sortaient les clients pour ne pas traverser de nouveau le salon d'attente.

Discrètement, il frappa à cette porte, et aussitôt sans attendre une réponse, il l'ouvrit ; mais au lieu d'entrer il resta immobile durant quelques secondes.

Le cabinet de travail était éclairé par une lampe posée sur un bureau chargé de livres et de papiers : penché sur ce bureau, sous l'abat-jour vert de la lampe, le docteur Harly écrivait rapidement. Il était si absorbé dans son travail que l'ouverture de la porte ne l'avait pas distrait ; sa main courait sur le papier, que ses yeux ne quittaient pas.

Il était assis tout au bord d'un grand fauteuil large et profond, et derrière lui, dans le fond, les jambes ballantes sous un des bras du fauteuil, la tête posée sur l'autre, une petite fille de quatre ou cinq ans dormait, le visage renversé, à demi caché par des cheveux blonds, frisants.

C'était le tableau que formaient le père et la fille dans le même fauteuil, celui-ci travaillant, celle-ci dormant, qui avait arrêté le duc dans le cadre de la porte entr'ouverte : ce centre lumineux au milieu de cette pièce pleine d'ombres était si bien disposé, qu'on ne pouvait pas ne pas en être frappé, l'esprit charmé, le cœur ému.

Avec précaution, le duc poussa la porte sans la fermer, pour ne pas faire de bruit, et, marchant doucement sur la pointe des pieds, il s'approcha du bureau ; mais une feuille du parquet ayant craqué sous ses pas, le docteur Harly releva la tête pour regarder qui venait ainsi le déranger.

Le duc prévint ses questions :

— Chut! dit-il à voix basse, ne réveillez pas l'enfant, ne parlez pas, ne bougez pas.

Noyé dans la lumière de la lampe, le docteur Harly n'avait pas distingué les traits du duc de Naurouse, enveloppé d'ombres; ce fut seulement au timbre de la voix qu'il le reconnut :

— Comment, vous, mon cher duc!

— Ne parlez donc pas.

Mais la recommandation n'avait plus de raison d'être : le mouvement qu'avait fait son père et le bruit des paroles avaient éveillé la petite fille, qui ouvrait les yeux d'un air effaré.

— Comme je suis fâché d'avoir réveillé votre fille, dit Roger en tendant la main au médecin ; elle dormait si bien et cela était si gracieux de la voir et si doux.

— Claire avait voulu travailler avec son papa, dit Harly en prenant sa fille dans son bras, et elle s'est endormie.

— Me pardonnez-vous, mademoiselle, de vous avoir éveillé? dit Roger en lui embrassant la main.

Elle le regarda un moment sans répondre. Peu à peu son visage s'empourpra et, dégringolant de dessus les genoux de son père, elle se sauva sans se retourner : ce fut seulement en arrivant à la porte qu'elle cria :

— Je vais voir maman.

— Eh bien, je lui ai fait une belle peur, dit Roger; elle m'aura pris sans doute pour le diable.

— Elle est sauvage, dit Harly, ne lui en veuillez pas; cela tient à la vie étroitement renfermée qui est la nôtre; elle ne voit personne; sa mère et moi, voilà le monde entier pour elle.

— Et elle est bien heureuse.

— C'est vous qui dites cela, mon cher duc?

— Mais parfaitement; croyez-vous que je ne suis pas sensible à la vie de famille, à l'intimité, au repos, à la paix ? Plus que personne, peut-être ; précisément parce que j'ai été privé des joies que donne cette existence, que j'admire chez vous et... que j'envie; car je vous envie.

Harly eut un sourire.

— Oh! ne riez pas, continua Roger, c'est sérieusement que je parle ; c'est en me comparant à vous que j'éprouve ce sentiment d'envie. Voyez la différence entre nous. Vous êtes l'enfant de gens modestes...

— De pauvres gens; vous pouvez dire de gens très pauvres, de boulangers. Mon père et ma mère n'avaient rien que leur travail.

— Vous avez été élevé durement.

— Plus que durement, misérablement, et si vous saviez tout ce que j'ai eu à souffrir, vous ne l'envieriez pas.

— J'envie au moins ce que je sais : les journées d'hiver où pour n'avoir pas trop froid, vous travailliez sur la butte du four de votre père en rentrant du collège de votre petite ville, où vous étiez externe; et aussi les nuits sombres où, étant étudiant en médecine, vous courriez les rues de Dijon pour assommer un chat qui ferait votre principale nourriture pendant une partie de la semaine. Voilà qui trempe un caractère et fait un homme. N'ai-je pas raison de vous envier quand je regarde ce que vous êtes et ce que je suis moi-même?

— Vous avez vingt ans, mon cher duc.

— Vingt et un, cela a son importance; car à partir d'aujourd'hui, jour de ma majorité, je vais pouvoir être moi, et cela vaudra sans doute mieux que d'être ce que j'ai été jusqu'à présent. C'est précisément cette majorité qui m'amène ici. Depuis longtemps je m'étais promis de régler tous mes comptes ce jour-là.

Disant cela, il posa sur le bureau une enveloppe fermée.

— Vous ne savez pas ce que vous me devez, dit Harly.

— C'est-à-dire que je ne sais pas ce que vous me demanderiez si vous me demandiez quelque chose, ce que vous n'avez jamais fait depuis deux ans que vous voulez bien me soigner; mais, moi, je sais ce que je vous dois, et c'est ce que j'estime vous devoir, comme honoraires seulement, bien entendu, qui se trouve dans cette enveloppe. Est-ce que ce n'est pas le malade qui devrait fixer lui-même, d'après sa conscience, ce qu'il doit à son médecin, et non le médecin qui devrait taxer son malade?

— Cela serait quelquefois un peu aventureux, dit Harly en riant.

— Peut-être, mais pas toujours, je pense. Maintenant, mon jour de majorité n'est pas encore arrivé à sa fin. Pour le terminer, je réunis quelques amis à dîner au café Riche. Voulez-vous être des nôtres? Vous trouverez là le prince Savine, le prince Kappel, le duc de Carami et Cara, Montrévault, Pourpardin, le marquis de Sermizelles et deux ou trois femmes, une entre autres, qui arrive de la Russie, où elle a tourné toutes les têtes, et que Mautravers a promis de nous amener : il n'y a encore que lui et Savine qui la connaissent : elle s'appelle Raphaëlle.

Harly secoua la tête.

— Vous me feriez grand plaisir en venant, dit Roger, je vous en prie. Pourquoi ne voulez-vous pas venir ?

— D'abord, parce que j'ai à travailler, et puis... et puis vraiment, croyez-vous que ma place soit là ?

— Mais...

— Vos invités ne sont pas des personnes de mon monde... trop hautes, ou trop basses pour moi.

— Oh ! oh !

— Pardonnez-moi si je réponds si mal à votre gracieuse invitation ; quand vous voudrez que nous dînions en tête à tête, prévenez-moi, et il faudra que je sois retenu par une raison bien grave pour ne pas accourir aussitôt et avec plaisir.

— Vous avez raison, pardonnez-moi, mon invitation était une maladresse.

— Vous réprouvez mon genre d'existence ; vous trouvez que cette existence est vide, qu'elle ne mène à rien, qu'elle est nuisible...

— Comme médecin je vous ai dit vingt fois qu'elle était des plus dangereuses pour vous ; comme ami je vous dis aujourd'hui qu'elle est pernicieuse.

— Et croyez-vous que je l'aie faite telle librement et de parti pris ? Croyez-vous qu'à l'avance je me suis dit je ferai ceci et je serai cela ? Quand j'ai quitté la maison de mon grand-père je n'ai été sensible qu'à une seule chose : la liberté. Mais on se fatigue vite de la liberté quand on ne sait que faire. Et c'était mon cas. L'ennui, la fatigue sont venus. Je n'étais pas dans la situation de la plupart des jeunes gens qui ont des parents ou des amis. Je n'ai trouvé qu'une main à la portée de la mienne, celle de Mautravers, avec qui, malgré la différence d'âge, je m'étais lié à l'hôtel de Condrieu; comme un noyé qui se cramponne à ce qu'il peut saisir, j'ai pris la main de Mautravers, et son monde, sa vie, ses habitudes, ses plaisirs sont devenus les miens. Que cette vie ne m'ait pas bien souvent inspiré la lassitude et le dégoût, il ne serait pas vrai de le dire.

— Que ne l'abandonnez-vous alors?

— Laquelle prendre en place? Je ne suis propre à rien, car, je puis bien l'avouer devant vous, qui, d'ailleurs, avez dû vous en apercevoir plus d'une fois, je ne sais absolument rien. J'ai la parlotte, le jargon du monde, mais c'est tout. Si encore mon ignorance était complète, si c'était celle d'un paysan, j'irais à tort et à travers sans peur et sans reproche, lâchant les plus grosses balourdises avec un front d'airain. Mais ce n'est pas mon cas, et j'en ai assez appris pour connaître les dangers que je brave quand je parle comme quand j'écris. Sans jamais me faire sérieusement travailler, mon précepteur, qui était bien obligé d'employer son temps à quelque chose, m'a parlé de grammaire, d'histoire, de géographie et de quelques autres sciences. Je sais qu'il y a un art qui s'appelle l'orthographe; mais je ne sais pas l'orthographe. Je sais qu'il y a des mots qui s'écrivent avec des doubles lettres; mais je ne sais pas quels sont ces mots. Je sais qu'il y a des mots qui sont des participes; mais j'ignore la règle ou les règles qui gouvernent les participes. De là les précautions que je prends quand je parle pour ne pas appuyer sur certaines terminaisons que je considère d'instinct comme dangereuses, sans savoir si elles le sont en réalité. De là l'écriture que je me suis faite pour escamoter la fin des mots et aussi quelquefois le milieu, quand je ne sais pas s'il faut deux *p*, deux *m*, ou deux *i*. Et les temps des verbes, quels casse-cou ; j'aime mieux sauter la banquette irlandaise de Vincennes.

— Vous avez bien appris à sauter la banquette irlandaise sans vous casser le cou, vous apprendrez bien l'orthographe quand vous voudrez.

— Il est trop tard.

— A votre âge ! J'ai un client âgé de quarante ans qui, il y a cinq ans, était ouvrier teinturier, ne sachant rien ou presque rien ; il s'est mis à travailler, et, il y a un mois, il a passé avec succès son baccalauréat ès sciences. Aujourd'hui il dirige le laboratoire de chimie de la maison où il a été vingt ans simple ouvrier. Ce qu'un ouvrier a pu, ne le pouvez-vous pas ? ce qu'un homme de quarante ans a fait, ne le feriez-vous pas, vous qui en avez vingt ?

— Votre client est doué d'une énergie et d'une volonté que je n'ai pas, par malheur ; et puis il n'avait pas le sou, et moi j'ai une belle fortune ; et puis il s'appelle Pierre ou Paul, et moi je suis duc de Naurouse. Voulez-vous que le duc de Naurouse, dont les journaux s'occupent si souvent, s'en aille à l'école ! Mais ce serait un éclat de rire général. Ah ! mon tuteur a bien conduit les choses et il m'a mis dans un chemin où je dois aller quand même jusqu'au bout sans pouvoir revenir en arrière ou même m'arrêter.

— Et pourquoi iriez-vous à l'école ? Qui vous empêche de travailler seul ?

— Moi ?

— Qui vous empêche de travailler avec un homme intelligent que vous pouvez avoir près de vous ostensiblement comme un secrétaire, en réalité comme professeur? J'ai cet homme, si vous le voulez, et je vous affirme qu'en lui donnant seulement quelques heures tous les matins il pourra en peu de temps combler les lacunes dont vous vous plaignez.

— Dites les gouffres.

— Enfin, lacunes ou gouffres, essayez; quand ce ne serait que pour démolir les combinaisons que vous prêtez à votre grand-père.

— Ça, c'est une raison.

— Il y en a d'autres; il y a celles que l'ami pourrait faire valoir, mais que je passe parce que vous avez été au-devant en disant vous-même que la vie qui est la vôtre depuis trois ans vous avait inspiré la lassitude; puis il y a celles que le médecin a tant de fois développées en vous disant que cette vie ruinait votre santé qui a besoin de calme et de ménagements.

— Oh! pas de médecine, je vous prie; je ne veux pas que le médecin me fasse peur aujourd'hui : c'est l'ami que j'écoute.

— Eh bien; laissez-vous toucher par ce qu'il dit.

— Nous verrons, nous reparlerons de cela; il faut se faire à cette idée. Avoir un précepteur à mon âge, l'écouter, lui obéir, apprendre des règles de grammaire, c'est là une médecine dure à avaler

Il se leva.

— Il faut que je vous quitte d'ailleurs; j'étais venu pour quelques instants, et en causant le temps a passé vite. Mes convives m'attendent; je me sauve, je suis déjà en retard.

— Je vous enverrai mon homme.

— Ne faites pas cela.

— Demain matin, si je le trouve ce soir, en tous cas, après-demain. Crozat, retenez son nom ; d'ailleurs, il se présentera de ma part.

X

Quand le duc de Naurouse arriva au café Riche et entra dans le salon qui lui était réservé, il y fut salué par un concert d'exclamations.

— Une demi-heure de retard.

— Naurouse abuse de sa majorité.

— La majorité donne le droit de faire des dettes à de bonnes conditions, non celui de manquer à ses engagements.

Cette réflexion pratique était du vicomte de Mautravers, qui avait été le premier à serrer la main de Roger.

Tous les convives, hommes et femmes, étaient arrivés : les femmes assises auprès de la cheminée ou en face, sur un divan ; les hommes debout, groupés çà et là, les uns causant, les autres regardant par les fenêtres le défilé des voitures qui tournaient le coin de la rue pour se rendre à l'Opéra, avec leurs glaces closes et leurs cochers emmitouflés de fourrures raides sur leur siège, les bras tendus, attentifs à bien tenir leurs chevaux, qui glissaient sur la neige glacée.

Les femmes : — la vieille Esther Marix, un vrai pastel, mais superbe encore avec son galbe aux lignes pures ; — Cara, tout de blanc habillée, en vierge de théâtre, simple, austère, mais avec un collier de perles au cou qui valait plus de trois cent mille francs ; — Balbine, qui n'avait jamais pu jouer un rôle de vingt lignes et qui cependant était une célébrité parisienne pour les épaules ; — enfin Raphaëlle, la curiosité, l'attraction de la soirée : une Parisienne pur sang, un minois avec des yeux parlants, sans gorge, sans hanches, mais pleine de vie, de vivacité, toujours en mouvement, rebelle à toutes les fatigues, le sommeil comme l'ivresse, ce qu'elle avait victorieusement prouvé dans un séjour de trois années en Russie, où elle avait obtenu des succès étourdissants par la façon délurée dont elle savait se servir de l'argot poissard en l'appliquant à l'émoustillement de la vieille noblesse russe et à l'émancipation de la jeune.

Les hommes : — le prince de Kappel, venu là comme il allait partout, sans se soucier de rien, ennuyé seulement de n'avoir pas faim pour dîner, et vexé aussi de ne pas éprouver le plus léger désir à la vue de Raphaëlle qu'on lui avait vantée et qui se mettait en frais de coquetterie pour lui, au point de faire des phrases en lui parlant, peine qu'elle ne se donnait ordinairement pour personne ; — le duc de Carami, que dix années de vie parisienne à outrance, sans repos et sans relâche ni de jour ni de nuit, avaient exténué et qui allait partir pour Madère où les médecins l'envoyaient demander un miracle ; — le prince Savine, venu de l'Oural à Paris pour faire parler de lui et rendre célèbres dans le monde entier sa noblesse, sa fortune, sa générosité, sa bravoure, son esprit, ses goûts artistiques, toutes les qualités en un mot dont il se croyait plus richement doué qu'aucun mortel, mais qui restait continuellement tiraillé entre deux sentiments contraires : l'orgueil de faire étalage de sa richesse et la peur qu'on voulût exploiter cette richesse quand on la connaîtrait, si bien que toutes les fois que, dans un mouvement de vanité, il s'était laissé entraîner à une dépense, aussitôt son avarice ingénieuse s'appliquait à diminuer cette dépense ou, si c'était impossible, à se rattraper sur une autre; — le baron de Montrévault, sans qui il n'y avait pas de dîners, pas de soupers, pas de duels possibles et qui jugeait tout d'un mot, toujours le même : « Ça, c'est correct »; — le marquis de Sermizelles, qu'on n'avait pas vu depuis deux ans au régiment de chasseurs à cheval dans lequel il était lieutenant; — Poupardin, qui cherchait intrépidement toutes les occasions de jeter son argent à pleines mains, afin qu'on oubliât qu'il était le fils de Jacques Poupardin, de la *Participation Poupardin, Allen et C°*, qui a gagné une énorme fortune dans la construction des lignes de chemin de fer; — enfin le vicomte de Mautravers, l'ami, le compagnon, l'inséparable du duc de Naurouse, et en même temps le confident, l'homme de confiance de M. de Condrieu-Revel.

— Je craignais que vous n'eussiez cassé les jambes à vos chevaux, dit le prince de Kappel, qui avait le cœur très sensible pour les bêtes.

— Non, dit Roger sans s'excuser, je me suis attardé dans la conversation d'un honnête homme et j'y ai trouvé un tel intérêt que j'ai oublié la marche du temps.

— Toujours sentimental, ce bon Roger? s'écria Mautravers d'un ton goguenard; il est superbe avec son honnête homme : quelque crève-la-faim qui lui a tiré cinq louis.

— Pas tout à fait.

— Le chiffre ne signifie rien; ce qui est grave, c'est de s'emballer ainsi à la suite de n'importe qui. Pour moi, j'ai un principe dont je me suis toujours bien trouvé : c'est de ne m'intéresser qu'à ce qui me touche dans la satisfaction immédiate de mes besoins, et de ne m'inquiéter que de ce que je peux utiliser, que de ce qui doit servir à ma consommation, argent ou plaisir ; voilà.

— Je vous remercie, dit Roger en riant.

— Et moi, je ne vous remercie pas, dit Savine ; vous nous faites perdre notre temps, et cela me touche dans la satisfaction immédiate de mon appétit.

Comme on n'attendait que l'arrivée du duc de Naurouse pour servir, la porte qui faisait communiquer le petit salon avec le grand, où la table était dressée, fut ouverte à deux battants par le maître d'hôtel.

Roger avait voulu que le dîner qu'il donnait pour fêter sa majorité ne se passât point dans une salle banale de restaurant, et, comme il ne pouvait en faire construire une spéciale pour cette circonstance, il avait au moins essayé que celle où il recevait ses convives eût quelque chose de particulier et de personnel : pour cela, il avait fait recouvrir les murs de tapisseries et de tentures, et, aux quatre coins de la pièce, on avait disposé quatre grandes jardinières triangulaires à gradins, sur lesquelles, dans un tapis de mousse et de lycopode, on avait dressé des pyramides de plantes et d'arbustes, non de ces plantes et de ces arbustes à feuillage ornemental qu'on peut pendant tout un hiver envoyer en ville, de maison en maison, donner des représentations, mais des plantes fleuries, délicates et fragiles, qui ne restent guère qu'une soirée dans leur éclatante fraîcheur : des violettes de Parme, des jacinthes, des jonquilles, des roses, des épiphyllum en cascades rosées, des poinsettia aux collerettes éclatantes, des lilas blancs, tout cela harmonieusement groupé, sans s'étouffer et pour que les couleurs se fissent valoir les unes les autres par contrastes.

L'effet était délicieux et rendu plus charmant encore par l'impression de froid, de neige et de glace qu'on apportait du dehors.

— Ça, c'est correct, dit Montrévault.

Le mot passa inaperçu, l'attention étant attirée par un petit cerisier qui avait été placé au milieu de la table en guise de corbeille de fleurs.

Il était dans un pot entouré de mousse et il formait une pyramide parfaite qui montait jusqu'au plafond; aussi, pour lui faire place, avait-on dû enlever le lustre, qu'on avait remplacé par quatre candélabres qui l'enveloppaient de lumières et par des appliques avec miroirs formant réflecteurs posées sur les tapisseries et les tentures.

Au milieu de son feuillage d'un vert sombre lustré, se montraient de belles cerises bien rouges et arrivées juste au point de la maturité.

— Oh! le joli cerisier, s'écrièrent les femmes.

Et l'une d'elles, Balbine, qui s'était dirigée vers la table, étendit la main pour cueillir un fruit.

Mais, doucement, le duc de Naurouse l'arrêta :

— Un moment, dit-il.

Puis, se tournant vers le maître d'hôtel, qui se tenait à distance respectueuse, les bras arrondis, les pointes en dehors, le visage souriant, incliné en avant, flottant à droite et à gauche dans l'attitude d'un artiste satisfait de son ouvrage et qui attend modestement les compliments qui lui sont dus :

— Qui a eu l'idée de ce cerisier? demanda-t-il.

— Moi, monsieur le duc ; on nous l'a offert ce matin, et il était si joli, si bien réussi avec son feuillage et ses fruits mûrs, que j'ai cru que monsieur le duc serait satisfait de le voir sur sa table. Alors...

— Alors vous avez fait une sottise ; je suis bien aise de voir sur ma table ce que j'ai commandé ; rien de moins, rien de plus. Emportez ce cerisier.

Le maître d'hôtel ne répliqua pas ; il s'inclina et, se retournant, il fit un signe aux garçons, qui se tenaient immobiles aux quatre coins de la salle.

Ceux-ci se détachèrent de la muraille, où ils semblaient appliqués ni plus ni moins que des personnages de la tapisserie, et, s'approchant de la table, ils enlevèrent le cerisier avec précaution, s'arrêtant, se reprenant lorsque les fruits se balançaient trop fortement au bout de leurs queues allongées.

Pendant ce temps, Roger désignait à ses convives les places qu'ils devaient occuper : Raphaëlle à sa gauche, Cara à sa droite, le prince de Kappel en face de lui, les autres où ils voulaient.

— Si j'avais les mines de notre ami Savine, dit-il lorsque chacun fut assis, ou bien si j'appartenais à la *Participation Poupardin, Allen et Cie*, je serais heureux de vous offrir ce cerisier ; mais dans ma position ce serait de la folie.

— Quelle bêtise ! dit Sermizelles.

— Moi, je trouve ça très chic, cria Poupardin ; Naurouse se met au-dessus des préjugés, c'est crâne. Vive Naurouse !

— Bravo ! mes compliments, appuya le prince de Kappel.

— Quand c'était l'argent des usuriers qui sautait, continua Roger, c'était parfait ; mais maintenant que c'est le mien qui est en jeu, il est temps de compter.

— Ça va durer ? demanda Mautravers.

— Je l'espère.

Et, sans plus s'inquiéter des exclamations, approbations ou critiques qui s'échangeaient autour de la table, il tira un carnet de sa poche et, tranquillement, il se mit à écrire quelques mots sur une carte de visite; puis, faisant un signe au maître d'hôtel, il lui donna cette carte après lui avoir dit quelques mots à voix basse et à l'oreille.

— Savez-vous ce que le duc vient d'écrire sur sa carte et de dire au maître d'hôtel? s'écria Cara, qui, pendant que Roger écrivait, avait regardé par-dessus son bras.

— Non.

— Qu'a-t-il écrit?

— Une adresse, l'adresse d'une femme. J'ai lu : « Mademoiselle », et il a dit : » Faites porter cela. »

— Il envoie le cerisier à une femme! s'écria Esther Marix.

— Quelle femme? demandèrent dix voix.

— Je n'ai lu que : « Mademoiselle », répondit Cara.

— Mais c'est une infamie cela.

Sans rien dire, Mautravers guettait le maître d'hôtel; lorsque celui-ci, faisant le tour de la table pour sortir et s'acquitter de ce que le duc lui avait demandé fut arrivé à sa portée, il saisit vivement la carte et la lui arracha.

— Je tiens la carte, cria-t-il.

— Le nom, le nom? crièrent toutes les voix curieuses.

— Mautravers? dit Roger.

Mais, sans avoir égard à cette protestation, Mautravers, qui était myope, avait frotté le bout de son nez pointu sur la carte; il lut :

« Mademoiselle Claire Harly, 40, rue Le Peletier. »

— Comment Claire Harly, s'écria Savine; mais

c'est la fille du docteur Harly, mon médecin et le médecin de Naurouse : une petite fille de cinq ans.

— C'est justement à Claire Harly que j'envoie ce cerisier, dit le duc.

— Eh bien ! il est précoce, Naurouse, dit Poupardin.

— Dites qu'il n'est qu'un enfant, répliqua Mautravers, il envoie ces cerises à sa petite camarade.

— Justement, dit le duc en riant, pour faire la dînette avec elle, demain.

XI

— Mes enfants, dit Mautravers, lorsque le maître d'hôtel fut sorti accompagnant le cerisier, l'esprit d'économie qui se révèle dans le duc de Naurouse, devenu tout à coup amoureux de son argent, me fait peur pour notre dîner ; veut-il nous laisser mourir de faim ?

— Faut voir le menu, dit Raphaëlle.

— Voilà une parole pratique, dit le duc de Carami, d'une voix rauque.

Mais Cara, placée à côté de lui, lui posa un doigt sur les lèvres, car tel était son état de faiblesse et d'épuisement, qu'il lui était interdit de parler.

— Voyons le menu ! crièrent quelques voix.

Déjà Mautravers avait pris le petit carré de bristol placé devant lui et il lisait :

HORS-D'ŒUVRE

Huîtres impériales.
Crevettes rouges de Cherbourg.
Caviar d'Odessa.

Filets de sproot à la hollandaise.
Coquilles d'Isigny.

POTAGES

Bagration.
Crème d'écrevisses.

RELEVÉ ET ENTRÉES

Dalles de truites de torrent à la Riche.
Noisettes de pré-salé à la Soubise.
Filet de chamois à la niçoise.
Blanc de poularde à la Toulouse.
Aileron de bécasse à l'essence.

— Je demande que tout jugement contre Naurouse soit suspendu, interrompit Sermizelles.
— Cela paraît juste.
Mautravers poursuivit :
Sorbets au vin de Porto.

RÔTI

Cailles de vigne.
Ortolans des Landes.
Timbale de truffes à la Périgord.
Écrevisses de la Meuse.

ENTREMETS

Salade de cœur de romaine.
Haricots verts nouveaux.
Artichauts à la hollandaise.
Rocher de fruits glacés à la Russe.

— Consultez le tribunal, dit Poupardin, qui avait le travers de continuer les plaisanteries commencées et de les prolonger indéfiniment en appuyant dessus.

— Tout à l'heure, dit Savine, il n'est pas encore temps.

Mautravers continuait sa lecture :

DESSERT

Fromage.
Raisin en branches.
Ananas de serre.
Fruits.
Petits fours.

VINS

— Attention ! interrompit Montrévault, qui se croyait le droit de prendre partout le rôle d'arbitre pour décider si c'était ou ce n'était pas correct.

Sauterne, Château-d'Yquem 1847, aux hors-d'œuvre.

— Bravo.

Salerne San-Donato 1838, au potage.
Château-de-la-Houringue 1840, aux entrées.
Château-Laffitte, La Romanée Saint-Vivant, au rôti.
Vin de Constance, au dessert.
Rœderer glacé, au courant du dîner.

Les exclamations se mêlaient aux applaudissements tandis que Mautravers, qui avait perdu du temps à lire, se hâtait d'attaquer ses huîtres.

— Je vote pour l'acquittement, criait Poupardin.

— Ce n'est pas assez, il faut lui voter des compliments.

— Il s'agit de savoir quand ce menu a été composé, dit Mautravers, qui, ayant regagné une partie du temps perdu, voulut bien s'interrompre.

— Il y a quatre jours, répondit Roger.

— Ah ! voilà.

— Voilà quoi ?

— Il y a quatre jours, c'était avant la majorité de notre ami, qui ne date que d'aujourd'hui ; or, il y a quatre jours, c'était l'argent des usuriers qui sautait, comme il dit, tandis que maintenant c'est le sien.

— Je n'ai pas payé d'avance, probablement.

— Non ; mais vous avez commandé ayant encore l'habitude de faire sauter l'argent des usuriers sans le compter ; il y a quatre jours vous n'auriez pas renvoyé le cerisier ; on ne commence à être avare que quand on a de l'argent dans sa poche.

— Oh ! Naurouse avare, dit Poupardin, elle est bien bonne celle-là.

Et, ce qu'il y a d'admirable, c'est que quand ces idées d'av..., disons d'économie, lui passent par la tête, il a un million dans sa poche.

— Celle-là ? s'écria Raphaëlle en se tournant tout à fait du côté de Roger.

— Celle-là ? fit Cara, non moins vivement et avec le même geste.

— Où est-elle cette poche ? demanda Balbine.

Ces trois exclamations partirent si bien ensemble qu'il y eut un éclat de rire général, auquel le duc de Carami seul ne prit pas part.

— En quoi est-il le million ? demanda Raphaëlle.

— En billets de banque, et comme je tiens à prouver que je parle sérieusement, je précise le chiffre qui n'est pas tout à fait d'un million, comme je le disais, mais qui est de 977,000 francs.

— Et qui vous a dit cela ? demanda Roger surpris.

— Votre tuteur, que je viens de voir par hasard chez mon oncle et qui m'a raconté qu'il venait de compter 977,000 francs à notre ami. Et dans quel état d'angoisse je l'ai laissé, ce pauvre comte de Condrieu ! Quand il a su que nous devions dîner ensemble ce soir, il voulait à toutes forces que je lui promisse de veiller sur son petits-fils ou plutôt sur les 977,000 francs. Vous, qui avez de l'expérience, me disait-il ; ne laissez pas le duc de Naurouse faire des folies ; c'est un enfant.

Depuis que Mautravers parlait du comte de Condrieu, Roger, qui s'était assis à table le visage joyeux, les lèvres souriantes, les yeux pleins de gaieté, s'était brusquement assombri, et il lançait à son ami des regards de mécontentement auxquels celui-ci ne paraissait pas prêter attention, pas plus qu'il ne paraissait remarquer le pli qui avait relevé la lèvre supérieure du duc, signe cependant bien connu de la colère chez lui.

— C'est un enfant, répéta Mautravers en imitant le parler lent de M. de Condrieu ; empêchez-le de jouer, empêchez-le de gaspiller son argent pour des... — il s'arrêta ; — je ne peux pas dire le mot dont il s'est servi.

— Ah çà ! vous prenez donc maintenant le rôle des raisonneurs ? demanda Cara.

— C'est justement ce que j'ai répondu au comte en lui disant que le rôle qu'il voulait me donner n'était ni de mon âge ni de ma nature. Mais, j'ai eu beau faire, j'ai eu beau dire, il ne démordait pas de son idée : il voulait que je me fisse le mentor de Roger. N'obtenant rien, il m'a lancé mon oncle ; alors tous deux se sont mis sur moi.

— Mautravers, vous ne mangez pas, interrompit Roger impatienté et se contenant difficilement ; ce chamois ne vous plaît pas ?

— Au contraire, excellent, mais je peux très bien parler en mangeant. Est-ce qu'il pense toujours hériter de vous votre grand-père ? A la rigueur, cela était jusqu'à un certain point possible quand vous étiez un enfant maladif; mais maintenant! Est-ce drôle la folie de l'héritage! Quand je le reverrai je lui conterai l'histoire du cerisier, cela le rassurera.

Déjà plusieurs fois les amis de Roger avaient voulu interrompre Mautravers, le prince de Kappel, le duc de Carami; mais il avait continué imperturbablement comme s'il ne comprenait pas.

— Est-ce que vous avez juré d'exaspérer le petit duc? demanda Cara en regardant Mautravers en face; laissez-le donc tranquille avec son grand-père.

— Bravo, Cara! vous avez raison, dit Savine. Mautravers nous ennuie.

— Puisqu'il est enfin débarrassé de son tuteur, laissez-le l'oublier; ce n'est pas le jour de le lui rappeler.

— Ma foi, ce n'est pas de ma faute, dit Mautravers avec bonhomie, mais le comte de Condrieu m'a tant et tant parlé de son petit-fils, qu'il m'en a empli, et maintenant ça déborde; mais comme je ne veux pas plus exaspérer Roger, qui me regarde avec des yeux furieux, que vous ennuyer tous, je me tais et je mange.

— Ça vaudra mieux, dit Roger.

Ce fut son seul mot; mais à la façon dont il le jeta, on pouvait sentir à quel degré d'exaspération violente les paroles de Mautravers l'avaient poussé.

XII

Le dîner s'acheva sans qu'on parlât de nouveau du comte de Condrieu, si bien qu'après un certain temps le mécontentement du duc de Naurouse se calma, puis s'effaça; il ne pensa plus à son grand-père ni à ce qu'avait dit Mautravers.

D'ailleurs ses deux voisines, celle de droite comme celle de gauche, Cara aussi bien que Raphaëlle s'emblaient prendre à cœur de le distraire et de l'occuper sans lui laisser une minute de repos ou de distraction; l'une ne se taisait pas que l'autre, se haussant à son oreille l'accaparait aussitôt; il y avait des moments où toutes deux, se penchant en avant, croyant la place libre, se trouvaient nez à nez, tandis que Roger qu'elles enveloppaient ne savait à laquelle des deux répondre; alors toutes deux en même temps prenaient des airs de dignité ou de froideur, et c'étaient les seuls instants où il adressât quelques mots à ses convives.

Cela était si évident, si frappant, que chacun en riait autour de la table, — à l'exception du duc de Carami, dont le nez, déjà mince et long, s'amincissait et s'allongeait en voyant sa maîtresse se faire si coquette pour le duc de Naurouse.

— Elles cherchent la poche au million, dit Balbine, qui, par la place éloignée qu'elle occupait, ne pouvait pas pour le moment se livrer au même travail.

— Cara est bien habile.

— Raphaëlle a pour elle le mérite d'être inconnue.

— Il faudra voir.

— Je trouve Roger bien calme.

— Pas tant que ça; il commence à se laisser allumer: voyez comme ses yeux flambent et comme ses pommettes rougissent.

On se leva enfin de table pour passer dans le salon où l'on devait servir le café.

Mais, contrairement à ce que chacun pensait, Raphaëlle ne prit point place à côté du duc de Naurouse sur le canapé où celui-ci s'était assis : ce furent Cara et Balbine qui le flanquèrent de chaque côté.

Restant en arrière, Raphaëlle attendit Mautravers au passage et ils allèrent se mettre dans l'embrasure d'une fenêtre, le nez collé contre la vitre comme s'ils prenaient un extrême intérêt à regarder les voitures se croiser sur la chaussée et les passants courir sur le trottoir, le cou engoncé dans leur paletot et les mains dans leurs poches.

— Eh bien ? demanda Mautravers.

— Cara s'est jetée à travers.

— Il n'y a pas à s'inquiéter de Cara, c'est de l'histoire ancienne ; elle ne serait pas assez maladroite d'ailleurs pour lâcher le certain ; elle part dans deux ou trois jours pour Madère avec Carami, qui lui fera son testament.

— Cela n'empêche pas qu'elle s'est positivement jetée sur le petit duc.

— Je vais lâcher Carami sur elle, cela l'arrêtera ; le million lui fait perdre la tête.

— Alors c'est vrai, ce million ?

— Rien n'est plus vrai ; seulement, au lieu d'être dans la poche comme je l'ai dit en plaisantant, il est rue Auber ; celle qui couchera cette nuit rue Auber a des chances pour en emporter une bonne part et pour obtenir le reste avant peu. Seras-tu celle-là. Soigne ton début. Si tu commences par le duc de Naurouse, ta fortune est faite; Paris est à toi.

Là-dessus il la quitta pour aller dire à voix basse quelques mots au duc de Carami, qui, mélancoliquement adossé à la cheminée, se chauffait les mollets en regardant sa maîtresse faire la roue devant Roger, puis doucement il sortit du salon.

On fut assez longtemps sans remarquer son absence,

et, au moment même où on se demandait s'il était parti, il rentra, accompagné de deux jeunes gens, qui furent salués par des exclamations joyeuses :

— Sainte-Austreberthe !

— D'Espoudeilhan !

Les mains se tendirent vers les nouveaux venus.

— Ils dînaient en bas, dit Mautravers, j'ai été les chercher.

— Mautravers, je vous remercie, dit Roger avec un sourire qui voulait être aimable.

Il se produisit un moment de froid, comme cela a lieu toujours lorsqu'un nouveau venu tombe à l'improviste au milieu d'une réunion d'amis qui se sont peu à peu montés ensemble et sont arrivés à un même diapason : les conversations s'arrêtèrent, puis elles reprirent, puis elles s'arrêtèrent encore et il y eut de ces silences gênants où l'on sent qu'une dislocation s'opère ; dans un coin, le duc de Carami faisait une scène à Cara, et Balbine, installée auprès de Roger, ne permettait pas à Raphaëlle de s'asseoir tandis que celle-ci, obligée de rester debout vis-à-vis de Roger, ne permettait pas à Balbine de dire à celui-ci un seul mot intime.

Au milieu d'un de ces silences on entendit la voix de Mautravers.

— Si nous faisions un bac ?

Il y eut des cris d'approbation et des protestations.

— Du moment que Sainte-Austreberthe entrait ici, dit Savine, on devait s'attendre à ce qu'on parlerait jeu ; c'est à croire qu'il apporte des cartes avec lui.

Cependant les marques d'approbation l'emportèrent sur les protestations.

— Très bien, dit Roger, que ceux qui veulent jouer

jouent, que ceux qui ne veulent pas jouer ne jouent pas.

Mautravers ouvrit la porte de la salle à manger; par un miracle de rapidité assez extraordinaire s'il n'avait pas été demandé, la table était déjà desservie, le tapis balayé et tout en ordre.

En peu de temps les joueurs se groupèrent autour de la table recouverte d'un tapis; mais Roger ne quitta pas son divan, ayant à sa droite Balbine et devant lui Raphaëlle debout.

— Vous ne jouez pas? demanda Mautravers.

— Non, j'aime mieux écouter des histoires de Russie très drôles.

Tandis que le plus grand nombre des joueurs s'installaient dans la salle à manger, le duc de Carami et Savine s'asseyaient en face l'un de l'autre dans le petit salon pour jouer à l'écarté.

C'était Raphaëlle, toujours debout, qui racontait ces histoires, dans lesquelles, bien entendu, elle jouait toujours un rôle; ce n'était pas volontairement qu'elle avait quitté la Russie, on l'avait expulsée à cause de la trop grande influence qu'elle avait prise sur un jeune duc, à qui elle avait enseigné les délicatesses de la langue française. Une nuit, la police était entrée chez elle, avait fait une minutieuse perquisition, brisant tout, déchiquetant tout pour trouver la correspondance du jeune grand-duc, pillant les fourrures, s'emparant aussi des bijoux, mais ne trouvant pas la correspondance, par cette excellente raison qu'elle avait été envoyée à Paris lettre par lettre, où elle se trouvait en sûreté. Toute la nuit avait été employée à cette perquisition. Le matin, le chef de la police, furieux, lui avait dit de s'habiller. Puis on l'avait mise en voiture, flanquée de deux agents. La voiture s'était rendue à la gare. Là on l'avait fait monter dans un compartiment réservé avec ses deux agents, qui ne l'avaient quittée qu'à la frontière prussienne en lui remettant un billet de première classe pour Paris, où elle était arrivée sans un sou, sans autre robe que celle qu'elle avait sur le dos. Heureusement elle avait les lettres.

— J'aimerais mieux des billets de banque, dit Balbine.

— Et que voulez-vous en faire? demanda Savine, qui, tout en jouant, avait prêté l'oreille à ce récit, — ce qui lui avait coûté cinquante louis.

— Tiens, vous écoutez donc? demanda Raphaëlle en tournant la tête à demi dédaigneusement.

— Non, j'entends sans écouter.

— C'est un don, ça.

— Et c'est parce que j'ai entendu que je vous demande ce que vous voulez faire de ces lettres?

— Je veux m'en faire cent mille francs de rente, et, puisque vous êtes curieux, je consens à vous dire mon procédé : je loue une encoignure de muraille sur le boulevard, et là, comme font les professeurs d'écriture ou les photographes, j'accroche un cadre surmonté des armes de Russie, quelque chose de bien doré, éblouissant, épatant, et dans ce cadre, sous verre, j'affiche deux lettres avec simplement une petite inscription au-dessus ainsi conçue : *Leçons de français pour les étrangers ; devoir du dernier élève; le professeur demeure...* Ici mon nom et mon adresse; et vous verrez quel succès quand on lira la langue que parle mon élève : le mot, rien que le mot, mais le mot... propre.

Roger et le duc de Carami se mirent à rire; mais Savine garda son sérieux :

— La police ne vous laissera pas faire cela.

— Ah! vraiment. Eh bien! alors, si elle m'interdit l'affichage, j'irai à domicile.

— Voulez-vous me vendre ces lettres? dit Savine en se tournant vers elle entièrement.

— Pour que vous les revendiez en gagnant sur moi. Non, j'aime mieux traiter directement.

A ce moment, on entendit des exclamations, des cris et des applaudissements dans la pièce voisine; puis, presque aussitôt, quelques joueurs rentrèrent dans le petit salon.

— Eh bien! qu'est-ce qu'il y a? demanda Balbine.

— C'est Poupardin qui vient de perdre deux mille louis contre Sainte-Austreberthe.

— Venez donc, Roger, fit Mautravers, vous allez voir Poupardin s'emballer.

— Non, j'aime mieux causer.

Mais il dit cela faiblement, car ce n'est pas impunément que le joueur entend le flicflac des cartes et le bruit des louis qui sonnent; il y a pour lui dans ce bruit un appel, une sorte de fascination.

— Moi j'y vais, dit Balbine, qui décidément désespérait de reprendre son ancienne influence sur Roger.

Elle céda donc la place à Raphaëlle, mais celle-ci ne la prit pas :

— Si nous y allions aussi, dit-elle avec câlinerie.

— Est-ce que vous désirez jouer? demanda Roger.

— Je jouerais volontiers si...

Il ne la laissa pas achever.

— Vous jouerez pour moi, dit-il, je serai votre banquier.

Elle lui prit vivement le bras et l'entraîna dans le grand salon.

— Un moment! cria-t-elle dès la porte.

XIII

— Naurouse s'est décidé, cria Mautravers. Bravo !

Mais ce ne fut pas le duc qui prit place à la table, ce fut Raphaëlle ; pour lui, il resta debout derrière elle, appuyé sur le dossier de sa chaise.

C'était Poupardin qui avait les cartes en mains et il criait très haut, la tête renversée en arrière, glorieusement :

— Je tiens tout ce qu'on voudra.

En réalité, à l'exception de Sainte-Austreberthe, qui, depuis que la veine était de son côté, jouait gros jeu, il n'avait pas grand'chose à tenir, les mises étant assez modérées, et même celle d'Esther Marix était honteuse : un louis, qu'elle risquait timidement, avec émotion, en comptant, par un rapide mouvement de pouce, les dix ou douze pièces d'or qu'elle tenait dans sa main gauche, sachant bien par expérience qu'elle avait passé l'âge où les femmes peuvent emprunter avec certitude de n'être pas refusées plus ou moins durement.

En venant du petit salon dans le grand, Roger avait glissé dans la main de Raphaëlle une liasse de billets de banque.

— Que faut-il mettre ? demanda-t-elle en se haussant jusqu'à l'oreille de son associé et à voix basse.

— Ce que vous voudrez, dit-il en se penchant vers elle.

Elle hésita un moment, tâtant, palpant dans sa main la liasse de billets qu'elle n'avait pas vue et tâchant de l'estimer au toucher.

— Eh bien? demanda Poupardin en la regardant.

Elle n'hésita plus et, bravement, elle mit la liasse sur le tapis, entière et roulée.

Que lui importait. Si elle perdait, c'était le petit duc qui payait; au contraire, si elle gagnait, elle partageait avec lui.

— Il y a? demanda Poupardin, qui, malgré ses prétentions à jouer grandement et noblement, voulait savoir au juste ce qui était mis au jeu sur cette liasse, de façon à ne pas payer mille louis s'il perdait et à en toucher dix s'il gagnait!

Raphaëlle surprise par la question, se tourna à demi vers Roger.

— Cinq cents louis, dit celui-ci.

— Très bien.

— Ah! si le grand-père voyait cela, dit Mautravers à mi-voix, mais de manière cependant à être distinctement entendu par le duc de Naurouse.

Le jeu recommença.

Raphaëlle gagna.

Elle n'hésita plus; vivement, elle fit un tas des billets que Poupardin lui jeta en le réunissant à celui qui était devant elle et, d'une voix vibrante, les yeux flamboyants:

— Tout va! dit-elle.

Elle gagna encore.

Mais cette fois, poussant un cri de triomphe, elle empoigna les billets à deux mains et, les serrant sur sa poitrine, elle quitta la table.

— J'en ai assez, dit-elle, bonsoir.

Il y eut une explosion de protestations; mais, sans les écouter, elle s'assit dans un coin et, là, faisant deux parts égales de ses billets, elle en remit une à Roger et fourra l'autre dans sa poche en la tassant bien

Poupardin dit :

— Naurouse, donnez-moi ma revanche ? C'est contre vous que j'ai joué. Que Raphaëlle fasse charlemagne, c'est bien, c'est féminin. Mais, si j'avais cru ne jouer que contre elle, je n'aurais pas tenu ces coups-là ; c'eût été trop bête.

— Vous savez, Naurouse, que je n'ai pas pris l'engagement de veiller sur vous, dit Mautravers en plaisantant.

Roger revint à la table, ayant encore dans les mains les billets de banque que Raphaëlle venait de lui remettre, et, attirant une chaise, il s'assit en face du banquier.

Si jusqu'alors il avait refusé de jouer, ce n'était pas qu'il fût dans ses habitudes de ne point jouer. Tout au contraire, il était joueur, joueur passionné. Jusqu'à ce jour, il avait joué toutes les fois que l'occasion lui en avait été offerte, tantôt pour le plaisir, tantôt pour gagner, pour se procurer l'argent qu'il n'avait point et qu'il demandait au jeu. Mais dans le programme qu'il s'était tracé pour le jour de sa majorité, il s'était dit qu'il ne jouerait point ; c'était une promesse qu'il s'était faite. Ce jour était son jour de fête. Jamais personne ne lui avait souhaité sa fête ; il s'en donnait une, la première de sa vie ; il ne voulait pas qu'elle pût être attristée par un mauvais souvenir, ce qui pourrait très bien arriver s'il se risquait à jouer.

L'appel de Poupardin et le dernier sarcasme de Mautravers achevèrent de lui faire oublier ses engagements.

Il tenait deux liasses de billets de banque. Il en jeta une sur table :

— Cinq cents louis, dit-il.

Le banquier lui donna l'une après l'autre deux

cartes et s'en donna deux à lui-même. On sait que le jeu de baccara consiste à chercher le point de neuf ou tout au moins le chiffre le plus rapproché de ce point ; on peut demander une nouvelle carte ou s'en tenir à celles qu'on a déjà : les figures et les dix ne comptent pas.

Roger ne demanda pas de carte ; Poupardin s'en donna une. On compta les points : Roger avait une figure et un trois ; Poupardin deux figures et un deux.

Ce fut une explosion de cris :

— On ne joue pas avec cette imprudence.
— Naurouse est fou.
— C'est de la démence.
— On ne s'en tient pas à trois.
— Vous voyez bien que si, dit Roger ; on s'y tient et on gagne.

Mautravers, qui jusque-là avait poursuivi Roger de ses railleries, changea brusquement d'attitude et de langage.

— Bravo ! Naurouse, dit-il en applaudissant, ce que vous avez fait est crâne ; je vous rends mon estime ; voilà comme on joue quand on a de l'estomac ; on a foi dans sa chance et l'on ne s'inquiète pas du reste.

Les joueurs d'écarté, attirés par les cris, avaient quitté le petit salon pour le grand, et tous les convives se trouvaient réunis autour de la table comme pour le dîner, avec Sainte-Austreberthe et d'Espoudeilhan en plus.

Des mains de Poupardin, le talon passa dans celles de Sainte-Austreberthe et le jeu continua.

Roger laissa sa mise doublée par son gain et gagna encore, cette fois avec un quatre et toujours sans prendre de carte.

— Vous voyez bien qu'on gagne avec l'audace, cria Mautravers ; Naurouse, vous êtes un brave.

L'ivresse du jeu est plus prompte encore que celle du vin à troubler la raison et à anéantir la volonté. Quand les cartes arrivèrent aux mains du duc de Naurouse, il avait perdu tout sang-froid et toute réflexion.

— Comment, Savine, vous ne vous intéressez pas à ma banque, dit-il, étonné que le prince, seul de tous les convives, n'eût pas encore pris part au jeu.

— Non, cela m'empêcherait de bien voir.

En réalité ce qui empêchait le prince Savine de jouer, c'était une superstition de joueur unie à une réflexion d'homme prudent : voyant le duc de Naurouse gagner, il se disait qu'un jour de majorité on devait avoir la veine ; mais, d'autre part, en voyant la façon téméraire dont il menait le jeu, il se disait que, malgré tout, la veine devait tourner, de sorte qu'il n'osait ni jouer avec lui ni jouer contre lui.

Le jeu continua et, de partie en partie, il devint plus emporté, plus violent ; à l'exception de Sainte-Austreberthe, toujours maître de soi, toutes les têtes étaient affolées, et le plus passionné était le duc de Naurouse.

Ce que le prince Savine avait prévu se réalisa : la veine changea. Autant elle avait été favorable à Roger, autant elle lui devint contraire ; il perdit coup sur coup ; tout ce qu'il avait gagné s'en alla.

Alors sa foi dans la bonne chance chancela ; il voulut bien jouer, raisonner, calculer.

Mautravers, qui le suivait de près, vit tout de suite ce changement de système :

— Ne jouez plus, dit-il amicalement, vous n'allez faire que des sottises.

Dans les dispositions où se trouvait Roger, ce conseil ne pouvait avoir pour résultat que de le pousser plus avant dans la bataille et de lui faire faire des sottises qu'on lui prédisait.

Il joua follement, non en joueur, mais en homme qui n'a peur ni de perdre ni de faire les sottises.

Voyant cela, tout le monde joua contre lui, Savine comme les autres, mais plus gros jeu que les autres.

A une heure du matin, le duc de Naurouse perdait huit cent mille francs, représentés par des cartes qui portaient, écrit au crayon, le chiffre de ses dettes envers chacun : 300,000 francs à Sainte-Austreberthe, 200,000 au prince Savine, 10,000 à Balbine, 2,000 à Esther Marix, etc. ; seule, Raphaëlle n'avait pas joué contre lui et, au moment où il s'était trouvé sans argent, elle lui avait apporté les vingt mille francs qu'elle avait tassés avec tant de soin au fond de sa poche.

Ayant perdu le dernier coup qu'il s'était fixé, Roger se leva avec calme en repoussant sa chaise :

— Qui prend ma place, dit-il en regardant autour de lui, je la cède avec plaisir?

Personne ne répondit.

Le coup perdu, Raphaëlle s'était tournée vers une des jardinières et là elle cassait des branches de lilas pour s'en faire un bouquet. Bien qu'elle parût absorbée dans cette occupation, elle ne perdait rien de ce qui se passait et de ce qui se qui se disait: elle vit venir le duc à elle et sentit qu'il se penchait au-dessus de son épaule.

— Êtes-vous femme à consoler un vaincu? dit-il à voix basse en lui effleurant l'oreille.

Elle tourna à demi la tête et, le regardant dans les yeux :

— En l'admirant... oui, dit-elle.

XIV

Le lendemain matin, vers dix heures, Naurouse entrait dans l'étude de M. le Genest de la Crochardière.

Lorsqu'il eut poussé la porte et qu'il se trouva dans une grande pièce où, derrière des bureaux isolés et sur des tables à pupitres en bois noirci, travaillaient huit ou dix clercs, il y eut parmi ces clercs un mouvement de curiosité et de surprise.

Il n'était cependant jamais venu chez son notaire, où son nom s'étalait en ronde sur une série de cartons verts; mais plusieurs des clercs, parmi ceux qui étaient jeunes et qui fréquentaient les courses et les théâtres, avaient eu l'occasion de le voir bien souvent, — celui-ci à Longchamp, à Vincennes où à la marche, en casaque de soie de telle ou telle couleur, — celui-là dans une avant-scène de petit théâtre en tenue de soirée, le gardenia à la boutonnière.

Le premier qui le reconnut murmura son nom à voix basse, et aussitôt ce nom courut de bouche en bouche :

— Le duc de Naurouse!

Toutes les têtes se levèrent et en même temps toutes les mains s'arrêtèrent, les unes sur le papier qu'elles étaient en train de noircir, les autres suspendues au-dessus de l'encrier.

Le second clerc, qui dirigeait cette étude, disparut dans le cabinet du premier clerc pour aller frapper à la porte du notaire lui-même; puis, presque aussitôt, il revint chercher Roger.

Le notaire vêtu de noir et cravaté de blanc vint au-devant du duc jusqu'à la porte de son cabinet; sa mine était encore plus cérémonieuse, plus grave que sa tenue.

Ce fut seulement quand Roger se fut assis qu'il prit place lui-même dans son fauteuil de maroquin devant son bureau ministre, sur lequel tout était rangé, dossiers, lettres, papiers, avec un ordre parfait.

— En vous disant hier au revoir, commença Roger, je ne croyais pas devoir vous faire aussi promptement visite ; mais une imprudence que j'ai commise cette nuit m'oblige à vous demander votre concours.

Il débita ce petit discours préliminaire légèrement, presque gaiement, comme s'il s'agissait d'une affaire de peu d'importance.

— Monsieur le duc, je suis tout à votre disposition, dit le notaire gravement.

— J'ai perdu cette nuit huit cent mille francs, continua Roger, et je viens vous prier de me les faire prêter.

— Je connaissais cette catastrophe.

— Et comment cela ?

— Pour en avoir lu le récit ce matin dans un journal.

— Mais c'est impossible !

— C'est aussi ce que je me suis dit en lisant ce récit dans lequel vous n'êtes pas nommé ; mais où vous êtes si clairement désigné qu'on ne peut pas ne pas vous reconnaître. Tout d'abord j'ai douté, je n'ai pas voulu croire ; mais, en relisant cet article, la vérité s'est fait jour malgré toute résistance, et, je vous l'avoue, mes cheveux s'en sont dressés sur ma tête.

C'était là une image empruntée plutôt à la rhétorique qu'à la réalité, car le crâne de M. Le Genest de la Crochardière manquait des éléments nécessaires à l'horripilation ; mais enfin elle disait assez bien jusqu'où avait été son émotion.

Le notaire prit une pile de journaux placée sur la cheminée, et, en ayant ouvert un, il le tendit au duc.

En tête des *Échos de Paris* on lisait :

« Cette nuit, un de nos plus brillants gentlemen,
» que chacun nommera quand nous aurons dit qu'il a
» tout pour lui : la fortune, l'esprit, la distinction de la
» personne et du nom, et qu'il est une des physiono-
» mies les plus attractives du monde parisien, réunis-
» sait dans un dîner quelques-uns de ses amis pour
» fêter sa majorité. Après le dîner on a tout naturelle-
» ment taillé un bac, et le jeune duc de... (nous allions
» le nommer) a perdu huit cent mille francs. On nous
» dit qu'il est impossible d'être plus beau joueur que
» ne l'a été ce jeune homme qui, hier encore, était un
» enfant. »

Le duc ne continua pas l'entrefilet qui se terminait par l'éloge de la façon brillante dont il savait perdre.

— Cela est ridicule, dit-il en jetant le journal sur un fauteuil ; je ne sais vraiment qui a pu commettre une pareille indiscrétion ; je n'appartiens pas au public, il me semble, ni aux journaux.

Puis, se passant la main sur le front comme pour effacer les contractions qui l'avaient plissé.

— Mais c'est pour vous parler affaires que je suis ici ; ne nous occupons donc que de cela. Je viens vous demander de me prêter, je veux dire de me faire prêter ces huit cent mille francs?

— Mais on vous a versé neuf cent soixante dix-sept mille francs hier ! s'écria le notaire.

— J'avais des dettes, cette somme a servi à les payer.

Deux millions engloutis! Pardonnez-moi ces exclamations, c'est la surprise, c'est le chagrin qui me les arrachent non la pensée de vous adresser des remontrances.

— Celles que vous pourriez m'adresser et que j'écouterais la tête basse ne pourraient pas être plus vives que celles que je m'adresse moi-même. Mais ce qui est passé est passé, et il n'y a pas à y revenir autrement que pour y prendre une leçon. C'est du présent qu'il s'agit à cette heure : j'ai perdu, je dois payer. Pour cela il me faut huit cent mille francs ce soir ou, au plus tard, demain matin.

— Mais c'est impossible.

— Je ne puis pas, maintenant que je suis majeur, trouver huit cent mille francs à emprunter en donnant une propriété en gage?

— Je ne dis pas cela, je dis seulement que l'impossible c'est de trouver une pareille somme instantanément : il faut les prêteurs d'abord; d'autre part, il y a des formalités à remplir qui exigent des délais, délais pour obtenir les états d'inscriptions dans les différents bureaux dont dépendent vos propriétés, délais pour expertiser si nous nous adressons au Crédit foncier.

Roger se leva.

— Qu'allez-vous faire, s'écria vivement le notaire.

— Chercher autre part ce que j'espérais trouver chez vous.

N'agissez pas à la légère, n'aggravez pas votre situation. Vous me disiez, il n'y qu'un instant, une parole qui m'a touché : vous me disiez que vous écouteriez mes remontrances. Je ne vous en veux point faire; mais je vous demande au moins d'écouter mes avertissements et mes conseils, qui ne sont dictés, croyez-le bien, que par la sympathie.

— J'en suis convaincu, dit Roger, ému par l'accent de ces paroles, et d'avance je vous remercie.

— En dépensant une somme de près de deux millions en une soirée et le jour même où vous atteigniez votre majorité, vous vous êtes exposé, à ce qu'on formule contre vous l'accusation de prodigalité.

— Peu importe, je n'ai pas souci des accusations du monde.

— Ce n'est pas au monde que je pense, c'est à votre famille.

— Je n'ai plus de famille, vous le savez bien

— Vous avez un grand-père, des cousins, des cousines, légalement vous avez une famille, et c'est de cette famille légale que je parle, c'est elle qui, vu les faits de prodigalité, pourrait demander qu'il vous fût nommé un conseil judiciaire. C'est là une mesure grave...

— Odieuse! s'écria Roger, mais qu'on ne peut pas prendre envers moi, je l'espère bien, quoique ma famille soit capable de tout. Qu'on nomme un conseil judiciaire à un jeune homme qui ruine son père, à un homme qui réduit sa femme et ses enfants à la misère, cela se comprend. Mais je n'ai pas de père, je n'ai pas de femme, pas d'enfants; ma fortune est à moi, à moi seul; je suis libre, il me semble, libre d'en faire ce que je veux, même de la gaspiller; je jouis de ma raison, je ne suis pas fou.

— Le fou, on l'interdit; au prodigue on nomme un conseil judiciaire; c'est la loi, loi qui ne considère pas le prodigue comme jouissant de toute sa raison, surtout de sa volonté; pour la loi, le prodigue n'est pas libre, il subit des entraînements, des surprises, et c'est pour le protéger contre ces surprises et ces entraînements qu'elle intervient, — et en cela elle agit non seulement dans l'intérêt du prodigue pour le protéger contre lui-même, mais encore dans l'intérêt de la famille, à la charge de laquelle il pourrait tomber et qui, d'ailleurs, ne doit pas se voir frustrée de légitimes espérances par des dissipations désordonnées.

Roger se frappa le front.

— Ah! voilà, voilà le mot de la situation, s'écria-t-il; la famille frustrée de légitimes espérances. Maintenant je comprends votre avertissement : le comte de Condrieu veut me faire nommer un conseil judiciaire, n'est-ce pas?

— Monsieur le duc!

— En quoi consiste au juste ce conseil judiciaire, je vous prie?

— Le prodigue ne peut ni plaider, ni transiger, ni emprunter, ni recevoir un capital mobilier, ni grever ses biens d'hypothèques, ni les aliéner, sans l'assistance de son conseil.

— Ni emprunter, ni aliéner, c'est cela; c'est le moyen qu'on va employer pour conserver intacte ma fortune jusqu'au jour où on compte en hériter.

Il se leva vivement :

— Monsieur le duc, que voulez-vous faire? s'écria le notaire.

— Agir au plus vite, trouver n'importe comment, n'importe à quel prix ces huit cent mille francs; il n'est que temps. Déjà peut-être la demande est-elle formée; demain je ne pourrais plus payer.

Mais...

Roger s'était dirigé vers la porte, il se retourna :

— Je n'ai rien oublié de ce que vous m'avez dit : je l'ai compris; tout cela est juste, je le sais, je le sens; mais il me faut cet argent. Mon honneur est engagé.

XV

Il fallait que le sentiment de l'honneur fût bien puissant pour obliger le duc de Naurouse à réaliser l'idée qui s'était présentée à son esprit quand le notaire lui avait expliqué qu'on ne pouvait obtenir ces huit cent mille francs qu'après l'accomplissement de certaines formalités et d'assez longs délais, — car cette idée consistait à aller demander cette somme à un homme qu'il avait chassé la veille en lui marquant tout son mépris, c'est-à-dire à Carbans.

Carbans habitait depuis trente ans une maison de la rue Saint-Marc dont il était propriétaire et qu'il louait à diverses entreprises dans lesquelles il avait une part d'associé : au rez-de-chaussée, au coin de la rue Vivienne, un comptoir de change ; immédiatement après une boutique d'agence de courses ; puis, joignant cette boutique, mais s'en séparant bien nettement par toutes sortes d'artifices de moulures et de peintures, une façade de couleur sombre avec des persiennes toujours closes et une petite porte bâtarde qui était celle d'une maison de filles dirigée, disait-on, par la propre sœur de Carbans.

Que cela fût ou ne fût pas vrai, ces trois entreprises étaient en tous cas la personnification réunie de Carbans et disaient bien clairement dans quel monde et par quels moyens il avait gagné sa fortune.

C'était au second étage, sur la cour, dont la grande porte s'ouvrait entre le comptoir de change et l'agence de courses, qu'il demeurait, occupant là un modeste appartement qu'il n'avait jamais pu louer parce que la cuisine n'avait pas de cheminée.

Roger le connaissait bien le pied-de-biche graisseux qui pendait à la porte de cet appartement; ce fut avec un mouvement de dégoût répulsif, un serrement de dents qu'il le prit et le tira.

M. Carbans n'était pas sorti, mais il était occupé.

Sans écouter davantage, Roger entra vivement et trouva Carbans à table, déjeunant au milieu d'une épaisse fumée de côtelettes, qui de la cuisine, rabattait dans la salle à manger.

A la vue du duc, Carbans se leva d'un saut et vint au-devant de lui, tenant d'une main sa robe de chambre et de l'autre sa calotte de velours pressée sur son cœur.

— Monsieur le duc, j'attendais un mot de vous, dit-il en souriant, mais je ne comptais pas sur l'honneur de votre visite; veuillez donc vous asseoir, je vous prie.

— Et pourquoi donc attendiez-vous un mot de moi?

— Dame! relativement à la partie de cette nuit.

— J'ai perdu! dit Roger sèchement.

— Vous avez perdu et vous voulez payer, c'est ce que je me suis dit. Alors vous venez me demander l'argent que vous m'avez rendu hier et que je voulais vous laisser. Eh bien! il est à votre disposition. Je vous l'ai proposé hier; je n'ai que ma parole, comme cela se doit entre honnêtes gens, et, bien que depuis hier je lui aie trouvé un placement tout à fait avantageux, une petite fortune, quoi! je vais vous le remettre. Vous verrez que vous avez eu tort de me dire ce que vous m'avez dit. Et vous savez, comme cette fois il n'y a pas d'intermédiaires et que l'affaire se fait directement entre nous, sans déplacement de fonds, vous n'aurez rien à me reprocher, cela sera au plus juste prix.

Il fit un mouvement pour se lever; mais Roger le retint :

— Ce n'est pas deux cent mille francs que je viens vous demander, c'est huit cent mille !

Carbans ne répondit pas et, pendant plusieurs minutes, il resta absorbé dans sa réflexion ; enfin, relevant la tête :

— Avant tout, monsieur le duc, il me faut une parole : êtes-vous résolu, ce qui s'appelle décidé, bien décidé ?

— Décidé à quoi ?

— Décidé à faire les sacrifices nécessaires.

— Je suis décidé à tout payer ce que je dois sans qu'on attende une heure, une minute.

— A tout; c'est un mot; on dit cela avant, et puis après c'est autre chose, patati patata.

— Monsieur Carbans !

Cela fut dit d'un ton si raide que Carbans fut interloqué.

— Pardonnez-moi, monsieur le duc; dites-moi que vous êtes décidé et je n'insiste pas; dites-le pour ma responsabilité. Vous comprenez que, si j'hésite, je marchande, le temps se passera.

— J'approuve d'avance ce que vous ferez, tout ce que vous ferez.

— Eh bien ! alors, c'est dit, monsieur le duc; je me charge de l'affaire. Comment la ferai-je et à quel prix ? Je n'en sais rien ; mais je vous donne ma parole qu'elle sera faite. Maintenant assez causé; il faut se mettre en chasse et le plus tôt sera le mieux.

Avant de rentrer rue Auber, Roger passa chez le

docteur Harly. Il était midi, Harly devait être rentré pour déjeuner.

Il était rentré en effet.

— Je viens vous prier de m'envoyer votre homme, dit Roger en interrompant les remerciements mêlés de gronderies que Harly lui adressait à propos de l'envoi du cerisier.

— Quelle bonne parole vous me dites-là, mais je ne l'avais pas attendue pour agir; j'ai trouvé Crozat hier soir; il a dû passer chez vous ce matin. Vous êtes donc sorti de bien bonne heure?

Roger rentra chez lui et attendit Carbans.

A une heure et demie, celui-ci arriva la tête basse, l'air décontenancé.

— Il n'avait pas réussi, il n'avait pu trouver que 150,000 francs, et encore était-ce des valeurs qui étaient en baisse; il ne désespérait pas, mais enfin il croyait devoir prévenir monsieur le duc; s'il obtenait le reste de la somme ce serait cher, très cher.

A deux heures un quart il revint de nouveau, et, cette fois encore, la tête basse.

Il avait une promesse pour tout.

Roger respira.

— Seulement ce n'était pas de l'argent, c'étaient des valeurs qu'il fallait vendre au cours du jour et que le prêteur ne voulait céder qu'au cours des achats qu'il en avait fait; or, entre ces deux cours, il y avait des écarts importants, et, pour certaines valeurs, considérables... si considérables que lui, Carbans, ne conseillait pas d'accepter cette affaire; s'il la proposait, c'était parce qu'il lui avait été impossible d'en négocier une meilleure.

Rapidement, le crayon en main, il se mit à énumérer ces valeurs avec la perte qu'il y avait à subir sur chacune.

Il avait additionné toutes les valeurs au cours du jour et au cours d'achat : pour obtenir les six cent mille francs qui, avec les deux cent mille francs qu'il prêtait, formeraient le total de huit cent mille francs, il fallait en vendre pour près de neuf cent mille francs.

L'affaire fut bâclée en quelques minutes : M. le duc de Naurouse prenait l'engagement de rembourser cette somme de onze cent cinquante mille francs, — les cinquante mille francs étaient pour les commissions, — en trois ans: 400, 000 fr. la première année; 400, 000 fr. la seconde; 350, 000 fr. la dernière, avec les intérêts d'usage, comme de juste.

XVI

Malgré les difficultés, les impossibilités qu'il y avait « à trouver de l'argent sur la place », Carbans revint le soir même à sept heures, apportant les huit cent mille francs en billets de banque.

Carbans parti, Roger fit différentes parts des billets: trente paquets pour Sainte-Austreberthe, vingt pour Savine, quinze pour Poupardin, trois pour Cara, un pour Balbine. A mesure qu'il comptait les liasses de billets, son valet de chambre les attachait ou les mettait dans une enveloppe, puis il écrivait dessus le nom que le duc lui dictait.

Ce travail fini et son valet de chambre sorti, Roger resta assez longtemps absorbé dans la contemplation de la table sur laquelle les douze paquets étaient rangés.

Ainsi c'était à ce résultat qu'avait abouti cette journée qu'il avait si vivement désirée, si impatiemment attendue.

Comme ses amis s'étaient jetés sur lui pour le dépouiller lorsqu'ils l'avaient vu dans une mauvaise veine!

Et parmi ces amis, il y en avait un qui le trahissait.

Car il n'y avait qu'une trahison qui pût expliquer la note du journal dans laquelle on racontait sa perte de la nuit : si bien informés que soient certains journaux, ils ne racontent pas dans leur numéro qu'on met sous presse à deux ou trois heures du matin ce qui s'est passé à une heure, alors surtout que le fait dont ils s'occupent n'a pas été public. Pour que ce fait eût été imprimé, il fallait donc qu'un de ceux qui en avaient été témoins l'eût porté en toute hâte au journal en sortant du café Riche.

Qui?

C'était, assis dans un fauteuil devant le feu, qu'il réfléchissait ainsi; pendant assez longtemps il resta penché en avant, tisonnant les bûches, mais dans les tourbillons d'étincelles que faisaient envoler ses pincettes il ne voyait pas sur qui les soupçons pouvaient se poser avec certitude.

Mautravers, il est vrai, avait eu une attitude assez étrange pendant le dîner, comme s'il avait intérêt à le pousser au jeu; mais comment suspecter Mautravers, son plus ancien ami, le premier qui lui eût témoigné de la sympathie, son compagnon de tous les jours depuis trois ans? Dans quel but, dans quelle intention Mautravers se serait-il fait le complaisant, l'instrument du comte de Condrieu? Il connaissait celui-ci, il le voyait quelquefois; mais était-ce là une raison sur laquelle on pouvait appuyer et bâtir une accusation raisonnable? D'ailleurs la façon même dont il s'était conduit dans cette soirée ne plaidait-elle pas en sa faveur, et ne semblait-il pas vraisemblable de croire que, s'il avait agi pour le compte de M. de Condrieu, il n'aurait pas commencé par avouer les propositions qui lui avaient été adressées? Il eût certes manœuvré moins maladroitement, ce qui lui eût été facile, habile et délié comme il l'était.

Si ce n'était pas Mautravers qui avait porté cette indiscrétion au journal, quel autre pouvait en être coupable?

Cette incertitude lui était une souffrance nouvelle : fixé sur tel ou tel et chargeant celui-là de tout son mépris, il eût trouvé des circonstances atténuantes à plaider en faveur de ceux qui l'avaient exploité au jeu, tandis que dans l'état d'irritation où il restait, tout se mêlait, le mépris contre le traître, la colère contre les exploiteurs, pour produire en lui un sentiment général d'indignation.

C'étaient là ses amis, ses seuls amis, ceux qui lui avaient tenu lieu de famille.

Il serait donc toujours seul!

Il n'aurait donc jamais personne à aimer, personne en qui il pourrait se fier.

La faim lui rappela que les heures s'étaient écoulées dans ces réflexions mélancoliques.

Alors l'idée lui vint de manger chez lui, dans sa chambre, au coin du feu, ne voulant point aller au club avant le moment où il y avait la certitude d'y rencontrer ceux qu'il devait payer, et ne voulant pas davantage dîner au restaurant, où il porterait une figure maussade qui pourrait donner à croire qu'il était sous le coup de sa perte de la veille.

C'était la première fois que la fantaisie lui prenait

de manger chez lui et, bien que son appartement comprît une salle à manger et une cuisine, jamais on n'avait servi un plat sur la table de cette salle et jamais casserole n'avait chanté sur le fourneau de cette cuisine. A vrai dire, jamais casserole n'était même entrée dans cette cuisine, dont toutes les planches sur lesquelles on range habituellement les ustensiles culinaires étaient occupées par une collection qu'on ne rencontre pas souvent en pareil lieu : des bottines de toutes formes et de toutes couleurs rangées là en bon ordre et attendant le moment d'êtres assorties à la toilette du jour.

Quand Roger parla à son valet de chambre de dîner au coin du feu, celui-ci se montra consterné.

Avec quoi? Comment? Ce qu'on apporterait du restaurant serait froid et exécrable.

Mais Roger tint bon et, bien que le dîner qu'on lui servît fût ce que le valet de chambre avait prévu, il le trouva excellent, éprouvant là dans sa chambre silencieuse, les pieds sur les chenets, un sentiment de bien-être, de calme, de tranquillité qui lui était inconnu.

Mais il avait autre chose à faire que de se laisser engourdir dans ce calme : ses comptes à régler. Pour les femmes, son valet de chambre porterait chez elles ce qu'il leur devait; pour les hommes, il les payerait lui-même.

Avant de se rendre au club, il passa rue de la Paix, chez un joaillier, — qui n'était pas Tom Brazier, — où il acheta un très beau coffret, en argent bruni et en lapis dans lequel il plaça la somme que Raphaëlle lui avait prêtée, et il l'envoya immédiatement chez celle-ci par son domestique.

On avait parlé de lui toute l'après-midi au club, et

sa perte au jeu avait fait le sujet de toutes les conversations.

Quand il arriva, il y eut quelques exclamations de surprise.

— Justement on parlait de vous.

Il avait le visage souriant et jamais il n'avait montré plus de légèreté. A le regarder, on pouvait croire qu'il était l'homme le plus satisfait du monde.

Les compliments ne lui manquèrent pas; plus d'une main serra la sienne avec chaleur.

— Beau joueur.

— De l'estomac.

C'était lui le vainqueur.

Ceux de ses amis qui n'étaient pas là arrivèrent successivement, Mautravers le dernier.

En l'apercevant, celui-ci prit un visage peiné, tandis que Roger, faisant taire ses soupçons, l'accueillait avec le sourire qu'il s'était mis sur le visage et qu'il s'était juré de garder toute la soirée.

— J'ai à vous parler, dit Mautravers, l'emmenant dans un petit salon où il n'y avait personne.

Là il prit les mains de Roger et, les lui serrant chaleureusement :

— Mon cher, lui dit-il, vous voyez un homme désolé, car j'ai commis hier une imprudence que vous me pardonnerez, parce que vous êtes un brave garçon, mais que moi je ne me pardonnerai pas. Après votre départ je me suis en allé avec Sermizelles et, juste sur le trottoir, nous avons rencontré Charles Oudin qui se rendait à son journal. Nous avons causé un moment, et comme j'étais encore tout à votre déveine incroyable, je lui ai raconté votre perte.

— Ah! c'est vous!

— Oui, c'est moi, et je mérite tous vos reproches

pour mon imprudence. J'ai été un sot. Mais comment supposer que cet animal irait raconter cela dans son journal ? Ces gens-là sont capables de tout ; ils n'ont pas le moindre sentiment des convenances ; c'est inimaginable. En tous cas, c'est une leçon qui me profitera.

Leurs regards se croisèrent : celui du duc était toujours souriant, celui de Mautravers inquiet.

Il n'avait point trouvé le prince de Kappel et il voulait le voir le soir même, non pas tant pour le payer, — il ne lui devait que 250 louis, le prince étant le seul qui n'eût pas joué gros jeu contre lui, — que pour lui demander un service.

En effet, pour réaliser le dessein qu'il avait arrêté, il lui fallait un appui, un concours amical, et il ne trouvait autour de lui que le prince à qui il pût s'adresser.

XVII

L'habitude, dans notre société bourgeoise, est, quand on a besoin de voir les gens, d'aller les trouver chez eux.

Avec le prince de Kappel, prince royal, héritier d'un trône, ce n'était point ainsi qu'il fallait procéder, et si on voulait le voir, ce n'était point dans la maison du boulevard des Italiens où il avait son appartement qu'il fallait lui écrire pour lui demander une audience, pas plus que ce n'était là qu'il fallait se présenter pour être admis près de lui.

D'audiences, il n'en accordait point, et l'unique travail de l'aide de camp qu'on avait attaché à sa personne était de répondre aux quelques lettres ayant un caractère public qu'on lui adressait de temps en temps et qu'il ne lisait jamais, — que le prince ne pouvait pas recevoir.

Quant à être admis près de lui, il n'était besoin d'aucun cérémonial, pourvu qu'on fût de son intimité ou simplement pourvu qu'on eût quelques relations avec lui ou avec ses amis. Si on voulait le voir ou l'entretenir, il n'y avait tout bonnement qu'à se promener le soir, après minuit, devant le café Riche, et on était sûr de le trouver là ou bien de ne pas tarder à le voir arriver. Zut au cérémonial des cours : pour trône une chaise en bois noir de la terrasse de Bignon, pour royaume le boulevard, pour sujettes les fleurs de l'asphalte. Aimable, bon garçon, avenant, autorisant toutes les familiarités et se les permettant lui-même, il avait l'air d'un grand collégien échappé, débarrassé de toute surveillance, heureux de pouvoir parler, agir, remuer, s'asseoir en liberté, les mains dans les poches, sans tenue, naturellement. Et les saluts qu'on lui adressait, il les rendait ; les mains qu'on lui tendait, il les serrait dans une camaraderie banale et facile qui ne s'inquiétait pas de savoir ce qu'étaient, ce que valaient réellement, d'où venaient, où allaient ceux que le hasard plaçait sous son chemin : bohèmes, viveurs, hommes de talent, aventuriers, gens du monde, bourgeois vaniteux qui le recherchaient pour se donner la gloriole de parler « de leur ami, le prince de Kappel. » Peu lui importait s'ils étaient boulevardiers comme lui.

En sortant du club, ce fut donc au café Riche que le duc de Naurouse se rendit, assuré de le trouver là.

Le prince n'était pas arrivé ; mais il ne tarda pas à paraître, et en apercevant Roger, il vint à lui d'un mouvement empressé, sans s'arrêter pour répondre aux signes et aux sourires qu'on lui adressait sur son passage, marchant à grands pas, tout en abaissant le collet de loutre du paletot fourré dans lequel il était enveloppé.

Le premier mot du prince fut celui dont Roger avait déjà été salué au club :

— Qu'êtes-vous donc devenu aujourd'hui qu'on ne vous a pas vu?

— J'ai cherché l'argent nécessaire pour payer ma perte d'hier.

Roger tendit au prince une petite liasse de billets.

— J'espère que ce n'est pas pour me remettre ça que vous êtes venu ce soir?

— Non.

— A la bonne heure! je ne vous le pardonnerais pas; je suis déjà assez ennuyé d'avoir pris part à ce jeu.

— Et pourquoi donc? Soyez assuré que la délicatesse avec laquelle vous avez joué et que votre discrétion à vous retirer quand vous m'avez vu m'emballer m'ont touché, — non pas sur le moment peut-être, mais plus tard, par réflexion et surtout par comparaison. Je suis d'autant plus heureux de cela que j'ai un service à vous demander, ce que je n'oserais pas faire si j'avais le plus léger grief contre vous.

— Un service! tout à vous; dites, dites vite.

— C'est que voilà, justement cela ne peut se dire si vite, ni ici; si vous n'en êtes pas empêché, nous pourrions faire un tour sur le boulevard.

— Cela presse? demanda le prince d'un air un peu embarrassé.

— Mais non, pas du tout; quand vous voudrez.

— Eh bien, à tout à l'heure alors; j'aperçois Quinsac là bas, et je voudrais lui demander s'il connaît la petite femme avec laquelle Charmont était caché ce soir, aux Variétés, dans le fond d'une baignoire; personne ne sait qui elle est. Nous avons eu beau chercher, beau demander : rien.

Il resta assez longtemps éloigné, car, après Quinsac, il alla interroger un autre de ses amis; puis, après celui-là, un autre encore : l'enquête ne pouvait être faite avec trop de soin; cela en valait la peine évidemment.

Enfin il revint.

— On ne sait pas, dit-il désappointé, mais Quinsac cherchera; je suis maintenant tout à vous.

Ils sortirent. La pluie, qui avait tombé pendant toute la journée, avait adouci le temps, et l'on pouvait causer en se promenant sans souffrir du froid; les passants étaient assez rares et assez pressés de rentrer pour qu'on n'eût pas à craindre les oreilles indiscrètes.

— Vous chassez demain avec l'empereur à Saint-Germain, n'est-ce pas? commença Roger en passant son bras sous celui du prince.

— Ne me parlez pas de cette corvée.

— Ce qui est une corvée pour vous peut être une heureuse chance pour moi.

— Comment cela?

— Si vous voulez bien me présenter à l'empereur.

— Vous présenter à l'empereur! demain! dans une partie de chasse! moi! Vous plaisantez, n'est-ce pas, mon cher Roger!

— Je n'ai jamais parlé plus sérieusement; c'est pour vous expliquer mes raisons que je vous ai entraîné sur ce boulevard.

— Si bonnes que soient vos raisons, elles ne feront pas qu'il soit correct de vous présenter à l'empereur dans une partie de chasse à laquelle vous n'êtes pas invité. Si vous avez des raisons pour entretenir l'empereur, il faut suivre la marche ordinaire : audience, etc., et, bien entendu, je me charge de vous faire obtenir cette audience.

— Si je suis la marche ordinaire, je ne réussirai point dans ce que je désire; écoutez-moi et vous allez le comprendre; en même temps vous verrez que ce que je demande, si insolite que cela puisse paraître, est en réalité la seule voie à prendre pour arriver à mon but.

Le prince s'arrêta et, avec un visage grave, presque chagrin, il dit en secouant la tête :

— Il faut vraiment que ce soit vous pour que je vous écoute; si c'était un autre que vous qui fût venu me chercher pour m'amener dans ce lieu désert et humide, après minuit, soyez sûr que je me serais déjà sauvé et au plus vite en criant au secours. Mais c'est un guet-apens, cela.

Roger fit un mouvement pour dégager son bras; le prince le retint en le serrant doucement.

— Vous allez me parler d'affaire... de politique, peut-être, vous, Roger, en qui j'avais confiance !

— D'affaire, oui; de politique, non.

— Merci au moins pour cette bonne parole.

Ils étaient arrivés à la Madeleine; ils revinrent sur leurs pas par le boulevard désert.

— Vous savez, dit le duc de Naurouse, que pour tout parent j'ai un grand-père; vous savez aussi, n'est-ce pas, pour m'en avoir entendu parler quelquefois et surtout pour avoir entendu les propos du monde, quel est ce grand-père et quels sont ses sentiments à mon égard, — ceux d'un héritier? Comme je suis né d'un père maladif et d'une mère morte jeune, mon grand-père s'est imaginé que je ne pouvais pas, que je ne devais pas vivre, et que, par conséquent, il hériterait de moi un jour.

— Ce sont les petits-fils qui héritent des grands-pères et non les grands-pères qui héritent des petits-fils.

— Chose originale, la conviction de mon grand-père avait passé en moi : je devais mourir jeune, mon grand-père ne pouvait pas se tromper, cela était sûr. Que cette idée fût gaie et consolante, non. J'ai eu, vous pouvez l'imaginer, des heures, des journées, des nuits surtout, de tristesse affreuse, d'autant plus terribles que j'étais seul. Si je m'étais abandonné à ces idées, il est probable que j'aurais donné raison à mon grand-père ; mais je réagis contre et je me dis que, puisque je n'avais que quelques mois à vivre je devais les passer gaiement.

— Ce fut ce qui vous sauva.

— Justement. En voyant que je ne mourais point, j'en vins à douter de la justesse des calculs de mon grand-père ; je pris confiance en moi ; je me soignai ; je suivis les conseils de mon médecin, — au moins en partie, — et je gagnai ma majorité, c'est-à-dire le moment où je pouvais soustraire ma fortune à mon grand-père n'ayant que l'embarras du choix entre les moyens : soit en la dépensant si tel était mon bon plaisir, soit en me mariant...

— Ah! misère!

— ... Soit en la léguant par testament à qui je voudrais. Quel soulagement de tromper l'âpreté de cette famille exécrée. Mais en raisonnant ainsi je me trompais.

— Et comment?

— Vous allez le voir et vous allez voir en même temps comment votre concours m'est nécessaire. En croyant que j'étais libre de dépenser ma fortune, j'avais compté sans un article de loi qui permet à une famille de faire nommer un conseil judiciaire à celui de ses membres qui donne des preuves de prodigalité. Ces preuves, je les ai données l'autre nuit en perdant huit cent mille francs au jeu, et aujourd'hui mon grand-père va demander à la justice de m'enlever la disposition de ma fortune en me nommant un conseil judiciaire.

— Aïe!

— Et sa demande a de grandes chances d'être accueillie, vous devez le comprendre, non seulement parce qu'elle peut paraître juste, mais encore parce que mon grand-père dispose de puissants moyens d'influence. De mon côté, je n'ai qu'une chance de la combattre. La voici.

Et il expliqua son désir de demander à l'empereur d'être attaché au ministère des affaires étrangères : on accusait sa vie, il répondait en prouvant qu'il l'avait changée; enfant il avait fait des folies, jeune homme il devenait sérieux.

— Maintenant, continua-t-il, vous comprenez, n'est-ce pas, qu'il est indispensable que j'adresse ma demande à l'empereur tout de suite et à l'improviste? Si je prenais la marche ordinaire, mon grand-père en serait informé, et il s'arrangerait pour que l'audience ne me fût pas accordée. D'un autre côté, si je ne pouvais adresser ma demande que dans quelques jours, l'action en justice contre moi serait déjà déposée, et cette demande n'aurait plus l'air que d'être une réplique, un moyen de chicane conseillé par un avoué malin. Tandis qu'en agissant dès demain, je prends les devants : mon grand-père ne peut rien contre moi, et j'arrive devant les juges avec des armes, pour me défendre. Voilà pourquoi j'ai pensé à réclamer votre aide, qui, vous le voyez, peut me sauver, et pourquoi j'ai eu l'idée de vous charger d'une démarche dont je suis le premier à reconnaître la bizarrerie.

— Eh bien! vous avez eu raison, mon cher Roger, et, si bizarre que soit en effet cette démarche, je m'en charge. Vous donner un conseil judiciaire, mais c'est pire que nous imposer un conseil de ministres, à nous autres! Je ne veux pas de cela pour vous. Donc, vous vous rendez demain matin, avant neuf heures, à la Muette, au centre de la forêt de Saint-Germain, et là, au débotté, je vous présente. Pendant que vous expliquerez votre affaire, je regarderai le nez de l'entourage, cela sera drôle. Au reste, la chose se prépare bien, car justement le ministre des affaires étrangères, le duc d'Arvernes, est un des invités, et l'empereur pourra tout de suite vous recommander à lui. Votre grand-père, quoi qu'il fasse, arrivera trop tard

Cela avait été dit avec une certaine chaleur; il revint au ton de la plaisanterie.

Ils allaient quitter le boulevard des Capucines pour passer sur le boulevard des Italiens.

— Voulez-vous que je vous mette chez vous? demanda Roger.

— Chez moi! Mais, mon bon Roger, je n'ai pas couché chez moi depuis que j'habite Paris; je ne sais même pas si je trouverais des draps à mon lit.

Son mouvement d'humeur était passé; il se mit à rire.

— Et vous, dit-il, voulez-vous que je vous mette chez Raphaëlle : rue Drouot, n'est-ce pas?

— Je ne vais pas chez Raphaëlle ce soir.

— Ah bah!

Et il le regarda en riant.

— Elle ne vous plaît point?

— Elle me plaît, au contraire; elle me plaît beaucoup, et c'est justement pour cela que je tiens à en rester là avec elle. Elle me fait peur. Hier je ne la connaissais pas, aujourd'hui elle pourrait m'entraîner plus loin que je ne voudrais aller, Pourquoi? comment? Je n'en sais rien. Mais enfin cela est ainsi. Sans doute sa nature est en sympathie avec la mienne. En tous cas, je sens que je ferais pour elle quelques grosses sottises, et je dois être prudent. Ce n'est pas quand je sens la main de mon grand-père suspendue au-dessus de moi que je peux me risquer. Et je risquerais beaucoup si je la revoyais.

XVIII

Bien que Naurouse n'eût jamais parcouru la route qui conduit de Paris au pavillon de la Muette, il ne fut pas obligé de s'arrêter pour demander des renseignements : des gendarmes des chasses, échelonnés de place en place, lui tracèrent son chemin : évidemment l'empereur allait passer par là.

Sa jument, était une bête de sang, à la poitrine large à l'épaule longue et inclinée, au rein court, qui avait autant de rapidité que de durée. Elle allait régulièrement sans fatigue, sur la route mouillée, faisant sauter les flaques de boue autour du cabriolet; il n'avait pas besoin de presser son allure ; si on entendait les lourdes voitures de l'empereur, elle prendrait les devants facilement et les garderait.

De Maisons à la Muette la route est droite à travers bois et la distance est courte; elle fut rapidement franchie. En approchant du pavillon, il aperçut un grand rassemblement de gens : une centaine de cuirassiers de la garde en petite tenue, sans sabre, cinquante ou soixante gardes, une vingtaine de paysans en blouse. Il remarqua qu'avec les cuirassiers se trouvaient des trompettes et que les paysans étaient armés de bâtons.

Personne ne vint lui parler ; mais il y eut des personnages à l'air important qui le regardèrent avec curiosité ; deux hommes vêtus de noir, gantés, armés d'une canne et ressemblant à des comparses de théâtre chargés de représenter des « seigneurs de la cour », vinrent tourner autour de lui, mais sans lui adresser la parole.

Tout à coup il se fit une légère rumeur ; chacun s'empressa, se mit en position ; les personnages coururent à droite et à gauche, et Roger, ayant regardé dans l'avenue droite qu'il venait de parcourir, aperçut une confusion de chevaux, de postillons et de voitures.

C'était l'empereur qui arrivait en daumont de poste, suivi d'un char-à-bancs attelé de quatre chevaux de poste qui contenait les invités, parmi lesquels Roger aperçut le prince de Kappel. Celui-ci lui fit un signe de main. L'empereur était vêtu d'un costume de velours marron et coiffé d'un chapeau de feutre à plume ; les invités portaient des costumes de fantaisie, originaux peut-être et gracieux, mais qui se rapprochaient un peu trop des chasseurs du *Freyschütz* et de *Lucie* par les bottes et les plumets multicolores.

Aussitôt qu'il fut descendu de voiture, le prince de Kappel vint à Roger :

— J'ai parlé de notre affaire, dit-il. Il paraît qu'il

n'y a pas moyen de vous présenter ce matin, parce que nous sommes en retard; mais cela sera très facile au déjeuner qui se fera en forêt, dans deux heures. Suivez la chasse de loin ; on va donner des instructions pour qu'on ne vous en empêche pas. Tout ira bien. On m'assure que l'empereur sera satisfait de votre démarche. A bientôt.

Et il s'éloigna au plus vite pour rejoindre le groupe des invités.

En effet, il n'y avait pas de temps à perdre; pendant que Roger était attentif à l'arrivée des voitures et à ce que lui disait le prince de Kappel, les cuirassiers, les gardes, ainsi que les paysans, avaient disparu et les invités s'étaient groupés autour de l'empereur comme pour prendre leur poste.

Une sonnerie de trompettes sonna « en avant », et l'on se mit en marche.

Roger vit alors ce que les cuirassiers, les gardes et les paysans étaient devenus : ils s'étaient éparpillés à droite et à gauche, et, avec des bâtons, ils battaient les buissons de manière à faire partir le gibier.

Les chasseurs étaient alignés sur une seule file, dont l'empereur occupait le centre, ayant à sa droite et à sa gauche ses invités. Derrière lui marchait son porte-arquebuse, tenant un fusil à baguette, — les fusils à bascule offrent moins de garantie ; — puis six sous-officiers de cuirassiers portant chacun un fusil qu'ils devaient remettre au porte-arquebuse; puis deux vieux brigadiers-gardes qui chargeaient ces fusils; puis enfin un armurier qui, au moyen d'une baguette introduite dans chaque canon du fusil, vérifiait la charge et s'assurait de sa régularité.

Les coups de fusil commencèrent sur toute la ligne, massacrant le gibier, faisans, perdrix, lapins, lièvres, chevreuils, que les rabatteurs faisaient partir, c'était une véritable fusillade, comme celle qu'eût put entretenir une petite troupe.

Roger, qui n'avait rien de mieux à faire en suivant la chasse à distance que de regarder autour de lui et surtout devant lui, remarqua que les coups de fusil étaient beaucoup plus fréquents au centre de la ligne, c'est-à-dire auprès de l'empereur, qu'à ses deux extrémités, comme si le gibier eût été là plus abondant et plus facile à tirer.

Cela était assez bizarre, puisque les chasseurs s'avançaient dans une jeune vente où le gibier, qu'on avait dû, la veille, rabattre là de tous les coins de la forêt, ne pouvait être qu'également réparti dans un layon aussi bien que dans l'autre.

Comment expliquer cela ?

Une corde dans laquelle il se prit les jambes l'amena à trouver l'explication qu'il cherchait : cette corde, qui avait une quinzaine de mètres de long, était attachée à une boîte cachée sous une cépée ; en passant, un garde de battue tirait de loin cette corde, qui levait une trappe, et aussitôt un ou deux faisans, prisonniers dans cette boîte depuis la veille, s'envolaient, effrayés par le bruit, et passaient devant l'empereur qu'on avait soin d'avertir en criant « Coq à l'empereur. »

Pour les perdrix, qui ne peuvent se mettre à l'avance dans des boîtes, il vit des paysans rabatteurs aller les prendre dans la voiture à gibier qui suivait la chasse ; puis, les cachant sous leur blouse, ces paysans revenaient en courant vers le layon de l'empereur et, lorsqu'ils étaient à bonne portée, ils lâchaient leur gibier en criant : « Guerrot ! »

Alors il comprit comment certains chasseurs avaient

l'occasion de tirer plus de coups de fusil et de tuer plus que d'autres, le vol d'un faisan échappé d'une boîte n'étant pas bien rapide.

La chasse continua pendant deux heures environ ; puis la sonnerie de trompettes avertit les rabatteurs de s'arrêter. On était arrivé à une clairière dans laquelle étaient dressées des tables en X entourées de pliants ; à une courte distance, au milieu d'un taillis, était, à demi cachée, une voiture dans laquelle les cuisiniers du froid et du chaud avaient préparé le déjeuner que de nombreux maîtres d'hôtel, revêtus de l'habit marron, se préparaient à servir.

Roger, considérant que le moment favorable à sa présentation serait plutôt celui qui suivrait le déjeuner que celui qui le précédait, se tint à l'écart, sans même chercher à approcher son ami. Et en se promenant il ne tarda pas à voir qu'il n'était pas le seul à attendre : deux paysans endimanchés se tenaient immobiles dans l'attitude de figure de cire au pied d'un arbre, le maire d'une commune voisine et son adjoint, venus là pour offrir l'hommage de .eur respect à leur souverain... et lui demander un secours pour leur commune.

Ce fut seulement quand, après un temps assez long, bien suffisant pour déjeuner, Roger vit un domestique venir les chercher qu'il s'approcha de la clairière.

En l'apercevant, le prince de Kappel, vint à lui.

— Voilà le moment, dit-il, l'empereur est de très bonne humeur; allons-y.

Mais, après avoir fait quelques pas, ils s'arrêtèrent : un homme, un paysan le bras en écharpe, se tenait devant l'empereur, qui, s'adressant au grand veneur, paraissait demander quelque chose, car celui-ci fouillait dans ses poches en se tâtant.

— C'est un rabatteur qui a été blessé à la dernière

chasse, dit le prince de Kappel à mi-voix, l'empereur veut lui donner quelques louis et le grand veneur fait semblant de n'avoir pas d'argent sur lui, car il paraît que l'empereur ne rend jamais l'argent qu'il emprunte ainsi, soit qu'il oublie son emprunt, soit qu'il trouve qu'il donne assez à ces gens-là.

Pendant ce temps, le grand veneur était enfin parvenu à extraire trois louis des profondeurs de son gilet et il les avait offerts avec un geste qui disait clairement qu'il était à sec..

C'était maintenant le tour du maire et de son adjoint; mais au lieu d'avancer, ils restaient pétrifiés, coude contre coude, comme pour se soutenir mutuellement, bouche close, roulant des yeux apoplectiques. Voyant qu'ils ne se décidaient point, l'empereur vint à eux en souriant de son sourire éteint et, d'un ton de bonhomie :

— Si je vous gêne, dit-il, je puis me retirer.

Ce ne fut pas lui qui se retira; ce furent les deux paysans, qui reculèrent avec force génuflexions sans avoir pu trouver une parole.

— A nous maintenant, dit le prince.

Et ils s'avancèrent vers l'empereur, Roger tête nue.

Alors le prince le présenta dans les termes dont il avait parlé, en insistant sur son amitié pour le duc de Naurouse et aussi sur le jour de majorité, — cause unique de cette dérogation aux convenances.

Le visage de l'empereur, qui s'était aux premiers mots assombri, s'éclaircit aux derniers :

— Mon cousin, dit-il, je vous remercie de m'avoir présenté M. le duc de Naurouse ; je serai heureux de faire pour lui ce que vous désirez.

A son tour Roger prit la parole qu'un signe de main venait de lui donner, et, en quelques mots brefs, il expliqua sa demande en rappelant le souvenir de son grand-père, le duc François de Naurouse, légèrement et sans insister.

— Ceci regarde le duc d'Arvernes, dit l'empereur avec bienveillance, je vais vous recommander à lui.

— Et, appelant le duc, il lui présenta Roger.

— Vous m'obligerez en accordant à la demande de M. le duc de Naurouse toute l'attention qu'elle mérite.

XIX

Roger revint à Paris enchanté : enchanté de l'empereur, plus enchanté encore du ministre.

Le duc n'eût pas fait davantage pour le fils de son meilleur ami, lui donnant la promesse de l'attacher à son cabinet, et, du même coup, l'invitant aux jeudis de la duchesse d'Arvernes.

Sans cette invitation Roger se fût assurément demandé ce qui lui méritait une pareille faveur, si prompte et si extraordinaire; mais les jeudis de la duchesse lui parurent l'expliquer suffisamment. En effet, il n'était personne du monde parisien qui ne sût que le duc d'Arvernes, fils d'un petit notaire du Dauphiné, nommé tout simplement Janelle et devenu duc par la grâce de Napoléon III, payant les services rendus au prince Louis, proscrit ou prisonnier aussi bien qu'à l'empereur, vivait dans l'admiration et l'a loration de tout ce qui portait un grand nom et appartenait à la vieille noblesse. C'était là chez lui une religion d'enfance, qui s'était, il est vrai, singulièrement refroidie quand, jeune homme, il avait été offrir ses services actifs au prince Louis-Napoléon Bonaparte au lieu de porter ses hommages platoniques au comte de Chambord, mais qui s'était réveillée ardente et passionnée le jour où, devenu duc, il s'était cru noble lui-même. Il lui fallait des représentants de la vraie noblesse autour de lui; c'était une manie, une maladie. De là l'invitation aux jeudis.

Assurément cela n'avait rien pour plaire à Roger : la duchesse d'Arvernes, avec son visage pâle, ses airs de sphinx prêt à dévorer celui qui ne la devinerait point et ses yeux violents qui regardaient les hommes avec une expression de curiosité profonde comme s'ils se demandaient : « Serait-ce celui-là? » ne lui disait rien d'attrayant; et s'en aller faire le duc dans son salon le jeudi pendant une heure ou deux n'aurait rien de récréatif.

Par malheur, il n'avait plus sa liberté et, s'il voulait se défendre contre son grand-père, il fallait bien qu'il en achetât et qu'il en payât les moyens.

Il rentra chez lui satisfait et de belle humeur : il n'avait pas perdu sa journée.

Mais là une mauvaise nouvelle effaça cette heureuse impression : en belle place, sur la table de sa chambre, se trouvait le coffret qu'il avait envoyé la veille à Raphaëlle.

La clef était accrochée autour; il la prit et ouvrit le coffret : il était vide. Rien; ni les billets de banque qu'il y avait mis la veille pour rembourser Raphaëlle, ni lettre, ni billet, ni carte.

Il interrogea son valet de chambre, et celui-ci raconta qu'il avait porté le coffret la veille, comme cela lui avait été commandé, rue Drouot. Mademoiselle Raphaëlle était chez elle, et il lui avait remis le coffret à elle-même. Elle l'avait ouvert devant lui et, après en avoir retiré les billets de banque, elle avait paru y chercher une lettre. N'en ayant point trouvé, elle lui avait demandé si M. le duc ne lui en avait point donné une. Il avait répondu négativement et il s'était retiré sans qu'elle lui adressât d'autres questions. Cependant il était facile de voir qu'elle n'était pas contente ; elle avait paru hésiter comme pour le questionner ; puis, tout à coup, se ravisant, elle n'avait rien dit. Elle n'avait même pas regardé le coffret.

— Et quand l'a-t-on rapporté ?
— Il y a une heure environ.
— Qui ?
— Une espèce de monsieur sans être un monsieur ; plutôt un sous-officier retraité : cinquante ans environ, décoré, tournure militaire, les épaules larges et effacées, les cheveux coupés en brosse, moustache grisonnante et impériale, parler bref.

Le sentiment de contrariété qu'éprouva Roger devint d'autant plus vif qu'il ne pouvait pas ne pas s'avouer que, si les choses prenaient cette tournure, c'était sa faute.

Qu'il eût porté lui-même le coffret chez Raphaëlle et qu'il se fût expliqué nettement, avec ménagement, mais aussi avec précision, la situation eût été tranchée.

En garde contre lui-même, il ne l'avait point fait : il avait esquivé cette explication, il avait reculé devant cette visite, et voilà que maintenant cette situation se compliquait.

Cela était mauvais et dangereux, car Raphaëlle, qui arrivait à Paris ruinée, misérable, ayant besoin de refaire sa vie, voudrait sans doute exploiter cette influence. Comment se défendrait-il contre elle ? Il ne s'agissait point d'une indifférente, pas plus qu'il ne s'agissait d'une femme craintive, ignorant ce qu'elle peut oser.

Il sentait qu'il pouvait être faible.

Décidément, le mieux était d'aller bravement au-devant du danger et de ne pas le laisser grossir. Il reporterait le coffret et en même temps il s'expliquerait de manière à détruire les espérances qu'elle avait pu fonder : il ne voulait pas de maîtresse.

XX

— Il y a là un monsieur qui veut voir monsieur le duc ; il s'est déjà présenté hier ; il vient de la part de M. le docteur Harly.

Ce fut par ces mots que Bernard réveilla son maître le lendemain matin.

Son professeur ! Roger l'avait oublié, son esprit n'étant point habitué à se porter sur de pareils sujets ; mais le nom du docteur Harly lui rappela de quoi il s'agissait.

— M. Crozat, n'est-ce pas ? dit-il.

S'étant levé et ayant vivement passé un pantalon et un veston de molleton blanc, Roger entra dans le salon où Crozat l'attendait.

C'était un homme de grande taille, à cheveux plats grisonnants tombant droit comme des chandelles, à large tête, avec un gros nez et des lèvres épaisses, soigneusement rasé de près comme un prêtre ou un comédien, vêtu d'un habit noir lustré aux coutures, ayant une seule main gantée d'un gant de couleur indicible ; en tout l'air d'un maître d'étude ou d'un homme de lettres travaillant à des dictionnaires, mais avec quelque chose d'ouvert et de bon enfant qui, tout de suite, prévenait en sa faveur.

— Monsieur le duc, dit-il d'une belle voix pleine et sonore, le docteur Harly m'a dit que vous aviez besoin d'un secrétaire et je viens vous offrir mes services.

Roger se mit à sourire :

— Notre ami le docteur Harly, dit-il, a mis trop de délicatesse dans ses paroles ; il m'a trop ménagé. Ce n'est pas d'un secrétaire que j'ai besoin, c'est d'un professeur ; ce qu'il me faut, ce n'est pas quelqu'un à qui je dicte mes lettres, c'est quelqu'un qui me dicte les miennes en me les épelant pour que je ne fasse pas de fautes de dictée.

— Et que voulez-vous apprendre, monsieur le duc ?

— Tout, puisque je ne sais rien, c'est-à-dire que je sais des commencements, mais seulement des commencements. En rien je n'ai été loin.

Cela fut dit très franchement et en se tenant aussi loin de l'humilité que de la forfanterie : les choses étaient ainsi et il les annonçait telles qu'elles étaient.

— C'est ainsi qu'en grammaire latine je sais *Rosa* et *Bonus* ; en grammaire française je connais le substantif et sais que *œil* fait *yeux* au pluriel ; mais on ne m'a jamais parlé de l'adjectif ni des autres mots. En histoire sainte, j'ai suivi Joseph jusqu'au moment où il est jeté dans la citerne, mais je l'ai laissé dans cette position fâcheuse et j'ignore absolument s'il s'en est tiré. En histoire de France, je connais des rois qui se nomment Pharamond, Mérovée, Clodion ; mais il ne faut rien me demander après Clovis. J'ai, il est vrai, entendu parler de Henri IV, de Louis XIV, de Napoléon, mais incidemment ; en réalité, je devrais croire que Napoléon III a succédé à Clovis.

Crozat se prit à rire.

— Bien certainement, cela est drôle, continua Roger ; mais c'est encore plus triste... pour moi.

— Ce qui me fait rire, monsieur le duc, c'est moins la chose en elle-même que la bonne humeur avec laquelle vous la contez, le tour que vous lui donnez. Il est vrai que tout cela est, au fond, fort triste pour vous ; mais vous ne devez pas vous en trop inquiéter. Je vous donne ma parole qu'en peu de temps nous comblerons ces lacunes qui existent dans vos connaissances ; vous ne sauriez croire combien, avec de l'application, on peut apprendre vite. Seulement, avant de nous mettre au travail, vous voudrez bien me dire dans quel sens nous devons l'entreprendre ?

— Je ne comprends pas.

— Ainsi prenons l'histoire, si vous le voulez bien, pour nous servir d'exemple : quelle histoire voulez-vous que je vous enseigne !

— Comment quelle histoire ? Mais l'histoire.

— Mais il y en a plusieurs : l'officielle ou la libre ; la traditionnelle ou la vraie ; l'utile à savoir pour faire son chemin, l'utile à savoir pour soi. Laquelle voulez-vous ?

Le duc le regarda avec surprise, réfléchissant.

— Vous m'avez dit, continua Crozat, que vous avez commencé à apprendre l'histoire sainte ; devons-nous continuer cette histoire d'après la Bible, livre sacré, ou bien devons-nous l'étudier d'après les travaux de la critique moderne en n'accordant à la Bible d'autre valeur que celle d'être un recueil de légendes, de traditions recueillies et mises bout à bout tant bien que mal par Esdras pour donner une loi au peuple juif et le ramener dans la patrie après la captivité de Babylone ?

Le duc resta un moment silencieux avant de répondre :

— Les Naurouse, dit-il enfin, ont toujours été élevés et ont toujours vécu dans la foi catholique : je désire garder la religion de mes pères.

— Très bien, monsieur le duc; c'est justement pour être fixé à ce sujet que je vous ai adressé cette question.

— Au reste, continua Roger, il me semble qu'avant d'en venir à ces graves questions, nous en avons d'autres plus élémentaires et plus simples à étudier. Ainsi il en est une qui, pour moi, est une cause d'humiliations incessantes par les sottises qu'elle me fait faire aussi bien que par les hésitations qu'elle m'impose; elle m'agace, m'irrite, me paralyse et me rend vraiment malheureux comme le ferait une infirmité honteuse.

— Et laquelle donc?

— Celle de l'orthographe.

— Pour cela encore rassurez-vous. Je comprends que ce soit un tourment pour un homme qui a toutes les élégances; mais il ne faut pas vous exagérer les difficultés de l'orthographe et de la grammaire. Vous verrez qu'en peu de temps, en très peu de temps, ces difficultés s'aplaniront : en causant, en lisant, quand un mot qui demande explication se présentera, je vous dirai la règle qui régit ce mot et vous la retiendrez sans avoir eu besoin de l'apprendre. Quand voulez-vous que nous commencions?

— Mais tout de suite, si cela vous est possible.

— Tout de suite alors. Seulement, avant, je vous prie de me montrer votre bibliothèque.

— Je n'ai pas de bibliothèque.

— Vous avez bien quelques livres?

— En dehors des *Mémoires* de mon grand-père, le duc François, bien peu.

— Mais encore ?

— Ce que j'en ai doit se trouver dans une armoire de la salle à manger ; allons voir.

En effet, ils étaient où ils devaient se trouver ; mais la revue en fut vite faite ; quelques volumes du *Stud-Book*, quelques *Calendriers des courses*, l'*Almanach de Gotha*, un *Annuaire de la noblesse*, trois ou quatre romans nouveaux, et c'était tout.

— Cela ne sera pas tout à fait suffisant, dit Crozat.

— Je le pense. Je passerai aujourd'hui à la Librairie nouvelle et donnerai des instructions pour que vous puissiez faire envoyer ici tout ce que vous choisirez.

Les heures que Roger employa à travailler avec Crozat eurent cela de bon pour lui que, pendant ce temps, il ne pensa pas à Raphaëlle, — dont le souvenir depuis la veille l'avait poursuivi, quoi qu'il fît pour le chasser.

Comme la leçon touchait à sa fin, le valet de chambre entra timidement.

— Je ne veux pas être dérangé, dit Roger.

— C'est M. le vicomte de Mautravers, je n'ai pas pu...

— Eh bien, qu'il attende quelques minutes.

Mais Mautravers entrait dans la chambre.

— Si j'avais su vous déranger, dit-il en tendant la main à Roger, je ne serais pas monté.

D'un coup d'œil rapide, il regarda Crozat qui s'était mis à écrire ; puis ses yeux coururent sur les livres et les cartes qui encombraient la table.

— Nous avons fini, dit Roger.

— Ah ! vous travaillez le matin, maintenant ?

— Oui... vous voyez.

Ce ne fut pas sans un certain embarras que Roger fit cette réponse ; Crozat, qui, sans en avoir l'air, était attentif à ce qui se passait, remarqua l'embarras de cette réponse, de même qu'il avait remarqué la curiosité de Mautravers, et il crut devoir venir au secours de son élève en jouant ostensiblement son rôle de secrétaire.

— Si monsieur le duc veut bien signer cette lettre, dit-il en se levant pour aller présenter une feuille de papier à Roger.

Mais au moment où celui-ci, qui faisait face à Mautravers, allait prendre cette feuille de papier, Crozat la retint :

— Ah! pardon, dit-il, quelle distraction ! je vois que j'ai écrit cravate avec deux t et il n'en faut qu'un, n'est-ce pas?

Roger le regarda stupéfait.

— Je prie monsieur le duc de m'excuser, continua Crozat avec un calme imperturbable, je recommencerai la lettre et, comme elle n'est pas pressée, je la présenterai demain à la signature de monsieur le duc.

Puis, faisant un paquet de tout ce qui se trouvait sur la table, il l'emporta pour le soustraire à la curiosité de Mautravers.

— Vous avez donc un secrétaire? demanda Mautravers lorsque Crozat eut refermé la porte : moi, si j'en prenais un, je voudrais qu'il fût plus sûr de son orthographe que ne l'est le vôtre.

Roger ne répondit rien ; alors la conversation s'engagea sur d'autres sujets.

Elle se prolongeait depuis assez longtemps déjà, lorsque tout à coup, Mautravers s'interrompit :

— A propos, dit-il, je viens de rencontrer Raphaëlle. Vous savez qu'elle est dans un état violent.

— Pourquoi donc ?

— Comment pourquoi donc ? Vous êtes vraiment superbe avec votre flegme. Pour votre abandon.

— Oh ! mon abandon !

— Le mot n'est pas de moi, il est d'elle. A la façon dont vous aviez pris feu, comme une allumette, Raphaëlle avait cru que vous éprouviez pour elle autre chose qu'un caprice, qu'une fantaisie de quelques heures, et elle avait bâti toutes sortes de combinaisons là-dessus. Pour une fille qui arrivait de Russie ruinée et qui tombait tout de suite sur le duc de Naurouse, majeur, maître d'une belle fortune, le rêve était séduisant.

— Elle vous a dit cela ?

— Ah ! pas du tout ; c'est moi qui explique ainsi son désespoir. Pour elle, c'est, vous avez dû vous en apercevoir, une drôle de fille, excentrique, originale, qui ne fait rien comme les autres. Et son désespoir, qu'elle crie très haut, elle l'explique en disant qu'elle s'est toqué de vous, comme cela, à première vue, en quelques heures. Après tout, cela est bien possible.

Roger ne répondit pas, mais Mautravers remarqua un léger trouble dans son regard, qui se détourna.

— Je me suis d'abord moqué d'elle, dit-il en continuant, mais à la fin elle m'a positivement fait pitié. Alors vous ne voulez pas la revoir ? Après tout, vous avez peut-être raison d'être prudent. Raphaëlle est fille à mener loin l'homme qui tomberait sous son influence. Je crois bien que si j'étais à votre place, je ferais comme vous ; et cependant, si j'avais encore une fortune à dépenser, je lui en donnerais à croquer une bonne part avec plaisir.

— Moi, je veux garder la mienne, dit Roger.

— Vous nous l'avez dit l'autre jour, mais je ne voulais pas le croire.

— Eh bien, vous aviez tort.

— Alors c'est tout simplement parce que vous avez peur que Raphaëlle vous fasse faire des folies que vous ne voulez pas la revoir ; si la pauvre fille savait cela, ce serait au moins une consolation pour elle. Elle s'imagine qu'elle vous a déplu ; tandis qu'au contraire elle vous a trop plu et vous avez peur d'elle.

— Vous êtes beaucoup trop prompt à tirer des conclusions sur ce que je veux ou ne veux pas, sur ce que je ferai ou ne ferai pas.

— Cela vient sans doute de ce que vous ne dites rien.

— Si je ne dis rien, cela vient peut-être de ce que je n'ai rien à dire.

Il était difficile de continuer l'entretien sur ce ton ; Mautravers ne l'essaya pas.

Si Roger n'avait rien à dire, c'est qu'il ne voulait pas s'expliquer ; en réalité, les paroles de Mautravers l'avaient frappé et ému. Jusque-là, en pensant à Raphaëlle, il ne s'était occupé que de ce qu'il éprouvait pour elle et pas du tout de ce qu'elle éprouvait pour lui. L'idée ne lui était même pas venue qu'elle pouvait éprouver quelque chose. Qu'elle voulût être sa maîtresse en vue des avantages qu'elle pouvait tirer de cette position, cela il l'avait admis, mais sans aller plus loin et sans s'imaginer qu'un sentiment quelconque pouvait se mêler à ce calcul.

« Toquée de lui, » disait Mautravers.

XXI

Ce jour-là Roger devait voir le duc d'Arvernes, qui lui avait dit de venir au ministère des affaires étrangères vers quatre heures, afin de donner une forme régulière à sa demande.

Comme quatre heures sonnaient, il descendit de voiture à la grille du quai d'Orsay. On le fit attendre un quart d'heure environ; puis un huissier majestueux l'introduisit dans le cabinet du ministre.

Le duc d'Arvernes l'accueillit comme un ami, en lui tendant la main; il était impossible de montrer plus d'affabilité, plus de bienveillance; c'était la continuation de la présentation dans les tirés de Fromainville.

Ce fut seulement après une grande demi-heure de conversation intime sur les sujets les plus divers : les chevaux, les femmes, la politique, que le ministre parut se rappeler que ce n'était pas seulement une visite de politesse que le duc de Naurouse lui faisait.

— A propos, dit-il, et vos pièces ?

Roger, déconcerté, resta un moment sans répondre.

— Quelles pièces ? dit-il enfin.

— Les pièces qui doivent être jointes à votre demande.

— Mais je ne sais même pas quelles sont ces pièces ; pardonnez-moi, j'ignorais qu'après avoir obtenu l'agrément de Votre Excellence, des pièces quelconques pouvaient m'être demandées.

— Ce sont de simples formalités : ainsi la justification que vous jouissez d'un revenu de 6,000 francs.

Roger, qui avait été effrayé par cette demande de pièces, se mit à sourire :

— Je tâcherai de me procurer cette justification, dit-il.

— Vous y joindrez votre diplôme de bachelier, continua le ministre, ou simplement la quittance de votre première inscription à l'École de droit et tout sera dit, je ferai faire le reste.

Un diplôme de bachelier ! une inscription à l'École de droit ! Roger fut abasourdi.

Mais il n'était pas dans son caractère de rester aplati sous les coups qui le frappaient.

Ce fut le sourire aux lèvres qu'il se redressa pour répondre :

— Je n'ai pas tout cela sur moi, dit-il presque gaiement.

— Je le pense bien : réunissez donc ces pièces et quand vous les aurez, apportez-les-moi ; les règlements qui régissent les conditions d'admission au département des affaires étrangères exigent que les candidats soient licenciés en droit, mais ce grade n'est pas de votre âge. Aussi, pour les jeunes gens qui se trouvent dans votre condition, avons-nous été obligés de faire fléchir les règlements ; aussitôt qu'ils sont inscrits à l'École de droit, nous les admettons à se préparer aux travaux diplomatiques dans une direction bien calme, celle des archives par exemple, et de ce moment ils sont attachés au ministère des affaires étrangères.

L'entretien en resta là et Naurouse prit congé de Son Excellence en promettant de revenir bientôt.

— En tous cas, à jeudi, dit le ministre, vous êtes annoncé et attendu ; si d'ici là vous désirez me voir, venez le matin.

Roger voulait, en sortant du ministère, aller faire un tour au Bois ; mais il rentra chez lui directement et ce fut un miracle que, malgré son habileté à conduire, il ne brisât pas vingt fois son phaéton contre les voitures qu'il croisa ou dépassa, tant sa préoccupation était grande.

Que s'était-il passé entre la présentation à Saint-Germain et cette réception ?

D'où venaient tout à coup ces exigences de pièces et de diplômes qu'il ne pouvait pas fournir ? On ne les avait pas demandées à d'autres candidats qu'il connaissait, et ceux-là avaient été attachés au ministère bien qu'ils fussent aussi ignorants que lui et même plus encore peut-être.

Était-ce là une machination de son grand-père ?

En supposant que c'était M. de Condrieu qui avait suggéré au ministre cette exigence de diplôme, Roger devinait juste.

La veille, à une séance du Sénat, M. de Condrieu-Revel s'était jeté sur le duc d'Arvernes et il l'avait accablé de remerciements pour l'insigne faveur qu'il accordait à son cher petit-fils, le duc de Naurouse, en attachant celui-ci au département des affaires étrangères.

— Ce n'est pas à moi que vos remerciements doivent s'adresser, mon cher comte ; ils doivent remonter jusqu'à Sa Majesté.

— Oui, je sais la part que Sa Majesté a daigné prendre dans cette faveur, je sais, je sais, car on ne parle que de la démarche de mon petit-fils, mon cher petit-fils, qui a été vraiment divinement inspiré en agissant ainsi. Le jour même de sa majorité demander à servir Sa Majesté, se vouer pour ainsi dire, cela a quelque chose de délicat et de grand tout à la fois, digne, au reste, de son caractère chevaleresque, car il est chevaleresque, je l'ai toujours dit, et il l'a bien prouvé en cette circonstance où il n'a voulu l'appui de personne, pas même le mien que j'aurais été si heureux, si fier de lui accorder. Ah! je comprends que l'empereur ait été touché. Pour moi, quand j'ai appris cela, les larmes m'en ont monté aux yeux, oui, positivement aux yeux, aux yeux.

Et, du doigt, il parut chercher s'il n'avait point encore une de ces larmes restée au coin de sa paupière ; mais il ne la trouva point.

Ce fut seulement après quelques instants donnés à son émotion paternelle qu'il continua :

— Si j'osais, je ferais encore un appel à votre bienveillance. Sans doute, je suis heureux de le voir entrer dans la diplomatie ; mais je voudrais, — pardonnez à mon ambition... paternelle, — je voudrais que ce fût par la grande porte.

Le duc d'Arvernes le regarda avec surprise.

— Je vais m'expliquer, continua M. de Condrieu. Mon petit-fils a fait son éducation non sous ma direction, — mon temps est pris par le service de mon pays, — mais dans ma maison, avec un précepteur. Ses études ont été très bonnes, très bonnes. Cependant il n'a point passé ses examens. Pour l'habituer peu à peu à la liberté je lui avais permis de quitter ma maison et de vivre en jeune homme. Eh bien! il a un peu abusé de cette liberté et il a négligé, — ce qui cependant lui eût été facile et ne lui eût demandé que peu de travail, — de prendre ses diplômes. Voici une occasion excellente de l'obliger à passer ses examens, c'est de ne pas faire fléchir en sa faveur les règlements d'admission à votre ministère. En ce moment rien n'est plus facile pour lui que de passer ses examens; plus tard, il sera trop tard, et alors cela pourra le gêner dans sa carrière, que je voudrais belle et glorieuse, digne de celle de son grand-père, le duc François de Naurouse. Un mot de vous, et il s'y conformera ; ce sera un retard de quelques semaines, d'un mois peut-être, et, pour ce retard insignifiant, vous lui aurez rendu un service important, considérable, car, ses premiers examens subis, il n'hésitera pas à faire son droit et à les subir tous successivement jusqu'au dernier.

C'était ainsi que M. de Condrieu avait obtenu que son petit-fils, son cher petit-fils, n'entrât au ministère des affaires étrangères que par la belle porte, — celle par laquelle il lui était impossible de passer.

XXII

Rentré chez lui Roger s'était jeté dans un fauteuil, et là, devant le feu, seul, au milieu du calme et du silence, sans autre lumière que celle que donnait capricieusement la flamme du bois, n'étant plus troublé par le mouvement et les bruits de la rue, il avait tâché de faire ce qui lui avait été impossible depuis qu'il avait quitté le ministère, — c'est-à-dire d'envisager sa situation froidement, raisonnablement.

Mais le calme et la froideur ne s'imposent pas par un effort de volonté quand on est un passionné ; ce ne sont pas ceux qui disent raisonnons qui raisonnent, ceux-là sont les esclaves de leurs nerfs et se laissent emporter par leurs émotions.

— Il faut réfléchir, se disait Roger en se prenant la tête à deux mains, il faut voir.

Et il se le disait avec une ferveur d'autant plus

grande qu'il sentait que c'était de lui seul qu'il pouvait prendre conseil et qu'il n'avait personne autour de lui à qui s'adresser en cette conjoncture décisive.

Mais au moment où il se croyait maître de sa volonté et capable de suivre une idée jusqu'au bout ou de peser le pour et le contre d'une résolution, un mouvement de colère le secouait de la tête aux pieds et le soulevait sur son fauteuil.

Pourquoi le poursuivre ainsi dans sa vie, dans son repos, dans son honneur?

Pour sa fortune.

Alors il se disait que, s'il avait cette fortune entière sous la main, en billets de banque, il la jetterait au feu.

Au moins il serait libre.

N'échapperait-il donc jamais à cette vision?

Un léger bruit lui fit tourner la tête vers la porte, c'était Bernard qui entrait tenant une lampe.

— Je n'ai pas besoin de lumière, dit Roger.

— C'est que mademoiselle Raphaëlle demande à voir monsieur le duc.

Instantanément il se leva.

— Vous avez dit que j'étais là?

— Je ne savais pas que monsieur le duc ne voulait pas recevoir.

— Faites entrer, dit-il.

Et, lentement, il se dirigea vers la porte en tâchant de se composer un visage.

Ce fut en marchant lentement aussi que Raphaëlle fit son entrée, et avec une attitude grave.

Elle s'assit posément et ce fut posément aussi qu'elle enleva sa voilette.

Après un moment d'hésitation, Roger s'était décidé; il allait prendre la parole, mais elle le prévint :

— Monsieur le duc, dit-elle, je viens pour que vous me payiez.

Il s'attendait à des reproches : il resta abasourdi.

— Vous m'avez prise comme on prend une fille, payez-moi comme on paye une fille.

— Mais...

— Oui, vous m'avez envoyé un coffret, cela est vrai, mais ce n'est pas avec cette monnaie qu'on paye les filles. Qu'est-ce que vous voulez que j'en fasse de votre coffret? Que je le garde comme un souvenir? Ah! non, le souvenir serait trop triste. Que je le vende? Je ne connais pas la valeur de ces choses-là et je perdrais trop dessus. Et vous savez bien que je n'ai pas le moyen de perdre, puisque j'arrive à Paris ruinée. J'ai besoin d'argent. Donnez-m'en. Oh! je ne vous fixe pas une somme. Donnez-moi ce que vous estimez que j'ai gagné : — ce que je vaux. Je ne vous taxe pas, seulement je réclame ce qui m'est dû. Payez-moi, je m'en irai après.

Elle avait débité ce petit discours à mots heurtés, d'une voix saccadée, sans regarder Roger.

A ce moment elle leva les yeux sur lui; leurs regards se rencontrèrent, et tout ce qu'il avait arrêté, ce qu'il s'était promis de dire, même ce qu'il venait d'entendre, fut oublié.

Il lui tendit la main.

Au lieu de lui donner la sienne, elle le regarda.

— C'est une main vide que vous m'offrez? dit-elle.

— Vos plaintes sont justes...

— Pourquoi m'avez-vous demandé si j'étais femme à consoler un vaincu? Cette parole, vous ne l'adressiez pas à une fille, n'est-ce pas? Je venais de vous voir si brave, si fier, si chevaleresque dans votre lutte contre vos amis que j'avais été émerveillée. Je me disais que vous deviez être si malheureux de l'attitude de ces amis qui, tous, s'étaient jetés sur vous, empressés à profiter de votre déveine et de votre entraînement, que j'avais été touchée au cœur. Voilà comment j'ai mis mes mains dans les vôtres, quand vous me les avez tendues. Cela était-il d'une fille?

Ce fut fièrement qu'elle prononça ces derniers mots et en le regardant en face.

Puis elle continua :

— En quoi avais-je mérité la façon dont vous m'avez traitée? Vous m'avez envoyé un cadeau... de prix, je le crois ; mais qu'importe le cadeau, qu'importe le prix que vous avez pu le payer! Vous n'êtes pas venu ; vous ne m'avez pas envoyé un mot me disant pour quelle raison vous ne veniez pas ; et depuis que je suis ici, si vous m'avez dit que vous ne vouliez pas me revoir, vous n'avez pas daigné m'apprendre pour quelle raison. Voyons, que vous ai-je fait? De quoi vous plaignez-vous?

— Je ne me plains pas ; je n'ai aucun reproche à vous adresser.

— Alors vous avez une maîtresse?

— Je n'en ai point.

— Je vous en prie, soyez dur, soyez impitoyable, mais soyez franc... Je vous déplais!

Elle dit cela en hésitant, les lèvres tremblantes, le regard éperdu, comme si elle attendait son arrêt de mort.

— Vous!... Ah! certes, non!

Elle respira en fermant les yeux, et un profond soupir de soulagement s'échappa de ses lèvres entr'ouvertes.

Puis, vivement, attirant son fauteuil de manière à

se trouver en face de Roger et à le frôler de ses genoux, tandis qu'elle le tenait sous son regard :

— Alors ce que j'ai imaginé serait donc possible!... Je ne voulais pas le croire, je n'osais pas l'espérer. Mais ce cri... ce cri involontaire m'ouvre les yeux. Si vous ne voulez pas me voir parce que je vous déplais, c'est donc... parce que je vous plais. C'est parce que vous aviez peur de moi que vous n'avez pas osé m'apporter ce coffret magnifique, choisi avec tant de goût, avec... amour; c'est parce que vous aviez peur que vous n'avez pas osé me le rapporter.

Elle fit une pause, mais sans le quitter des yeux, l'enveloppant de son geste câlin, qui, sans qu'elle le touchât, lui donnait la sensation d'une caresse.

— Cette idée, je l'avais eue, continua-t-elle, mais sans pouvoir m'y arrêter, tant elle me paraissait absurde. Peur, le duc de Naurouse, allons donc! Et puis, pourquoi peur? De quoi peur? Peur pour son argent, lui qui perd huit cent mille francs en quelques minutes avec un visage souriant? Et puis, est-ce que je lui avais parlé d'argent? Est-ce que je lui en demandais? Est-ce qu'en venant à lui, entraînée, éblouie, fascinée, troublée, éperdue, poussée par une irrésistible émotion, par une toute-puissante fascination, je m'étais montrée femme d'argent?

Peu à peu sa parole, de plus en plus pressée, avait passé par toutes les gammes de l'attendrissement à l'émotion passionnée; en disant ces derniers mots elle se laissa glisser de son fauteuil sur le tapis et, jetant ses deux bras autour des épaules de Roger, qui s'était penché vers elle :

— Oh! mon cher petit duc, s'écria-t-elle, ce n'est pas ta fortune que je veux, c'est toi, toi que j'aime, toi que je veux pour t'aimer, pour t'adorer, pour être ton esclave, ta servante, pour te rendre heureux comme tu voudras et seulement tant que tu voudras, un jour si tu ne veux qu'un jour, ma vie entière si tu le permets.

Se haussant encore un peu, tandis qu'avec ses deux bras elle l'attirait doucement, elle se suspendit à ses lèvres, les aspirant dans un long baiser.

XXIII

Elle ne voulut pas dîner au café Riche, il y était trop connu.

Ce qui lui plaisait, c'était le mystère : un endroit écarté où on les prendrait pour mari et femme.

Comme cela serait charmant; ils dîneraient côte à côte et non en face l'un de l'autre; ils se diraient vous: elle était sûre que, sans savoir qui il était, rien que sur son air, le maître d'hôtel lui dirait : « Monsieur le duc, » ou : « Mon prince. » C'était cet air-là qui tout d'abord l'avait frappée, cet air de noblesse, de dédain, de fierté, avec quelque chose de bon et de généreux, — implacable pour les méchants ou les imbéciles, tendre pour les faibles et les bons.

— Et les bêtes, les pauvres bestioles du bon Dieu, les aimes-tu?

Quand il eut répondu qu'il les adorait, elle le pomponna comme une jeune mère eût fait pour son bébé.

Il fut convenu qu'ils iraient dîner chez Magny, « là-bas, bien loin, vers le Luxembourg; » jamais Roger n'avait mangé dans ces contrées sauvages, mais il avait entendu dire que des voyageurs égarés y avaient trouvé assez bonne chère. On pouvait en essayer; en tous cas, il avait la certitude d'y être aussi inconnu que s'il la conduisait en Laponie ou chez les nègres.

Le « là-bas bien loin » fut beaucoup plus près que Roger ne le croyait.

— Déjà arrivés! dit-il, lorsqu'on ouvrit la portière.

Pour ce mot elle lui serra la main tendrement.

— Tu vois, dit-elle, je te fais oublier le temps.

Ce n'était pas le temps seulement qu'elle lui faisait oublier, c'était tout : ses déceptions, ses inquiétudes, — son grand-père.

Il est des amants aux aspirations idéales qui ne comprennent pas qu'une femme mange. Roger n'était point de ceux-là; il fut ravi du bel appétit de sa maîtresse, ravi aussi et plus encore peut-être de sa gaieté.

— Tu vois, disait-elle, que j'aurais fait un bel emploi de l'argent que je venais te demander.

Puis, tout de suite, se penchant dans son cou et le regardant avec des yeux noyés :

— Quand je pense que j'avais trouvé cela pour en arriver à te dire des injures, et que cet argent que je réclamais je voulais te le jeter à la face. Sais-tu que maintenant je suis fière que tu aies eu peur de moi : tu m'aimais donc bien?

Si Roger n'avait pas voulu s'expliquer avec elle franchement lorsqu'elle l'avait poussé à donner les raisons pour lesquelles ils ne devaient plus se voir, ils n'étaient plus dans les mêmes conditions vis-à-vis l'un de l'autre : ce n'était plus une femme avec laquelle il voulait rompre qu'il avait devant lui, c'était une femme avec laquelle il venait de renouer, c'était une femme qui l'aimait, — sa maîtresse.

Sans entrer dans des explications précises, sans parler de son grand-père et des desseins de celui-ci, il avait dit comment la menace du conseil judiciaire, qu'il n'avait connue que le matin après leur séparation, l'avait arrêté.

— Pourquoi ne m'as-tu pas dit cela?

— Parce que... cela n'était pas facile à dire.

— Tu me le dis bien maintenant.

— Maintenant les circonstances ne sont plus les mêmes.

— Maintenant tu sens que tu m'aimes, tu sais que je t'aime, et alors tu ne le sentais pas, tu ne le savais pas. Est-ce cela?

— Oui. Et puis il y a autre chose aussi. En ne voulant pas te revoir je me préparais à la lutte contre ceux qui ont intérêt à m'imposer ce conseil judiciaire; je voulais être sage, je voulais répondre au reproche de prodigalité par des preuves d'ordre.

— Et maintenant?

— Maintenant j'ai renoncé à cette lutte comme j'ai renoncé à l'ordre. J'ai la conviction que, quoi que je fasse, on réussira à me donner ce conseil judiciaire, et je ne veux plus me gêner, je ne veux plus me contraindre. A quoi bon? Pour qui? Si je dépense ma fortune pour ceux que j'aime cela n'est-il pas plus raisonnable que de la garder pour ceux que je hais?

Elle claqua des mains en applaudissant gaiement.

— Bravo! le voilà retrouvé le brillant duc de Naurouse! Lui, retenu par la peur! Lui, vivant petitement, bourgeoisement, comptant avant de dépenser! Allons donc! cela n'était pas vraisemblable, personne n'aurait voulu le croire. Sois tranquille, mon cher petit duc, si tu veux dépenser ta fortune, si tu veux vivre grandement, si tu veux faire du tapage en ce monde en éblouissant les gens; je t'aiderai, et tu verras que je te ferai honneur. Le Paris bête et bourgeois, nous l'éclabousserons, nous l'écraserons. Et tu verras quelle course parmi les imbéciles qui voudront nous suivre : les Savine, les Poupardin. Et maintenant, que la fête commence, comme on dit dans les féeries ; en avant ! hip ! hip !

Elle lui jeta les bras autour du cou, en riant d'un rire de théâtre.

— Mais il nous faut un décor, continua-t-elle, où plaçons-nous la scène ? Dans l'hôtel de mademoiselle Raphaëlle, n'est-ce pas? car la maîtresse du duc de Naurouse ne peut pas habiter autre chose qu'un hôtel lui appartenant? Et où le plaçons-nous, cet hôtel? La maîtresse du duc de Naurouse ne peut pas demeurer autre part qu'aux Champs-Élysées. Quel est l'équipage qui fait la plus belle figure sur le persil? C'est celui de la maîtresse du duc de Naurouse.

Tout en parlant, elle le regardait, observant l'effet de ses paroles. Tout à coup elle s'arrêta :

— Tu trouves que c'est trop, n'est-ce pas? demanda-t-elle.

— Je trouve qu'il n'y a rien de plus bête que de dépenser sa fortune pour donner un spectacle aux curieux, aux imbéciles.

— Et tu as bien raison ; aussi ce que je disais, c'était tout simplement un jeu. Mais si je dis que la maîtresse du duc de Naurouse doit habiter un appartement convenable du boulevard Haussmann, trouveras-tu que c'est trop?

— Certes, non.

— Si je dis qu'il lui faudrait un coupé avec deux chevaux, un petit coupé peint en noir et garni de drap bleu ; les chevaux, des anglo-arabes, — trouveras-tu que c'est trop?

— Non.

— Si je dis qu'il lui faudrait un cheval de selle, un

pur sang dressé pour dame; qu'il lui faudrait aussi un crédit illimité chez Faugerolles, pour ses toilettes, — trouveras-tu que c'est trop?

— Non, assurément, non.

— Non, n'est-ce pas? C'est bien non que tu dis: l'appartement du boulevard Haussmann avec son ameublement, le coupé noir, les anglo-arabes, le pur sang, le crédit illimité, tu es prêt à me les offrir?

— Pourquoi donc tiens-tu tant à faire tes conditions? dit-il avec un certain mécontentement.

— Réponds-moi d'abord, je te répondrai ensuite.

— Je suis prêt à t'offrir tout ce qui peut t'être utile, tout ce qui peut t'être agréable.

— Bien vrai, tu me le promets?

— Mais sans doute.

— Oh! mon cher petit duc, s'écria-t-elle, que tu es bêbête malgré tout ton esprit. Tu ne vois donc pas que je ne parle pas sérieusement et que tout ce que je t'ai dit n'avait pas d'autre but que de savoir ce que tu étais prêt à faire pour moi. Je l'ai vu, cela suffit. Non seulement je ne veux pas de l'hôtel des Champs-Élysées, mais je ne veux pas davantage de l'appartement du boulevard Haussmann, je ne veux pas du coupé noir, je ne veux pas des anglo-arabes, je ne veux pas du pur sang, je ne veux pas du crédit chez Faugerolles : je ne veux rien que ton amour. Comment, tu as pu t'imaginer que j'allais me faire la complice de tes aimables parents pour t'imposer un conseil judiciaire? Non, mon cher petit duc, non. Que le duc de Naurouse compte avant de dépenser quand il est libre, cela serait misérable; mais qu'il ne compte pas quand il sait que sa famille doit profiter de ses dépenses pour lui faire nommer un conseil judiciaire, ce serait bête. Et nous ne serons pas bêtes, mon petit duc; ce n'est pas moi qui te pousserai à des folies ou à des dépenses. Je t'interdis les deux. Mais comme la maîtresse du duc de Naurouse ne doit pas faire triste figure sous peine que sa médiocrité humilie ou ennuie son amant, personne ne saura que je suis ta maîtresse. Je quitterai Paris, j'irai où tu voudras; que m'importe, pourvu que je t'aie! Plus tard nous nous rattraperons. Pour le moment nous devons n'avoir qu'un souci : échapper au conseil judiciaire, et nous y échapperons si tu m'écoutes. Où veux-tu que j'aille me cacher?

Ce fut la question qu'ils discutèrent.

Elle proposa l'île aux Loups, dans la Marne, sous le viaduc de Nogent; elle n'avait jamais mis le pied dans cette île, mais elle l'avait vue et admirée en passant sur le viaduc quand, petite fille, elle s'en allait le dimanche en chemin de fer avec sa mère chez ses parents d'Émerainville, et, pour elle, c'était l'idéal de la campagne : un chalet, des arbres, la rivière avec un bateau.

Roger fit observer qu'en décembre et janvier un chalet dans une île où montent les grandes eaux cela ne serait peut-être pas très confortable.

Alors ils cherchèrent autre part; puis, ne trouvant rien qui répondît entièrement à leur désir, ils remirent au lendemain l'examen de cette grave affaire.

XXIV

Le matin, la discussion reprit au point où elle avait été interrompue.

Roger proposa Choisy-au-Bac, un village sur les bords de l'Aisne, au milieu des deux forêts de Laigue et de Compiègne; on serait perdu là comme dans un pays de sauvages et cependant on ne serait pas sans distractions; on pourrait faire des promenades à cheval dans la forêt; on pourrait aussi chasser.

La perspective de se servir d'un fusil et surtout de s'habiller en homme, avec des bottes molles et un chapeau à plumet, transporta Raphaëlle.

Mais avant de penser à s'installer à Choisy-au-Bac, il fallait savoir si la maison que Roger avait en vue était à louer, et ce n'était point une question qui se pouvait décider au lit : il allait envoyer une dépêche à un entraîneur qu'il connaissait dans les environs et, si la réponse était satisfaisante, il irait prendre Raphaëlle pour aller avec elle à Compiègne, d'où ils se feraient conduire à Choisy.

Il n'y avait que peu de temps que Raphaëlle était partie lorsqu'on apporta à Roger ses lettres et ses journaux.

Parmi ces lettres s'en trouvait une lourde et volumineuse enfermée dans une assez grande enveloppe. Ce fut celle-là qu'il prit tout d'abord; l'adresse était d'une écriture qu'il connaissait, — celle de Christine.

Était-ce possible ! Christine lui écrivait ! Pourquoi ? Vivement il l'ouvrit :

« Prends garde à toi, mon cher Roger, tu te perds.

» En apprenant ta catastrophe, mon effroi n'a pas été
» ce qu'il est devenu depuis, ce qu'il est maintenant.
» Tu es riche ; l'aventure était déplorable, il est vrai,
» cependant j'espérais, moi qui connais ta droiture et
» tes nobles sentiments, qu'au premier appel de ta
» raison tu t'arrêterais et que cette grosse perte te
» serait une leçon pour t'empêcher de gaspiller ta
» fortune d'une si misérable façon. Mais lorsque j'ai
» vu le désespoir de notre grand-père j'ai compris le
» péril : tu donnes des armes terribles contre toi.
» Ceux qui t'aiment vont être impuissants à te dé-
» fendre.

» Faut-il te dire la vérité ? Il y a des membres de
» notre famille qui, épouvantés pour ton avenir, veu-
» lent te faire nommer un conseil judiciaire ; notre
» grand-père seul s'y oppose ; seul il te défend. Lui,
» mon cher Roger, lui que tu redoutes, il t'excuse.
» Quelle consolation dans mon chagrin d'avoir la
» preuve que tu lui tiens au cœur autant que mon
» frère, autant que moi ! J'étais là, je l'ai entendu
» parler de toi, et ce qu'il a dit je l'aurais dit moi-
» même, si on m'avait permis de prendre la parole.
» Avec sa douce indulgence, avec son amitié pour
» toi, il a su trouver des mots persuasifs et éloquents
» pour te soutenir. Il croit à un accident, il dit que
» tu as été entraîné et il n'admet pas que l'on con-
» damne un jeune homme pour une imprudence ; il
» demande qu'on attende avant de te juger. Mais,
» quoi qu'il ait dit, j'ai bien vu qu'il était horrible-
» ment inquiet. Tu t'es si peu laissé connaître par lui ;
» tu t'es toujours si bien appliqué à lui cacher ce qu'il
» y avait de meilleur en toi.

» Cela a été un tort que je ne me suis jamais expli-
» qué ; mais, si tu as commis cette faute, tu dois

» maintenant montrer à tous le Roger que je connais,
» moi, le Roger qui ressemble si peu au duc de Nau-
» rouse dont s'occupe Paris.

» Si ta mésaventure, t'inspirant un retour sur toi-
» même, te faisait renoncer à l'existence qui est la
» tienne depuis que tu nous as quittés, je la béni-
» rais et j'en remercierais Dieu, Dieu que j'ai tant
» prié pour qu'il t'éclaire ; car tu sais bien, n'est-ce
» pas, que j'ai été cruellement affligée de te voir t'a-
» bandonner à cette vie mondaine que je connais mal,
» que je ne connais pas, cela est vrai, mais que je
» sais cependant pernicieuse pour les âmes les mieux
» trempées.

» Que de fois, lorsque je remontais au temps de
» notre enfance et me rappelais ta bonté, ta douceur
» pour moi, la tendre affection qui faisait de nous un
» frère et une sœur étroitement unis, que de fois me
» suis-je désespérée de ta résolution qui nous sépa-
» rait et qui te tenait si loin de nous, si loin morale-
» ment surtout ! Où étais-tu ? que faisais-tu ? qui
» t'entourait ? Et la maison, si vide depuis que tu
» étais parti, me semblait plus déserte encore ; la
» tristesse me gagnait et alors j'avais l'instinct, j'avais
» une vision vague des dangers qui te menaçaient.
» Les événements m'ont donné raison : mes craintes
» n'étaient pas exagérées.

» Tu m'aimes trop pour prendre mal ce que je te
» dis et, j'en suis sûre, tu ne te révolteras pas contre
» mes paroles. Ce n'est pas un sermon que je t'a-
» dresse ; cela n'est pas de mon âge ; et puis tu sais
» bien que je suis plus disposée à subir ton influence
» qu'à t'imposer mes idées ; mais il faut que tu re-
» viennes à toi, que tu réfléchisses ; il faut que tu
» m'écoutes. J'ai trop prié pour toi, j'ai trop pleuré

» sur toi pour n'avoir pas le droit de te dire que tu
» es dans le mauvais chemin. Je t'en conjure, ne mets
» pas derrière toi un passé indigne dont les fautes
» seraient ineffaçables, dont les souvenirs deviendraient un remords pour ta conscience. Tu te marieras, tu auras des enfants, des héritiers de ton nom,
» songe à eux. Tu leur dois l'exemple d'une belle vie.
» Comment pourrais-tu leur parler de devoir et de
» vertu, si tu n'es pas toi-même irréprochable? Comment pourrais-tu les élever dans l'amour de notre
» sainte religion, si tu n'as pas le respect de Dieu?
» Si ta fortune est à eux, ton nom intact et honoré
» doit être leur gloire; c'est un bien moral dont tu es
» dépositaire comme du patrimoine que tes pères t'ont
» légué; tu dois leur garder les deux, comme tu dois
» aussi ne pas les isoler d'une famille qui sera la leur
» et dont plus tard ils peuvent vouloir demander l'appui ou l'affection.

» Tiens, imagine ce qu'aurait été le jour de ta majorité célébré au milieu de nous, chez ton grand-père, nos sourires répondant aux tiens, nos cœurs
» battant avec ton cœur d'une même émotion, tous
» heureux de cette fête. Quels souvenirs dignes tu
» aurais conservés de cette journée qui devait dater,
» mais pas comme elle datera ! Tu te la serais rappelée plus tard avec la satisfaction que donne le
» devoir accompli, et si tu t'étais moins amusé avec
» nous tu n'aurais pas eu ce réveil terrible qui, quoi
» que tu fasses et quelles que soient tes résolutions
» pour l'avenir, ne pourra pas ne pas être un regret
» douloureux, même une gêne.

» Ah! que ne suis-je pour toi, mon cher Roger,
» mieux qu'une petite cousine sans grande valeur,
» sans grande intelligence, sans autorité ! que n'ai-je

» des qualités supérieures ou seulement que ne suis-je
» ta sœur ! Tu m'écouterais peut-être autrement, car
» je n'ose me flatter que mes paroles, si profondé-
» ment sincères qu'elles soient, te porteront tout de
» suite le coup qui doit te transformer ; alors tu sen-
» tiras qu'il n'y a de bonheur pour toi que dans une
» existence remplie et non au milieu de ces viveurs
» au cœur sec qui ne peuvent ni t'apprécier ni t'ai-
» mer.

» Cependant tu y réfléchiras à ces paroles, n'est-ce
» pas, et quand je me rappelle ce que tu étais autre-
» fois, je ne peux pas ne pas croire que tu n'en seras
» pas touché.

» Peut-être, lorsque quelques jours se seront écou-
» lés et que l'impression qu'elles auront produites
» s'effacera, peut-être me trouveras-tu bien en-
» nuyeuse, et, pis que cela peut-être, en viendras-tu
» à penser que je t'aime moins parce que j'aurai criti-
» qué ta conduite.

» Il ne faut pas que cela soit, Roger ; il ne faut pas
» que tu doutes de ce que j'ai souffert à t'écrire comme
» je viens de le faire, moi qui n'aurais jamais voulu
» formuler un blâme sur toi, si léger qu'il fût, et qui,
» au contraire, aurais si ardemment souhaité n'avoir
» qu'à t'admirer, comme lorsque nous étions enfants
» et que, pour moi, mon cousin Roger était la per-
» fection en ce monde.

» Il faut que tu saches bien que mon affection est
» aujourd'hui ce qu'elle était alors, aussi vive, aussi
» grande, et que si je gémis de ton égarement, rien ne
» portera, rien ne peut porter atteinte aux sentiments
» que je t'ai voués.

» Je vais implorer Dieu avec plus de ferveur encore
» pour qu'il te guide et ne se désintéresse pas de toi

» comme d'un indigne ; mais tu trouveras toujours en
» moi une indulgence sans bornes pour tes erreurs et
» un pardon toujours prêt pour tes folies.

» Pourtant, s'il arrivait que cette lettre te touchât et
» que la lumière se fît en toi, sache, Roger, que tu
» auras fait de moi la créature la plus heureuse de la
» terre, et que dans une seule minute de repentir tu
» peux me payer cent fois les heures douloureuses
» pendant lesquelles j'ai tremblé pour toi.

» Je vais attendre dimanche avec une cruelle impa-
» tience pour savoir quel effet cette lettre a produit.

» Ton regard me le dira.

» Dimanche dernier, j'ai tâché de te faire exprimer
» par mes yeux tout ce que je viens de te dire ; mais
» j'ai bien vu que tu ne comprenais rien à leur lan-
» gage et que le seul résultat que j'obtenais était de
» t'inquiéter. C'est pourquoi je me suis décidée à
» t'écrire cette longue lettre, — décision terrible à
» prendre et bien difficile aussi à exécuter : mais il
» s'agissait de toi, de ton repos, de ton bonheur, de
» ton honneur, et je ne me serais pas pardonnée de
» n'avoir pas parlé, — moi, ta camarade, ton amie,
» ta cousine, ta sœur.

» CHRISTINE. »

XXV

Cette lettre causa à Roger l'émotion la plus forte, la plus profonde qu'il eût jamais ressentie.

Comme il fallait que Christine l'aimât pour s'être décidée à lui écrire ainsi.

Il n'avait point été gâté sous le rapport de la tendresse pas plus que sous celui de l'admiration.

Christine, il est vrai, lui avait toujours témoigné une très vive affection pendant les années où ils avaient vécu ensemble comme deux camarades, — car, malgré la différence d'âge, c'était bien une camaraderie fraternelle qui s'était établie entre eux à cette époque. Isolés, abandonnés l'un et l'autre, privés de soins l'un comme l'autre, égaux tous deux devant l'indifférence ou les mauvaises paroles de leur grand-père, qui n'avait de cœur que pour Ludovic, son cher, son très cher petit-fils, elle était venue à lui comme il avait été à elle, naturellement ; elle se faisait plus grande, lui se faisant plus petit pour être de même taille, et c'était dans une union étroite qu'ils avaient passé ces dures années d'enfance ; — unis pour jouer sous l'ombrage des deux grands ormes du jardin de la rue de Lille, autour d'une statue de Pomone, sur laquelle ils avaient si souvent écrit leurs deux noms ; — unis pour se soutenir contre les méchancetés tyranniques de Ludovic, fort de l'appui de son grand-père et très inventif d'ailleurs en mauvais tours ; — unis pour se consoler où s'égayer selon que la journée était au chagrin ou à la joie ; elle, dans les heures mauvaises, toujours plus résignée, plus douce ou plus calme, lui porté à la révolte et à la bataille, mais, en fin de compte, se laissant toucher ou assagir par la bonté ou la raison qu'elle lui inspirait.

Mais de cet attachement enfantin à la tendresse ardente qui jaillissait de chaque ligne, de chaque mot de cette lettre, la distance était grande et telle que, jusqu'à cette heure, il n'avait point imaginé qu'elle pût être franchie.

Quand il avait quitté l'hôtel de Condrieu, Christine

n'était qu'une petite fille de quatorze à quinze ans, il est vrai, mais petite fille pour lui précisément parce qu'ils avaient grandi ensemble; petite fille, il l'avait quittée, petite fille elle était restée, et leur court tête-à-tête, le jour de la reddition du compte de tutelle, de même que leur entrevue à l'église Sainte-Clotilde, n'avait guère modifié chez lui cette impression faite de souvenirs certains et solides; mais voilà que tout à coup la lecture de cette lettre avait allumé une lumière dans son esprit comme dans son cœur et qu'il voyait que celle qui avait tenu ce langage ce n'était plus une petite fille, c'était une femme : ce n'était plus une camarade, c'était...

Ah! si elle n'était pas une Condrieu!

Mais telle était la fatalité de leur situation qu'entre eux se trouvait leur grand-père.

Jamais jusqu'à ce jour il n'avait pensé au mariage, ni pour se dire qu'il se marierait à telle époque, ni, comme tant de jeunes gens de son âge qui n'ont pas peur de se donner des démentis, pour se dire qu'il ne se marierait point; mais en soi le mariage n'avait rien qui lui déplût ou l'effrayât. Une enfance abandonnée comme l'avait été la sienne, une jeunesse privée des joies de l'intimité et des plaisirs du chez soi comme celle que son isolement lui faisait, l'avaient plutôt disposé à envier le bonheur de ceux qui peuvent goûter ces joies et ces plaisirs qu'à le dédaigner.

Jamais non plus jusqu'à ce jour il n'avait regardé Christine avec d'autres yeux que ceux d'un camarade ou d'un frère; mais cette lettre venait de faire pour les yeux ce qu'elle avait fait quelques instants auparavant pour l'esprit. Ce n'était plus une petite fille qu'ils voyaient, c'était une jeune fille, belle d'une beauté douce et discrète, qui non seulement charmait le regard, mais qui encore parlait au cœur et l'emplissait d'émotion.

Et cependant, si profonde que fût l'émotion qui venait de l'atteindre en apprenant à la connaître, il ne pouvait pas penser à en faire jamais sa femme.

Il ne le pouvait pas pour lui, — par cette raison décisive que ce serait se livrer à son grand-père.

Il ne le pouvait pas davantage pour elle, — et par une raison plus impérieuse encore.

Depuis qu'il avait commencé à comprendre quels étaient les desseins de M. de Condrieu-Revel, il les avait soigneusement étudiés pour les bien connaître; or, le but poursuivi si âprement n'était pas que la fortune des Naurouse allât aux Condrieu, il était qu'elle allât au chef seul de la famille Condrieu, c'est-à-dire à Ludovic de Condrieu, et c'était pour cela que Christine devait entrer au couvent. Il fallait que ce fût Ludovic tout seul qui eût cette fortune et non pas Ludovic et Christine qui en héritassent pour chacun une moitié. Qu'au lieu d'entrer au couvent Christine devînt sa femme, et, par le fait seul de ce mariage, elle devenait ce qu'il était lui-même : une mine à héritage. Tous deux mari et femme, étaient confondus dans une même haine, tous deux étaient en butte aux mêmes coups. Il l'entraînait avec lui. S'ils avaient des enfants ils entraînaient ces enfants avec eux.

Qu'il l'aimât, cette chère petite Christine; qu'elle l'aimât, elle ne pouvait donc pas être sa femme, et cette réponse à la lettre qu'elle avait écrite qui se présentait tout naturellement, qui s'imposait : « Si tu veux que je sois sauvé, sauve-moi », il ne pouvait pas la faire.

Ni celle-là ni aucune autre de nature à entretenir en elle le sentiment de tendresse trop vive qu'elle venait

9.

de révéler à son insu et sans savoir, dans sa pureté, jusqu'où il l'avait entraînée.

Qu'adviendrait-il si elle savait qu'elle pouvait aimer son cousin d'un autre amour que d'un amour fraternel ?

Qu'adviendrait-il si elle comprenait qu'elle pouvait être aimée par lui, aimée et épousée ?

C'était enveloppée dans ce voile de pureté virginale intact et immaculé qu'elle devait entrer et s'enterrer au couvent.

Et, pour cela, il fallait qu'il y eût un obstacle, entre eux, non pour elle, cet obstacle, mais pour lui, de façon à l'empêcher de revenir en arrière et de peser à nouveau, pour la balancer, la résolution qu'il venait de prendre.

Raphaëlle serait cet obstacle.

XXVI

La réponse de l'entraîneur à qui Roger avait télégraphié pour la maison de Choisy-au-Bac fut que cette maison était à louer et pour le moment inoccupée.

Ils partirent aussitôt.

Cette maison était un ancien prieuré se trouvant entre Choisy et Francport, dans une situation assez pittoresque, adossée à la forêt de Laigue, et ayant en face la forêt de Compiègne, dont elle n'était séparée que par le lit de l'Aisne; avec ses murs revêtus de lierre et son toit moussu elle avait belle apparence; en tous cas, c'était bien l'endroit solitaire et caché que

Raphaëlle avait désiré : point d'habitation aux environs, les deux forêts et la rivière, partout des arbres.

Cependant, lorsqu'ils l'eurent visitée, Raphaëlle, très franchement, déclara qu'on ne pouvait pas la louer : d'abord elle n'était pas meublée et acheter des meubles serait une dépense qu'elle n'autorisait pas.

— Des meubles de campagne.

— Les meubles de campagne coûtent cher et la dépense s'élève d'autant plus qu'il y a un grand nombre de pièces immenses à meubler, et puis, autre inconvénient sérieux, il n'y a pas de calorifère dans cette maison; pour l'échauffer il faudrait brûler plusieurs stères de bois par jour, et le bois coûte très cher; tu verras comme j'entends l'économie.

Ce qu'il vit pour le moment, c'est que la maison ne lui plaisait point, et il n'insista pas, se contentant des raisons qu'elle lui donnait.

Ils revinrent à Paris très gaiement et en gardant de cette excursion le meilleur souvenir.

Qu'ils n'eussent point trouvé ce qu'ils voulaient, cela avait peu d'importance; ils chercheraient ailleurs, chacun de son côté ou ensemble. Il n'y avait pas une urgence immédiate, puisqu'en attendant ils pouvaient se voir soit rue Auber, soit rue Drouot. Il est vrai que l'appartement qu'elle occupait rue Drouot et qu'elle louait tout meublé était peu confortable; mais, pour quelques jours, elle espérait que son petit duc voudrait bien être indulgent.

Le lendemain, comme Roger arrivait rue Drouot, il remarqua qu'elle le recevait d'une façon embarrassée, comme si, ayant été surprise, elle avait quelque chose à lui cacher : devant un petit bureau, une chaise était à demi poussée, et sur le bureau lui-même se trouvait un buvard ouvert; l'encrier était débouché, la plume était pleine d'encre liquide; évidemment elle venait d'écrire, cela sautait aux yeux. Pourquoi s'en cachait-elle ?

Il ne le lui demanda point, mais il la regarda et alors elle détourna les yeux avec confusion, puis presque aussitôt elle revint à lui franchement.

— Tu ne veux pas me demander pourquoi je me cache de toi, dit-elle, eh bien, tu as tort, c'est trop d'indulgence; tu n'es pas de ceux qu'on peut tromper. J'ai suivi tes regards inquiets, ils ont vu la plume pleine d'encre et alors tu as compris que j'écrivais quand tu as sonné, que j'ai été surprise et que j'aurais voulu que tu ne susses point que j'écrivais. Cela est vrai, je l'avoue : oui, j'aurais voulu te cacher que j'écrivais; mais, puisque tu l'as vu, je dois te dire maintenant à qui j'écrivais et ce que j'écrivais, car je ne veux pas que le doute effleure ton esprit... même pendant une minute.

Disant cela, elle alla vivement au bureau et prit plusieurs feuilles de papier à lettre commencées :

— Tiens, dit-elle, lis : il y en a plusieurs, car ce que j'ai à dire est si difficile que je m'y suis reprise trois ou quatre fois.

Il voulut repousser les feuilles de papier :

— Lis.

« Je vous suis bien obligée, cher monsieur, pour votre
» invitation, mais je ne puis l'accepter; vous ne trou-
» verez pas mauvais... »

La lettre s'arrêtait sur ce mot.

— A qui cette lettre s'adresse ? continua-t-elle, à Poupardin. L'invitation que je refuse ? celle de visiter avec lui, demain, à trois heures, un appartement, boulevard Malesherbes, qu'il m'offre.

Un geste de colère échappa à Roger.

Vivement elle lui prit la main, qu'elle baisa.

— Pourquoi te fâcherais-tu, dit-elle, et contre qui? Contre moi? Je refuse; cette lettre et les autres qui ne sont que des brouillons le prouvent. Contre Poupardin? Il ne sait pas que je suis ta maîtresse.

Elle prit Roger dans ses bras et le serra passionnément.

Elle s'était si bien laissé entraîner par la lettre de Poupardin, qu'elle en avait oublié d'annoncer à Roger que la maison qu'ils cherchaient était peut-être trouvée.

C'était par son coiffeur qu'elle avait entendu parler de cette maison; il était en même temps le coiffeur de la maîtresse d'Adrien Sébert, le directeur du Théâtre-National, et par celle-ci il avait appris que Sébert voulait louer une maison qu'il venait de faire construire à Saint-Prix dans la forêt de Montmorency. Cette maison était une merveille de confortable et d'élégance; rien n'y manquait : serres, écuries, remises; Sébert avait fait des folies et maintenant il était obligé de louer cette maison qu'il avait construite et meublée pour lui et qu'il n'avait habitée que pendant quelques mois.

Ils partirent pour Saint-Prix.

En chemin de fer Raphaëlle insista sur les avantages qu'il y aurait à louer cette maison, — si elle leur convenait, bien entendu. Furieux d'avoir été repoussé, Poupardin allait chercher les raisons de son échec, pour lui assurément inexplicable, et il ne tarderait pas à découvrir la vérité, c'est-à-dire que son rival préféré et aimé était le duc de Naurouse. Alors que ne dirait-on pas! Que de cris, que de commentaires! Installés à Saint-Prix, ils échappaient aux recherches. Il fallait donc profiter de cette occasion, — si réellement c'en était une aussi bonne qu'on le disait.

C'était tout au haut du village, dans des terrains retranchés de la forêt, que s'élevait cette maison, et si Sébert n'en avait pas fait une merveille, au moins en avait-il fait une curiosité. C'était en effet une construction dans laquelle on rencontrait tous les styles : le roman, l'ogival, la renaissance, l'italien, l'anglo-saxon; le vestibule était mauresque, la salle à manger chinoise, le salon turc, l'escalier tournait dans une tour à mâchicoulis et à créneaux, dont les murs inférieurs étaient décorés d'armes et d'armures ébréchées, bosselées ou pourfendues par un long et glorieux service dans plusieurs drames moyen âge. Ces souvenirs de théâtre ne se montraient pas seulement dans l'intérieur de la maison; ils s'affirmaient d'une façon encore bien plus originale dans le jardin. Après avoir joué quelques drames, Sébert s'était exclusivement consacré à la féerie; il n'avait plus voulu que des trucs, des changements à vue, des apothéoses, de la lumière électrique; cela était devenu chez lui une passion, une manie qu'il avait portées dans tout, si violentes et si absorbantes qu'ayant à faire la décoration de son jardin, il avait dédaigné les arbres, les arbustes, les plantes et les fleurs. Les arbres, ceux de la forêt, il les avait rasés ; les arbustes et les fleurs, il ne les avait point plantés; mais, traçant trois allées qui partaient du perron de la maison comme les branches d'un éventail et allaient en s'écartant, il avait fait dresser à l'extrémité de ces trois allées, se détachant sur la verdure sombre de quelques sapins, des statues de femmes en carton-pierre, groupées et pyramidant de façon à former des apothéoses comme celles avec lesquelles il terminait les féeries de son théâtre.

Raphaëlle trouva tout charmant : le vestibule mauresque, la salle à manger chinoise, le salon turc, même les apothéoses qu'elle déclara « très originales ».

Il n'y avait donc plus qu'à passer le bail, ce qui fut fait le jour même en l'étude du notaire de Montlignon, où fut dressé un acte par lequel mademoiselle Françoise Hurpin, propriétaire, déclarait prendre à bail, de M. Adrien Sébert, directeur de théâtre, une propriété sise à Saint-Prix, et ce, pour une période de trois années, moyennant la somme de dix mille francs par an, payable un terme d'avance, ce qui avait eu lieu à l'instant même en billets de banque comptés et délivrés en présence du notaire soussigné, — dont quittance.

Elle eût voulu entrer immédiatement en possession de sa maison; mais il y avait une chose qui lui répugnait : c'était d'avoir dans leur chambre, — pour cette pièce seulement, un mobilier qui, à peu près neuf qu'il fût, avait déjà servi et, ce qui était plus grave encore, servi à des gens de théâtre, des comédiens, des comédiennes. Cette idée seule lui donnait des frissons de dégoût.

Il fut donc convenu que Roger ferait meubler cette pièce par son tapissier, — quelque chose de simple, très simple. Elle ne tenait pas au luxe, loin de là ; elle demandait seulement d'être la première à poser sa tête sur l'oreiller de son lit et d'être la première aussi à s'asseoir dans le fauteuil où elle rêverait au coin du feu ; plus tard, elle pourrait garder ces meubles, qui, pour elle, seraient des reliques d'amour.

Dès lors qu'il s'agissait de reliques, Roger ne pouvait pas prendre les premiers meubles venus. Il fallait choisir. Pour trente-cinq mille francs, son tapissier, qui était un homme de goût, lui meubla du jour au lendemain une chambre charmante, tout à fait simple : le meuble en bois d'Amboine, l'étoffe en satin havane uni ; puis, comme le cabinet de toilette n'était plus en harmonie avec la chambre, il le meubla aussi de façon à ce qu'il y eût accord entre les deux pièces, et il y eut accord aussi, bien entendu, entre les deux mémoires, celui de la chambre et celui du cabinet de toilette.

Quelle joie de sortir le lendemain matin dans la forêt, librement, la main dans la main, au milieu du silence, sans craindre les curieux !

Il verrait comme elle marchait bien : chaque jour ils feraient une longue promenade, et, les uns après les autres, ils parcourraient tous les chemins de la forêt.

La matinée était douce et les routes, séchées par un grand vent qui avait soufflé pendant les derniers jours, n'étaient point trop molles sous le pied ; d'ailleurs elles étaient presque partout recouvertes d'une épaisse couche de feuilles mortes, qui leur faisaient comme un tapis de couleur rousse.

Cependant Raphaëlle ne put pas aller aussi loin qu'elle se l'était promis, même en s'appuyant sur le bras de Roger.

Alors elle se dépita, se fâcha contre elle-même.

— Quelle mauvaise marcheuse elle faisait, elle qui, dans sa jeunesse, était infatigable ; alors elle avait l'habitude des longues courses, tandis qu'en Russie elle avait perdu cette habitude, ne sortant jamais à pied, mais toujours à cheval ou en voiture. Quel malheur d'être obligée de renoncer à ces promenades dont elle s'était à l'avance fait si grande joie !

Deux jours après, en passant le matin dans son cabinet de toilette pour s'habiller, elle trouva, étalée sur un divan, une robe en drap à longue jupe ; à côté étaient posés un petit chapeau rond en feutre et une cravache.

— Qu'est-ce que cela signifie? demanda-t-elle.

Au lieu de lui répondre il la prit par la main et l'emmena à la fenêtre dont il souleva le rideau.

En face de cette fenêtre, à une certaine distance, dans le jardin, se trouvaient les écuries : deux chevaux étaient tenus en main par un groom, l'un sellé d'une selle d'homme, l'autre d'une selle de femme.

Elle resta un moment hésitante, regardant les chevaux, regardant Roger.

— Puisque tu ne peux pas marcher, dit-il ; il nous faut des chevaux ; j'ai écrit à mon marchand qui t'envoie ceux-là ; j'ai demandé aussi une voiture pour les jours où nous ne pourrons pas sortir à cheval, mais elle n'est pas arrivée.

Elle lui jeta les bras autour du cou.

— Je devrais te gronder, dit-elle, car ce que tu fais là c'est de la folie ; mais je suis trop heureuse, je te gronderai plus tard.

Il y avait huit jours à peine qu'ils étaient installés dans leur maison, lorsqu'un matin, pendant qu'ils étaient à déjeuner, le jardinier demanda à leur parler : sa figure, lorsqu'il entra, trahissait une émotion violente :

— Eh bien ! qu'y a-t-il? demanda Raphaëlle, qui, seule, commandait dans la maison, sa maison.

Il y avait qu'on venait d'apposer sur un des piliers de la grille d'entrée une affiche annonçant la vente, après saisie, du mobilier garnissant la maison.

Ils pressèrent le jardinier de questions, mais ils n'en purent pas tirer grand'chose de précis : il savait bien que M. Sébert devait beaucoup ; il savait bien qu'un huissier était venu saisir avant l'arrivée de monsieur et de madame ; mais, pour le reste, il ne savait rien ou ne voulait rien dire.

Laissant là le déjeuner, ils firent atteler et coururent chez le notaire de Montlignon, qui expliqua la situation : Sébert avait promis de donner des acomptes à son créancier ; il ne l'avait pas fait ; la saisie allait avoir lieu ; puis ensuite viendrait la vente de la maison ; Sébert était perdu ; il avait lutté jusqu'au bout pour conserver cette maison qu'il aimait, qui l'avait ruiné ; maintenant, il fallait la vendre.

— Et mon bail? dit Raphaëlle.

— Vous aurez droit à une indemnité.

La belle affaire ! Ce qu'elle voulait, c'était la jouissance tranquille de la maison qu'elle avait louée.

— Le meilleur moyen pour obtenir cette tranquillité, dit le notaire, le seul, serait d'acheter la maison et le mobilier qui la garnit : le tout a coûté plus de quatre cent mille francs : mais, vu les circonstances, on l'aurait, je crois, pour cent cinquante mille : ce serait une bonne affaire.

En revenant, Raphaëlle pleura tout à fait, — non la maison elle-même, bien qu'elle lui tînt à cœur, mais son bonheur perdu, ses souvenirs, leurs amours ; ils avaient été si heureux là, le seraient-ils ailleurs?

Malgré le chagrin dans lequel il la voyait, Roger la quitta pour aller à Paris, et ce fut trois jours après seulement qu'elle eut l'explication de ce voyage par le notaire, qui vint lui faire signer l'acte d'acquisition de la maison, moyennant cent cinquante mille francs.

XXVII

Pendant plus de deux mois, Roger n'alla à Paris qu'une seule fois par semaine, le dimanche.

Bien avant que Raphaëlle ne fût levée, il quittait Saint-Prix et se rendait à Ermont, où il montait en chemin de fer. Arrivé à Paris, il commençait par passer chez lui, où Bernard lui remettait les lettres arrivées depuis huit jours; puis il gagnait la rive gauche, entrait à l'église Sainte-Clotilde et tâchait de se placer à une certaine distance des prie-Dieu occupés par Christine et la gouvernante de celle-ci, de façon à rencontrer les yeux de sa cousine lorsqu'elle les levait. Si cela lui était impossible, il s'arrangeait au moins pour se trouver sur le passage de Christine à la sortie; ils échangeaient un regard rapide, mais intense comme un éclair, et aussitôt il s'en revenait à Saint-Prix sans que Raphaëlle, une seule fois, lui demandât pourquoi il allait à Paris régulièrement tous les dimanches, à la même heure, ce dont il lui savait grand gré, car il eût été fort gêné pour répondre, ayant horreur de mentir, et, d'autre part, ne pouvant pas parler de sa cousine à sa maîtresse.

Si Raphaëlle ne s'inquiétait pas de savoir ce que Roger allait faire à Paris, à Paris on se demandait où était et ce que faisait le duc de Naurouse, qu'on ne voyait plus nulle part et qui avait disparu sans prévenir personne.

Il y avait à ce moment un journal qui affichait la prétention, pleinement justifiée d'ailleurs, d'être lu par le high-life parisien et dont le chroniqueur en vedette prenait plaisir à dire à son public les vérités les plus dures ; dans un de ses articles, ce chroniqueur, qui apprenait les bruits du monde par les échos de théâtres, s'occupa de la disparition du duc de Naurouse :

« Ils sont là quelques gentilshommes dont toute la gloire consiste à abattre huit au baccara ou à sauter la banquette irlandaise beaucoup plus témérairement, mais aussi beaucoup moins habilement qu'un jockey de profession. Dans ce monde, pour lequel je professe une admiration que je n'hésite pas à qualifier de phénoménale, il vient de se faire un vide qui m'inquiète : il paraît que nous allons manquer de gentilshommes. »

Après cet article, cette disparition était devenue un événement non seulement parisien, mais même provincial et universel ; le public est si bon enfant pour avaler tout ce qu'on lui montre avec un morceau de drap rouge dessus, qu'il y avait de braves gens de Tarbes comme de Douai qui se demandaient avec curiosité ce qu'était devenu ce gentilhomme qu'ils n'avaient jamais vu, mais qu'ils savaient parfaitement être le duc de Naurouse ; il y eut même des jeunes filles sentimentales autant qu'ambitieuses qui le pleurèrent, ayant depuis longtemps caressé leur rêve de se faire épouser par lui, — rêve longuement et amoureusement poursuivi le soir en croquant du sucre dans leur lit ou le matin en cirant les souliers du père et des frères.

Cette disparition eût pu se prolonger ainsi longtemps encore, peut-être même jusqu'à la saison où les Parisiens envahissent la campagne, si une lettre de Savine, que Roger trouva chez lui un dimanche, ne l'avait fait rentrer dans la vie parisienne.

« Mon cher Roger.

» Je me suis présenté chez vous aujourd'hui samedi.
» On me dit que vous viendrez sûrement à Paris de-
» main matin. Voulez-vous me faire l'amitié de passer
» chez moi; je vous attendrai toute la matinée. Je
» suis menacé d'un duel avec le duc d'Arcala et je
» veux vous demander d'être mon témoin. C'est un
» service que vous ne refuserez pas à

» Votre ami

» WLADIMIR. »

Le premier mouvement de Roger fut de se dire que Savine aurait bien pu s'adresser à un autre; mais le service qu'on lui demandait n'étant point de ceux qui se peuvent refuser, il se rendit chez le prince aussitôt la messe finie.

Il n'était pas ordinairement très expansif, le prince Savine, ni affable, raide, au contraire, gonflé, glorieux, important, toujours préoccupé de rappeler à ceux qui l'abordaient qui il était, ce qu'on lui devait, et leur disant par sa tenue, sa prestance, son port de tête haut et rengorgé, son sourire suffisant, son geste arrondi comme celui du comédien : « N'oubliez pas ma noblesse, ma fortune, ma générosité, mon esprit, ma bravoure, mes goûts artistiques; je suis le prince Savine. »

Mais, en apercevant Roger, son accueil fut tout différent. Plein d'élan, d'émotion, d'attendrissement, il accourut à lui les deux mains tendues.

— Oh! je savais bien qu'il n'y avait qu'à vous adresser un appel; vous êtes un homme de cœur, un homme d'honneur; vous êtes, de tous nos amis, celui pour qui je ressens le plus d'estime, le plus d'amitié.

— Que se passe-t-il donc ? demanda Roger, surpris par ces éloges si extraordinaires dans la bouche de Savine, qui habituellement et sous prétexte de franchise, s'appliquait à ne dire à ses amis que des choses désobligeantes.

— Une chose inouïe, scandaleuse : le duc d'Arcala me provoque...

— Le duc d'Arcala n'est-il pas le frère aîné d'Inigo de San-Estevan ?

— Précisément, et c'est à propos d'Inigo que vient cette provocation. Vous connaissez l'aventure d'Inigo ?

— Non.

— Vous ne lisez donc pas les journaux ?

— Non.

— Je comprends votre ignorance alors, car les journaux ont raconté l'aventure d'Inigo, et c'est cette indiscrétion qui est cause de tout ce qui arrive. Je vous demande un peu pourquoi y a-t-il des journaux ?

C'était la première fois que Savine se posait cette question, car, jusqu'à ce jour, tout en affectant en public un certain dédain pour les journalistes, qu'il accablait de compliments et de flagorneries en particulier, il avait trouvé que les journaux étaient très utiles les jours où ils s'occupaient de lui pour signaler ses offrandes aux souscriptions tapageuses (les seules auxquelles il donnât), pour parler de ses chevaux, pour annoncer les achats d'objets d'art qu'il faisait dans les ventes célèbres, pour chanter sur tous les tons sa générosité, son goût, son luxe, enfin pour entretenir le public de sa personnalité glorieuse et faire du bruit autour de son nom.

— Mais cette aventure ? demanda Roger.

— Je vais vous la conter. Asseyez-vous, car nous en avons pour longtemps, et je vous garde à déjeuner.

Cette invitation ne pouvait pas plaire à Roger, déjà en retard pour rentrer à Saint-Prix. Il voulut s'en défendre, mais Savine se récria :

— Comment, vous, mon ami, vous voulez m'abandonner dans une pareille circonstance ; vous ne me laisserez pas seul ; d'ailleurs j'ai besoin de vous.

Cette exclamation partit si spontanément, l'accent en fut si vibrant, que Roger éprouva un mouvement de confusion qui lui fit monter le rouge au visage.

Aurait-il peur ?

— Vous savez ce qu'on dit d'Inigo, commença Savine en faisant asseoir Roger en face de la cheminée et en se plaçant lui-même de façon à ne pas recevoir la chaleur en plein visage, vous savez ce qu'on raconte et les bruits qui courent le monde. Sont-ils ou ne sont-ils pas fondés ? ce n'est pas l'affaire ; ce qu'il y a de certain, c'est qu'ils existent et qu'en voyant cette figure imberbe, en écoutant cette voix de fausset, on est porté à les admettre. Ce qu'il y a de certain aussi, c'est qu'ils rendent les relations désagréables avec lui. On n'aime point à entendre dire : — « Tiens, on vous voit toujours avec Inigo ; » — et cela surtout quand on est poursuivi comme je l'étais par ce magot, qui, positivement, m'accablait de son amitié. Pour comprendre ce qui va se passer il faut que je vous dise que depuis longtemps je voulais me débarrasser de lui.

— Vous aviez peur qu'il vous fît un emprunt ?

— Un peu ; puis il m'ennuyait, il me gênait. Mais il n'est pas facile de se débarrasser de quelqu'un qui ne veut rien comprendre, alors surtout que ce quelqu'un est de votre monde, lié avec tous vos amis et que comme le comte San-Estevan, il appartient à une grande famille. Enfin j'avais toujours échoué avec lui. Les choses en étaient là lorsqu'il y a quinze jours nous nous trouvons réunis chez Saint-Austreberthe. On joue, et Inigo me gagne deux cents louis au baccara. J'avais remarqué que lorsqu'il perdait, il me donnait un billet de cent francs plié en quatre, lorsqu'il gagnait, il me présentait un billet de mille francs plié de la même manière pour que j'eusse à lui payer cinquante louis. Cela m'avait paru assez étonnant, mais sans exciter autrement mon attention et encore moins mes soupçons.

— Est-ce que?....

— Vous allez voir. Nous avions joué une partie de la nuit; au moment de nous retirer, le duc de Charmont me prend dans un coin et me demande si j'ai remarqué la façon de jouer d'Inigo. Je lui dis ce que j'ai vu. — Alors vous n'avez rien vu, me dit-il, Inigo est un habile escamoteur; il y a longtemps que je me défiais de lui; je l'ai surveillé; je l'ai vu opérer; sa méthode est très simple: elle consiste à substituer un billet de banque à l'autre, et comme il a les doigts longs, effilés, déliés, malgré les différences qui existent entre les billets, il pratique ce tour dans la perfection. — Tout d'abord je ne voulais pas croire; mais Charmont insista et me donna sa parole d'honneur qu'il était sûr de ce qu'il affirmait. Puis il me demanda si je ne trouvais pas que l'occasion était bonne pour nous débarrasser enfin de San-Estevan. Je répondis affirmativement. — Eh bien? Alors, laissez-moi faire, dit-il, je vais prévenir d'Espoudeilhan, Virrieux, Poupardin; nous partirons tous à pied, et, en chemin, nous procéderons à l'exécution. Je commencerai. Si lâche qu'il soit, et il l'est terriblement, il faudra bien qu'il se fâche. — Les choses s'arrangèrent comme

Charmont l'avait proposé: nous partîmes tous les quatre, emmenant Inigo, qui avait voulu monter en voiture. — Non, dit Charmont, nous aurons à vous parler. — Il était entre trois ou quatre heures du matin, c'est-à-dire que l'avenue des Champs-Élysées était entièrement déserte; pas une voiture, pas un passant, la nuit belle. Nous marchons quelques pas. — Qu'avez-vous donc à me dire? demanda Inigo, qui, bien certainement ne se doutait pas qu'il avait été vu trichant. De son air indifférent et nonchalant, Charmont se tourne vers lui et le regardant en face: — Vous êtes donc féminin jusqu'au bout des doigts? dit-il. — Là-dessus Inigo se trouble; cependant il tâche de se remettre: — Que signifie cela? dit-il, la tête haute. Ce mouvement m'exaspère. — Cela signifie que vous m'avez volé deux cents louis, dis-je, et que vous allez me les rendre.

Roger, qui avait écouté sans bouger, laissa échapper un geste de surprise.

— Oui, j'ai eu tort, continua Savine, mais la colère m'avait emporté. Inigo voulut protester. On vous a vu escamoter les billets, dis-je. — Et qui m'a vu? cria Inigo. — Moi, dit Charmont. Alors tout le monde tomba sur l'Espagnol, qui se défendit comme un diable, nous accusant de le calomnier. Ce fut un brouhaha de cris. Nous arrivâmes ainsi au rond-point, où d'Espoudeilhan devait nous quitter pour rentrer chez lui; avant qu'il partît je voulus régler devant lui la question de la restitution et je pris Inigo au collet en lui demandant mes deux cents louis. Il se défendit de plus belle, disant qu'il ne pouvait pas rendre un argent qu'il avait loyalement gagné; que le restituer c'était reconnaître qu'il l'avait volé, ce qui était impossible. Une fois encore l'exaspération m'entraîna: — Eh bien!

lui dis-je, je vous les donne, mais avec je vais vous donner une correction. — Je le saisis dans mes bras et, l'enlevant de terre, je le portai, malgré ses cris et ses efforts pour se débattre, jusqu'au bassin et le jetai dedans, tandis que Charmont, Poupardin, Virrieux et d'Espoudeilhan se tordaient de rire. Le tapage avait enfin attiré deux sergents de ville; tandis que l'un procédait au sauvetage de l'Espagnol, l'autre nous demandait nos noms. En les entendant, il voulut bien croire que ce qui venait de se passer était une simple plaisanterie, et, après avoir mis Inigo dans un fiacre qui regagnait son dépôt, nous rentrâmes chez nous. Le lendemain j'attendais la visite des témoins du comte de San-Estevan ; je n'en reçus point et personne ne revit l'Espagnol. Je croyais l'affaire finie et même oubliée, malgré le tapage des journaux, lorsque, hier, au club, un petit homme noir, chétif, vint à moi gravement et me dit : — Je suis le duc d'Arcala, le frère du comte San-Estevan ; je viens vous demander réparation de l'injure que vous avez faite à mon nom, — Là-dessus je lui répondis que l'injure s'adressait à son frère, et non à lui, que je n'avais pas l'honneur de le connaître, et que, si je devais une réparation, c'était à son frère, non à lui. — Mais en quelques mots brefs il persista dans son rôle de chef de famille : — J'arrive de Madrid exprès pour vous demander réparation et je ne quitterai point Paris que vous ne me l'ayez accordée. — Je ne vous dois rien, je ne vous accorderai rien. Il ne s'emporta pas, mais avec la même gravité il me tendit une carte : — Si demain vos témoins ne se sont pas entendus avec les miens, dont voici les noms, lundi ce sera vous, prince, qui aurez à me demander raison de l'injure que je vous ferai. » Les choses en restèrent là, et aussitôt je passai chez vous, où je vous écrivis le mot que vous avez trouvé. C'est à vous, mon ami, que je remets mon affaire, car, malgré votre jeunesse, j'ai en vous une confiance que personne ne m'inspire au même point : vous êtes calme, raisonnable; vous savez vous posséder; eux pousseraient tout de suite aux extrêmes, Sermizelles, parce qu'il est militaire, Montrévault, parce que tout doit être correct; Kappel est impossible par son rang, Poupardin par son nom; je n'ai confiance qu'en vous et qu'en Mautravers, et en vous plus qu'en lui; c'est pour cela que je vous ai appelé et que je n'ai parlé de l'affaire à personne avant de vous l'avoir soumise; après déjeuner nous irons prendre Mautravers et vous vous concerterez avec lui.

Ils passèrent dans la salle à manger.

Seul de tous les jeunes gens de son groupe, le prince Savine avait une maison montée, un hôtel rue François 1er dont il avait hérité et qu'il avait conservé, non comme un souvenir du parent qui le lui avait légué, mais parce que c'était une des demeures les plus somptueuses de Paris et que, par la décoration de ses appartements, copiée sur celle des grands appartements de Versailles, par le luxe de son ameublement, par la richesse de ses collections de tableaux, de statues, d'armes, d'objets d'art, par ses curiosités de toutes sortes, elle le servait puissamment dans son besoin de briller et de faire parler de lui, étant une enseigne, une réclame qui travaillait pour sa gloire sans qu'il eût rien à faire personnellement, ce qui lui plaisait fort.

De vaste dimension, avec un plafond à voussures et une frise en bois sculpté au-dessous, cette salle à manger était une des pièces les plus luxueusement décorées de l'hôtel; mais ce qui faisait son originalité et sa richesse, c'était la malachite, cette matière russe que le Savine qui avait fait construire l'hôtel avait eu le bon goût de prodiguer sans profusion, mais avec art : la cheminée monumentale était en malachite, les consoles, les dressoirs, les buffets, les candélabres étaient aussi en malachite ou avec appliques de malachite encadrées de bronze qui donnaient à toute la salle un ton d'un vert pâle tout à fait doux et gai aux yeux.

Deux couverts étaient mis sur une table carrée placée à l'une des extrémités de la salle, près des fenêtres, et non vis-à-vis de la cheminée dans laquelle brûlait un beau feu.

— J'espère que vous n'aurez pas froid? demanda Savine d'un ton qui voulait dire : « Vous savez que vous ne devez pas avoir froid. »

— Assurément non, répondit Roger, habitué à l'air de la campagne.

— Allons, tant mieux ; nous n'aurons pas besoin de faire rapprocher la table du feu, ce qui me serait contraire.

Roger ne fit pas tout d'abord attention à cette parole ; il s'était mis à table avec l'appétit d'un homme qui arrive de la campagne et qui s'est levé de bonne heure, et il mangeait sans distraction.

Cependant il remarqua bientôt que Savine mangeait peu et qu'il choisissait les mets dont il se servait après d'assez longues réflexions ; plusieurs fois même, avant de se décider, il consulta un petit carnet qu'il tira de sa poche.

A un certain moment on servit des côtelettes sur une purée, et Savine, qui était tout à son récit du bain d'Inigo qu'il recommençait, en prit une ; mais, prêt à la couper, il la regarda, et aussitôt il s'arrêta :

— Qu'est-ce cela? demanda-il au domestique.
— Côtelettes de chevreuil.
— Comment, du chevreuil!

Et, vivement, il atteignit son carnet, qu'il consulta de nouveau.

— Enlevez-moi cela, dit-il d'un ton dur, et une autre fois avant de me servir, tâchez de vous rappeler la note qui vous a été remise.

Roger le regarda tout surpris, puis, se mettant à rire:

— Que diable cherchez-vous donc dans ce livre? demanda-t-il.

— Ce que je dois ou ne dois pas manger.
— Vous êtes souffrant?
— Je veux me maintenir en bonne santé; la vie de Paris m'avait fatigué, je me suis mis au régime qui m'a été prescrit par Harly et dont je me trouve bien.

— C'est Harly qui vous défend le chevreuil?
— Le chevreuil et bien d'autres choses. Tenez, voulez-vous voir; cela peut vous être utile?

Il tendit son carnet à Roger: quatre pages d'un bristol souple et résistant étaient couvertes d'une écriture serrée, mais cependant parfaitement lisible; sur la première et en tête on lisait:

« Conseils médicaux pour S. Exc. M. le prince Wladimir Savine.

» Article Ier. Le prince devra manger lentement en mâchant avec soin ses aliments, qui se composeron surtout de viandes rôties, d'œufs, de légumes frais et de fruits. Les viandes que le prince doit préférer sont: le bœuf, le mouton, le veau, la volaille de basse-cour; excepté le canard et le pigeon; il ne mangera qu'exceptionnellement le blanc de la perdrix et de la caille. Les viandes dont il doit s'abstenir sont celles du faisan, du lièvre, du chevreuil, du sanglier, du porc. Il ne mangera ni charcuterie, ni anchois, ni olives, ni conserves, ni pâtisseries, ni fromages fermentés. Il peut prendre des glaces aux fruits, mais non aromatisées.

» Article 2. Le prince ne devra pas rester dans une salle où se trouveraient beaucoup de personnes. Il ne se mettra jamais en face d'un foyer. Après ses repas, il fera un peu d'exercice dans ses appartements : billard, visite aux objets d'art, etc. »

Roger sauta plusieurs articles et il arriva au 10e, ainsi conçu :

« Le prince se souviendra des conseils donnés verbalement à propos des émotions sensuelles. Il devra éviter l'exercice intellectuel prolongé. Il se défendra contre toute émotion, de quelque nature qu'elle soit. »

— Comment! s'écria Roger, vous vous conformez à cela?

— Mais certainement.

— A vingt-sept ans, fort et vigoureux comme vous l'êtes, assez pour porter un homme et le jeter dans un bassin?

— Je veux conserver cette vigueur.

— Au prix de toutes ces privations?

— Au prix de toutes les privations.

— Ne pas manger ceci ou cela, c'est très bien et de peu d'importance; mais les émotions! Vous dites à une femme : « Ne me dis pas cela, ne me regarde pas de cette manière, ne me... tu vas me donner une émotion. »

— Depuis que nous ne nous sommes vus, j'ai pris Balbine pour maîtresse, et elle a très bien compris ces prescriptions qui, en somme, sont pleines de sagesse.

— Eh bien! vous devez joliment vous amuser!

Roger se mit à rire franchement sans se contraindre. Puis, s'interrompant :

— Et les chagrins, c'est aussi une émotion. Vous êtes donc condamné à voir mourir ceux que vous aimez d'un œil sec et le cœur tranquille. Et les duels ? Je ne vois pas d'article sur le duel : je vois bien que, quand vous montez à cheval, vous ne devez pas aller contre le vent ; mais aller sur le pré est encore plus malsain et plus périlleux, il me semble. Il n'y a pas d'article qui vous interdise le duel ; c'est là une source d'émotions cependant.

— Vous plaisantez.

— Ah ! certes non. Moins que personne j'ai le droit de plaisanter à ce sujet. Je vous jure que, quand j'ai eu l'année dernière le malheur de tuer ce pauvre Renout, j'ai éprouvé une terrible émotion. Quand j'ai senti mon épée s'enfoncer dans la chair et qu'en la retirant j'ai vu une tache rouge sur la chemise, j'ai ressenti un coup au cœur comme si l'épée de mon adversaire m'avait frappé là.

Et Roger s'arrêta, frissonnant à ce souvenir lugubre que le hasard avait évoqué.

Pour Savine, il se montra peu sensible à l'émotion qu'on pouvait éprouver à la vue d'un adversaire frappé ou tué, et il fit remarquer que sans pousser les choses à l'extrême, on pouvait être justement troublé en se voyant menacé d'un duel, ce qui était son cas.

— Non seulement troublé, s'écria-t-il, mais exaspéré. Assurément, je ne suis pas sensible à la peur et vous me connaissez assez, mon cher Roger, pour ne pas douter de mon courage si je vous avoue franchement que ce duel me tourmente fort. Ce n'est pas de gaieté de cœur qu'un homme dans ma position expose sa vie. Que cet Espagnol, un crève-la-faim, tout duc qu'il est, fasse le sacrifice de sa peau, ça se comprend. Mais moi. Je vous le demande, est-ce que les risques sont égaux ? Qu'a-t-il à perdre, lui ?

Il leva un œil attendri, presque larmoyant, sur les dressoirs chargés d'une merveilleuse argenterie.

— Il a quarante-cinq ans au moins, j'en ai vingt-sept ; il est petit, chétif, moi je suis solide ; c'est un avorton, je suis un homme.

Il s'en fallut de peu qu'il dît : « Je suis un bel homme ; mais la façon dont il promena ses yeux sur toute sa personne fut plus éloquente que ne l'aurait été cet adjectif.

Il reprit en s'animant de plus en plus :

— Je soutiens que dans ces conditions le duel est une iniquité, une monstruosité. Si le duc d'Arcala était dans ma situation, il n'aurait pas l'idée de venir me provoquer ; il penserait à ce qu'il risque. Belle affaire de montrer de la témérité quand on n'a rien ; si tous ces fumeurs de cigarettes économiques ne crevaient pas la faim, soyez sûr qu'ils ne feraient pas sonner si haut leur honneur à propos de tout. Moi aussi, je tiens à l'honneur ; mais je ne tiens pas qu'à l'honneur en ce monde. Aussi, mon cher Roger, mon bon Roger, je compte sur vous pour mener cette affaire avec dignité, mais aussi avec sagesse, avec prudence. Je ne refuse pas de me battre, non, certainement je ne refuse pas... seulement, je ne consentirai à me battre que si ce duel ne peut pas être évité. Je n'ai rien fait, rien dit au duc d'Arcala ; je ne lui dois rien : cela est bien simple, et juste. Si je lui devais quelque chose, je serais prêt à payer ; mais que je paye sans devoir, ce serait bête. C'est en ces termes que je vous remets mon affaire, mon bon Roger, plein de confiance en vous. On est fort pour parler, pour faire entendre la voix de la raison quand on a eu le malheur de tuer son adversaire. C'est cette voix que je vous demande d'élever. Ah! si j'avais eu cette chance!

Roger ne releva point cette étrange contradiction qui transformait en chance pour Savine ce qui avait été malheur pour lui.

— L'occasion se présente, dit-il.

— Et soyez certain que je ne la laisserai point perdre si elle m'est favorable. Que la poitrine du duc d'Arcala se trouve devant mon épée, et je la crèverai, je vous le jure, de belle façon. Au moins, ce serait fini à jamais ; je pourrai ne plus me battre, jamais, jamais.

Ce fut avec une violence sauvage qu'il jeta ces quelques mots: ses lèvres frémissantes et relevées montraient ses dents pointues, ses yeux s'étaient injectés de sang.

Il se remit assez rapidement cependant.

— Mais c'est là une extrémité à laquelle il faut tâcher de ne pas arriver, dit-il, et c'est sur vous que je compte pour cela, mon ami... Vous modérerez Mautravers s'il se laissait entraîner. Je n'ai pas en lui la confiance que j'ai en vous. Rien que pour la gloriole d'être témoin dans un beau duel, — car un combat entre le duc d'Arcala et le prince Savine ne peut être qu'un duel fameux, — il serait homme à pousser à une rencontre alors même qu'on pourrait l'éviter ; tandis que vous, mon ami, vous n'êtes point de ce caractère. Je suis sûr que toutes les concessions possibles, vous les accorderez... avec fermeté.

Roger avait cru que, le déjeuner terminé, ils se rendraient chez Mautravers ; mais il n'en fut rien.

— Si vous voulez, dit Savine en se levant de table, nous allons nous promener dans les galeries ; il n'y a rien de meilleur pour la digestion que de tourner autour de quelques statues ; on s'assied, on se relève, on marche, on cause, c'est un très bon exercice.

— Et Mautravers ?

— Je lui ai fait demander de vouloir bien se trouver au club entre deux et trois heures ; nous avons encore du temps devant nous.

Et, marchant lentement, à petits pas, tout en fumant leur cigare à travers les salons, les galeries, la bibliothèque, ils tournèrent, selon l'expression de Savine, autour des statues, des panoplies, des vitrines ; ils passèrent devant les tableaux, les estampes de cette collection célèbre dans le monde entier et que tant d'amateurs, d'artistes, de critiques, de gens de goût, eussent été heureux d'admirer religieusement si on avait bien voulu leur faire la grâce de leur ouvrir les portes de cet hôtel soigneusement fermées, — grâce qui ne s'accordait qu'exceptionnellement, parce que les visites dérangeaient les exercices hygiéniques du propriétaire et aussi parce que plus ces visites étaient rares, plus elles étaient précieuses et, par là, plus elles servaient la gloire du prince.

Ce dont Savine parlait le plus volontiers, en tournant autour de ses statues ou en passant devant ses tableaux, c'était du prix qu'ils avaient coûté ; sur ce point, ses souvenirs étaient d'une précision vraiment extraordinaire, et il n'y avait pas un bronze, pas un émail, pas un vase de sa collection dont il ne sût exactement le prix.

— Quel excellent marchand vous auriez fait, dit Roger.

— N'est-ce pas ? répliqua Savine, qui voulut bien prendre cette parole pour un compliment et s'en montra satisfait.

De temps en temps Savine s'arrêtait devant une œuvre de grande valeur et, poussant un soupir :

— Vous croyez, disait-il, qu'on peut s'habituer à l'idée de laisser cela à des héritiers ? Non, mon cher, non, décidément ce duc d'Arcala est un coquin comme son frère : l'un m'a volé mon argent, l'autre veut me voler ma vie.

Ils trouvèrent Mautravers qui les attendait au club ; au courant de ce qui s'était passé la veille entre le duc d'Arcala et Savine, il savait pourquoi celui-ci lui avait donné rendez-vous.

Il n'y avait plus qu'à se mettre en rapport avec les témoins du duc d'Arcala.

Mais pendant cette conférence Savine ne voulut pas rester au club.

— Vous me retrouverez chez Balbine, dit-il, seulement vous aurez soin de ne parler de rien devant elle ; il n'y a pas besoin de l'inquiéter, la pauvre fille.

— Voilà un garçon, dit Mautravers à Roger lorsque Savine les eut quittés, qui nous fera quelque farce sur le terrain ; il se meurt de peur, à ce point qu'il n'ose pas rester seul.

— Il n'y a qu'à ne pas aller sur le terrain.

— Oui, mais cela sera-t-il possible : on m'a dit que ce duc d'Arcala était un homme plein de résolution, et ce qu'il y a d'admirable, c'est qu'il n'a jamais tenu un fleuret, m'a assuré l'attaché militaire à l'ambassade, qui le connaît parfaitement : c'est un homme sombre, chagrin, qui vit renfermé dans une sorte de tour, où il passe sa vie couché sur des coussins et fumant.

— Pourquoi n'avez-vous pas dit cela à Savine ? Vous l'auriez rassuré, s'il a peur comme vous le pensez.

— Je vous dis qu'il en meurt ; mais s'il avait su que le duc d'Arcala n'a jamais tenu un fleuret en main il aurait exigé de lui des excuses et nous aurait imposé une mission impossible : d'ailleurs je me réserve cela pour le moment où je le verrai tout à fait abattu, ce qui ne peut manquer d'arriver, ça le relèvera. Mais vous, parlons donc un peu de vous, cher ami, vous voilà retrouvé.

Roger répliqua sèchement qu'il n'avait point été perdu, et Mautravers dut s'arrêter dans ses questions, ce qu'il fit d'ailleurs très facilement, en homme qui ne tient pas à apprendre ce qu'il demande, soit parce que cela n'a pas d'intérêt pour lui, soit parce qu'il sait à l'avance ce qu'on peut lui dire.

Les témoins du duc d'Arcala n'avaient été chargés par leur ami que de traiter deux points avec les témoins du prince Savine : l'arme, le lieu. Pour tout le reste ils refusèrent d'entrer en explication : il n'y avait point de concessions à discuter ; le duc n'accepterait même pas des excuses publiques.

Pour l'arme il ne se présenta point de difficulté : l'épée fut choisie d'un commun accord.

Mais pour le lieu, Naurouse et Mautravers durent en référer à Savine. Quant au duc d'Arcala, il déclarait à l'avance qu'il n'avait point de préférence pour tel ou tel endroit et que le moins éloigné serait pour lui le meilleur.

Dans l'état d'agitation nerveuse où il se trouvait, Savine n'avait pas su se contenir, et Balbine, qui avait vaguement entendu parler du duc d'Arcala, lui avait arraché l'aveu du duel dont il était menacé.

Alors il avait eu à supporter une scène déchirante qui l'avait profondément troublé ; car si Balbine était une actrice détestable au théâtre, elle était chez elle une comédienne de grand talent, surtout pour le pathétique.

Au bout d'un quart d'heure ils pleuraient dans les bras l'un de l'autre.

Puis, après ce moment de faiblesse donné à la nature humaine, elle l'avait, par des paroles sages autant que viriles, relevé.

Que deviendrait-elle si elle le perdait? Il fallait penser à l'avenir. Il fallait faire œuvre de reconnaissance et de tendresse. Il fallait qu'il la mît généreusement en situation de pouvoir le pleurer, retirée du monde, n'ayant plus d'autre soin en cette vie que d'aller prier sur son tombeau, qu'elle entretiendrait de fleurs, pieusement, jusqu'au jour où elle le rejoindrait, ce qui, bien certainement, ne tarderait pas longtemps.

Et, dans un élan de générosité succédant brusquement à un accès de défaillance, il avait fini par écrire quatre ou cinq lignes de testament qui léguaient à mademoiselle Balbine Motu une somme de douze cent mille francs.

Balbine venait de serrer ce testament lorsque Roger et Mautravers arrivèrent.

— N'est-ce pas, s'écria Balbine en courant à eux, qu'il ne se battra pas? Vous ne le laisserez pas se battre. Un duel, cela s'arrange. Parlez, mais parlez donc? vous voyez bien que vous me faites mourir d'angoisse.

En voyant que Savine avait parlé, ils racontèrent ce qui s'était passé, n'ayant point à garder une discrétion qu'il n'avait point eue.

Savine fut atterré; évidemment il avait cru que Roger arrangerait l'affaire. Comment? Il ne l'avait pas imaginé, s'en tenant à une espérance vague, se disant qu'en sa faveur devaient s'accomplir des miracles.

Lorsqu'il revint à lui, son premier mouvement fut la colère, la fureur contre celui qu'il accusait d'avoir trompé son espérance :

— Vous n'avez donc pas, s'écria-t-il, représenté aux...

Mautravers lui coupa nettement la parole :

— Nous n'avons eu rien à représenter, dit-il d e sa voix brève et avec son geste cassant, nous avons eu à écouter.

De nouveau il expliqua que les témoins du duc d'Arcala n'avaient admis la discussion que pour l'arme et le lieu ; c'était donc pour décider ce lieu, le jour et l'heure, qu'ils revenaient à lui.

— Le plus près possible de Paris, dit Savine, ramené au sujet et forcé de répondre. D'Aulot m'a autrefois proposé les tirés de Saint-Germain si j'avais jamais un duel ; je vais m'entendre avec lui : nous choisirons l'endroit le plus rapproché de la ville, parce que le transport est toujours douloureux, souvent dangereux pour un blessé.

— Tu le tueras ! s'écria Balbine.

— Quand ? demanda Mautravers. Demain, n'est-ce pas ?

— Non, pas demain, s'écria vivement Savine.

— Le mieux est d'en finir au plus vite, dit Mautravers impatienté.

En finir, le mot était cruel pour Savine.

Roger et Mautravers l'abandonnèrent aux consolations de Balbine — très inquiets pour la journée du mardi.

On s'était mis d'accord pour prendre le train de 8 heures 35 minutes du matin. A huit heures, le duc de Naurouse, qui avait été passer la journée et la nuit du lundi à Saint-Prix, arriva à la gare Saint Lazare.

Dans la salle des Pas-Perdus, il ne trouva ni Savine, ni Mautravers, ni les témoins du duc d'Arcala ; mais il reconnut le duc lui-même, bien que ne l'ayant jamais vu jusqu'à ce jour, qui allait d'un bout à l'autre de la salle, lentement, à pas comptés, boutonné dans un pardessus. C'était bien le petit homme noir et chétif dont Savine avait parlé ; mais, en s'en tenant là, le portrait tracé n'était ni exact ni complet, l'essentiel était oublié : deux yeux ardents, brûlants, qui lançaient des flammes et qui révélaient une énergie d'une intensité extraordinaire. Si le corps était faible, le caractère assurément était puissant. Ce que Savine avait oublié aussi, c'étaient les manières, le port de tête, la démarche, le regard, les plus nobles que jamais Roger eût vus, avec cela de remarquable qu'ils étaient pleins d'aisance et de naturel.

Successivement arrivèrent les témoins du duc, Savine et Mautravers ensemble ; puis Harly, accompagné d'un personnage de haute taille qui, en tout, avait l'air d'un médecin, et à qui, Harly témoignait une respectueuse déférence.

En apercevant le duc de Naurouse, Harly vint à lui vivement, les mains tendues.

— Vous voilà ; que je suis heureux de vous revoir enfin.

Tout en montant à la salle d'attente, ils échangèrent quelques paroles affectueuses, mais sans que Harly se permît la plus légère question ni rien qui ressemblât à une insinuation curieuse.

Ce fut au contraire Roger qui le questionna intrigué de voir le personnage qui avait l'air d'un médecin causant librement, presque joyeusement, avec Mautravers.

Harly ralentit le pas, et lorsqu'ils furent assez éloignés pour qu'on ne pût pas les entendre, il répondit :

— Carbonneau, le grand chirurgien ; le prince a voulu à toutes forces que je l'amène. Carbonneau ne voulait pas ; ça été toute une affaire.

— Avez-vous vu Savine ce matin ?

Sans répondre, Harly regarda Roger.

— Il me fait peur, dit celui-ci.

Alors Harly se décida :

— Moi aussi.

— Il faudrait le distraire, l'empêcher de penser.

— Appliquons-nous à cela dans le wagon.

Ils s'y appliquèrent en effet, s'aidant réciproquement ; mais malgré leurs efforts pour empêcher le prince de s'absorber dans ses réflexions, il y avait des moments où il restait immobile, affaissé, les bras ballants, les yeux sans regard, la face blême, comme s'il était frappé de paralysie.

Dans d'autres, au contraire, il se mettait à parler fièvreusement, le plus souvent interrogeant Carbonneau et Harly.

Ce fut ainsi qu'il leur demanda si, quand on se battait, on ne devait pas toujours être à jeun ; il avait entendu dire que, quand l'estomac était plein et qu'il recevait une blessure, les aliments pouvaient s'épancher et amener la mort d'une manière sûre et rapide. Cela était effrayant. Était-ce vrai ?

On arriva à Saint-Germain : des voitures commandées à l'avance les attendaient devant la porte de la gare, et un brigadier des gardes se tenait là pour se mettre aux ordres du prince Savine et le conduire à l'endroit choisi.

On partit : le duc d'Arcala et ses témoins dans une

voiture, les médecins dans une autre, Savine avec Roger et Mautravers dans la troisième, sur le siège de laquelle monta le brigadier. Ce fut celle-là qui prit les devants par la route de Poissy, et, pour regarder ce défilé, les passants se rangèrent le long des maisons, échangeant leurs observations et se disant que, si ces gens qui s'allaient battre avaient pour les conduire un garde qui, au contraire, aurait dû les arrêter, il fallait qu'ils fussent de puissants personnages. Qui? La ville fut en émoi.

La matinée était douce, et de chaque côté de la route qu'ils suivaient, sous les hauts arbres, dans les branches des taillis que çà et là verdissait une tige volubile de chèvrefeuille, on entendait les oiseaux chanter; de place en place, dans l'herbe tendre des fossés et sur les talus veloutés, éclatait une petite fleur jaune de primevère.

Mais Savine n'avait point d'oreilles pour le chant des oiseaux, pas plus qu'il n'avait d'yeux pour les fleurs du chemin ou de narines pour les odeurs printanières de la forêt; se penchant de côté, il regardait devant la voiture, au loin, ou bien, baissant la tête, il paraissait étudier la route elle-même.

— C'est bien loin, dit-il à mi-voix, et la route est pavée.

Après ce qu'il avait dit lorsqu'il avait été question de choisir le lieu de la rencontre, ces paroles n'avaient pas besoin d'être expliquées; elles trahissaient la pensée qu'il suivait : « Si je suis blessé, il y aura bien de la route à faire, et le pavé sera bien dur. »

Les voitures abandonnèrent la grand'route et prirent un chemin à travers bois, dont l'un des côtés était bordé d'une palissade enclosant une réserve; à une courte distance elles s'arrêtèrent devant une barrière que le garde, sautant à terre, ouvrit avec une clef. Sans un mot, le képi à la main, il fit passer les huit personnes qu'il avait amenées ; puis, ayant refermé la barrière, il s'adossa contre, restant là pour attendre, mais ne devant pas regarder ce qui allait se passer.

Une large allée partait de cette barrière s'enfonçant droit sous bois : ils la prirent et la suivirent pendant quelques instants.

— N'allons pas loin, dit Savine, qui regarda derrière lui pour mesurer la distance parcourue.

Mais Mautravers et Roger voulurent une place plus nette, et ce fut seulement quand ils arrivèrent à un terrain résistant, uni, sans pierres et sans herbes, qu'ils arrêtèrent.

Le duc d'Arcala et ses témoins, qui les suivaient de près, les rejoignirent.

Alors Roger, qui n'avait presque pas quitté Savine des yeux et qui avait vu sa pâleur augmenter en même temps qu'il ouvrait et fermait fréquemment la bouche, voulut faire une dernière tentative de conciliation, et il s'avança vers le duc d'Arcala.

Mais aux premiers mots celui-ci l'arrêta :

— Je ne suis pas venu de Madrid chercher des excuses à Paris, mais une réparation.

Bientôt les deux adversaires furent en face l'un de l'autre, l'épée à la main.

Pour qui connaissait l'escrime, il était évident que ce qu'on avait dit du duc d'Arcala était vrai : jamais il n'avait tenu une épée, et cependant son attitude était pleine d'assurance et de résolution. Quel contraste ne faisait-elle pas avec celle du prince Savine. Le petit homme chétif était superbe, le bel homme pitoyable.

Les épées avaient été engagées.

En dehors de toute règle, le duc d'Arcala avait fondu sur son adversaire, et celui-ci, déconcerté par cette manière insolite, troublé par le regard que le duc attachait sur lui, paralysé par son émotion, avait rompu pour prendre le temps de se remettre et de tâter le fer du duc. Mais il n'eut pas ce temps : une nouvelle attaque eut lieu, et il ne put, par une prompte riposte, que faire dévier l'épée du duc, qui lui passa au-dessus de l'épaule.

— Je suis blessé... je suis blessé... je suis blessé.

Cet exclamation, trois fois répétée, ne l'avait pas été de la même manière ni sur le même ton : la première, jetée tout bas d'une voix rauque, était un cri de terreur ; la deuxième, une parole de raisonnement ; la troisième un cri de joie qui voulait dire clairement : « Ma blessure, qui n'est pas bien grave, l'est assez cependant pour que nous en restions là. »

Le duc d'Arcala avait abaissé son épée, tandis que les médecins s'empressaient autour de Savine.

L'épaule, mise à nu, montra une légère éraflure qui avait à peine écorché la peau.

— Ce n'est rien, dit Carbonneau.

Mais Harly ne fut pas de cet avis et se permit de contredire son illustre maître.

Une discussion s'engagea : il fut question de clavicule, de sous-scapulaire, d'acromion, de petit rond, de grand rond, de triceps, de tubérosités de l'humérus, d'apophyse coracoïde, de veine céphalique, et Carbonneau, qui avait commencé par répéter plusieurs fois : « Ce n'est rien, ce n'est rien, » finit par dire que la gêne des mouvements était possible... à la rigueur.

— Messieurs, dit vivement Harly, le duel ne peut pas continuer.

Et tout de suite il procéda au pansement.

Pendant ce temps, le duc d'Arcala se rhabilla ; puis, après avoir salué les médecins ainsi que Mautravers et Roger, il passa, suivi de ses témoins, devant Savine en le regardant avec l'expression d'un suprême dédain.

Savine n'eut pas besoin qu'on le portât à sa voiture, il put marcher lentement, le bras en écharpe ; mais, en montant sur le marchepied, il laissa échapper un léger cri étouffé ; sa blessure le faisait souffrir.

Cependant il ne voulut pas rentrer à Paris tout de suite, et tandis que Carbonneau reprenait le train, il emmena Harly et ses témoins au *Pavillon d'Henri IV* ; il essaya, il est vrai de retenir Carbonneau, mais celui-ci ne voulut pas rester :

— Vous avez le docteur Harly, dit-il, il vous suffira amplement.

Jamais blessé ne fut plus gai, jamais déjeuner ne fut plus largement, plus dispendieusement ordonné, ce qui était rare quand Savine commandait.

Tout d'abord il voulut manger à peine, à cause de sa blessure ; mais, peu à peu, il se laissa aller, trouvant sans doute que c'était niaiserie de laisser ses amis manger ce qu'il payait.

Puis, enhardi par le vin, il expliqua comment il avait pu se laisser blesser par cet avorton :

— Voilà ce que c'est que d'écouter la pitié : je voulais choisir une bonne place pour lui donner un joli coup d'épée, et c'est moi qui en ai reçu un vilain ; c'est une leçon.

En arrivant à Paris, dans la gare, ils trouvèrent Balbine qui attendait là depuis quatre heures ; en les apercevant, elle poussa un cri.

— C'est mon bras, dit Savine, qui portait son bras comme s'il eût été fracassé, la pauvre fille !

Et pendant qu'il allait à elle vivement, Roger fit remarquer à Mautravers que pour une simple blessure Balbine se montrait bien profondément désolée :

— Son testament qu'elle pleure.

Savine voulut que ses témoins et Harly le reconduisissent jusque chez lui : il souffrait, il se plaignait, il gémissait.

Il voulut aussi que Harly lui fît un nouveau pansement et lui promît de venir le voir trois fois par jour.

— Demain, vous me direz si je puis recevoir.

— Vous pouvez recevoir aujourd'hui.

— Oh! non, demain ou après-demain.

Il pria Harly de faire disposer un registre pour que les visiteurs puissent s'inscrire.

XXVIII

Mautravers, chargé de faire publier une note dans les journaux, n'était point resté à l'hôtel de la rue François I*er*; mais Savine avait tenu à garder Roger pour gémir devant lui pendant le pansement.

Il fallait qu'on crût à sa blessure, et comprenant que la joie qu'il avait manifestée au *Pavillon d'Henri IV* était maladroite, il tenait à l'expliquer en atténuant le mauvais effet, qu'elle avait pu, qu'elle avait dû produire.

— Sur le premier moment, disait-il, je n'ai pas été sensible à la douleur; mais maintenant l'épaule me fait cruellement souffrir. Je crois bien qu'un autre, à ma place, pousserait des cris.

Enfin, quand il crut avoir assez fait pour convaincre

Harly aussi bien que le duc de Naurouse de la réalité aussi bien que de la gravité de sa blessure, il déclara qu'il avait grand besoin de repos et ils purent le quitter ; tout était à point pour la comédie qu'il allait jouer et qu'il se jouait pour lui-même : le pansement qui cachait la blessure, le bras en écharpe, les tasses à tisane en belle place apparente, le registre dans le vestibule.

Lorsque Roger et Harly furent sortis, ils marchèrent assez longtemps côte à côte sans parler. Que dire de Savine? Cela les eût entraînés trop loin : il était l'ami de l'un, le client de l'autre. Avant le duel ils avaient pu se communiquer leurs craintes; après il n'était pas séant d'échanger leurs impressions pas plus que les réflexions qui en découlaient.

— Où allez-vous? demanda Roger.
— Chez moi. Et vous?
— De ce côté.

Ils n'en dirent pas davantage et, pendant quelques instants il marchèrent silencieux, regardant machinalement sans les voir les promeneurs qui, par cette belle après-midi printanière, remontaient l'avenue des Champs-Élysées tout ensoleillée, où les voitures passaient dans les nuages de poussière.

Ils allaient sur le trottoir, bras dessus, bras dessous, remontant le courant des promeneurs qui se dirigeaient vers l'Arc-de-Triomphe et le Bois, et sur le passage il y avait des gens qui se retournaient, tandis que dans certaines voitures tapageuses des têtes de femmes aux cheveux ébouriffés curieusement se penchaient en avant.

— Vous faites sensation, dit Harly, c'est votre rentrée; on vous reconnaît et l'on se demande si vous revenez à Paris pour de bon.

Le sujet que tout d'abord ils avaient voulu éviter étant abordé, Roger ne crut pas pouvoir l'esquiver plus longtemps : il eût cru faire injure à Harly.

— A ceux qui m'adresseraient cette question, je ne saurais trop que répondre, si ce n'est que cela ne dépend pas de moi... au moins entièrement.

Et en peu de mots il dit que depuis qu'il avait quitté Paris il s'était retiré à Saint-Prix avec une femme.

— Il me semble qu'à Saint-Prix on n'est pas très bien caché.

— Mais nous ne nous cachons nullement.

— Pardon, je m'imaginais que c'était une femme qui tenait à se cacher.

Dans les termes où il était avec Harly, Roger se trouvait assez gêné du silence qu'il avait gardé à son égard; il lui semblait qu'il y avait là comme un manque de confiance dont le médecin pouvait se blesser justement; il crut donc à propos de profiter de l'occasion qui s'offrait pour se débarrasser de ce sujet pénible.

— Il s'agit d'une femme dont je vous ai parlé, dit-il, et avec laquelle j'ai voulu vous faire dîner quand elle arrivait de Russie.

— Raphaëlle ?

Ils étaient arrivés à la place de la Concorde : ils la traversèrent en se dirigeant vers la grille des Tuileries sans échanger une seule parole; mais en entrant dans le jardin Harly prit sous son bras le bras de Roger.

— Voilà une nouvelle existence qui ne ressemble guère à celle dont nous avions parlé, dit-il, et que je voulais pour vous.

— Que je voulais moi-même, mais dont j'ai été détourné malgré moi ; si vous voulez que je vous dise comment, vous verrez qui doit porter la responsabilité de ce changement. En même temps vous verrez aussi pourquoi j'ai renoncé aux leçons du brave garçon que vous m'aviez envoyé.

Il raconta sa présentation à l'empereur, l'accueil que lui avait fait le ministre, puis enfin les exigences de celui-ci en ce qui touchait le diplôme de bachelier.

— C'était l'écroulement de mes espérances, et il n'était que trop facile de voir d'où venait le coup qui me frappait. Une femme me tendait la main dans ce naufrage, je l'ai prise, je me suis cramponné à elle. Près d'elle j'ai trouvé un refuge. Je l'aime, elle m'aime et fait tout pour me rendre heureux. Vous comprenez, n'est-ce pas, que j'ai besoin d'oublier, de ne pas penser à certaines choses ou à certaines personnes et que je dois être reconnaissant envers celle qui m'entraîne et... m'étourdit ?

Pendant quelques instants ils marchèrent côte à côte, dans l'allée déserte où ils s'étaient engagés, sans que Harly répondît, réfléchissant à la façon dont il devait profiter de cette ouverture et cherchant des ménagements qui ne pussent pas trop blesser ni le duc ni celle qui était sa maîtresse ; enfin il se décida :

— C'est un travers assez commun de trouver que nos amis ne sont pas aimés comme ils devraient l'être ou bien qu'ils aiment des femmes indignes d'eux. Je n'aurai point ce travers pour toutes sortes de raisons dont la principale est que je ne connais pas votre maîtresse. Cependant vous me permettrez bien de vous demander si le genre de vie que vous avez adopté convient à un duc de Naurouse.

— Si je n'ai pas d'avenir ; laissez-moi avoir au moins un présent.

— Je ne puis pas vous laisser dire que vous n'avez pas d'avenir ; vous en auriez un si vous vouliez.

— N'ai-je pas voulu ?

— Un échec est-il donc capable de vous abattre et de vous décourager ? Je ne l'aurais pas cru. Je ne sais si le rôle que vous attribuez à votre grand-père a été ce que vous imaginez...

— Soyez-en certain.

— Eh bien ! si cela est, ne sentez-vous pas que ce genre de vie est la réalisation de ses espérances ? Comment vous résignez-vous à lui donner cette joie ?

— Que voulez-vous donc que je fasse ?

— Que vous luttiez. Cela est-il si difficile ? Il me semble que non. Et ne pensez pas que je veuille vous demander de quitter votre maîtresse ; je ne suis pas de ces moralistes sévères. Vous me dites qu'elle vous rend heureux, qu'elle vous donne un présent ; pour cela elle est à l'abri de mes attaques et pour cela aussi elle mérite de vous être chère... quelle qu'elle soit. Je vous demande tout simplement de renoncer à cette vie à deux à la campagne. Revenez à Paris l'un et l'autre : elle chez elle, vous chez vous. A Paris vous échappez aux propos du monde, à ses railleries ; si l'on s'occupe de votre maîtresse, on ne s'en occupera pas plus que de celles des jeunes gens qui sont dans votre position. Enfin à Paris, — c'est là que je veux en venir, — à Paris vous pouvez reprendre le travail avec ce bon Crozat, et dans quelques mois vous obtenez le diplôme qu'on vous demande et que vous allez porter au ministre. Croyez-vous que ce ne serait pas une cruelle déception pour votre grand-père, et pour vous un beau triomphe ?

Harly jugea qu'il en avait assez dit ; plus d'une fois, pendant qu'il parlait, il avait vu l'effet que produisaient ses paroles : le mécontentement, la colère, l'embarras, la confusion.

Il n'eût pas été habile d'appuyer davantage et mieux valait en rester là pour le moment, en laissant à la réflexion le temps d'agir.

XXIX

La modération des paroles d'Harly fit leur force.

Il arriva à Saint-Prix décidé à aborder avec Raphaëlle cette question d'une installation nouvelle à Paris ; mais avant d'en avoir pu dire un seul mot il se vit arrêté et empêché.

Raphaëlle, qui l'avait vu rentrer, accourut au-devant de lui dans le jardin :

— Enfin te voilà, arrive, arrive.

Elle paraissait troublée, sous le coup d'une vive émotion.

— Que se passe-t-il ?

Elle lui prit le bras et doucement elle se serra contre lui, sans répondre, par une sorte de mouvement instinctif, comme si elle avait peur.

— Eh bien ? demanda-t-il en insistant.

— Viens, viens, je vais te dire.

L'entraînant, elle le fit asseoir sur un banc en se plaçant près de lui, tout contre lui. Le soleil disparaissait à l'horizon dans un couchant rouge, mais la soirée était assez douce pour qu'on pût rester dehors.

— Il y a une chose, commença-t-elle, que je ne t'ai pas cachée, mais que, cependant, je ne t'ai pas dite, D'abord, parce que cela n'avait pas une importance immédiate. Ensuite, parce que j'éprouvais une crainte vague qui me faisait écarter cette idée et m'empêchait de me fixer dessus.

— Parle, mais parle donc sans toutes ces préparations.

— Eh bien! en arrivant de Russie et avant de te connaître, j'ai signé un engagement au théâtre de l'Opérette avec un dédit de cent mille francs : on vient de m'apporter un billet de répétition qui m'a été adressé rue Drouot.

Ces paroles répondaient trop bien aux pensées de Roger pour qu'il n'en voulût pas profiter ; c'était le retour à Paris que Raphaëlle lui proposait elle-même.

Il allait répondre ; elle lui coupa la parole :

— Ne va pas me dire qu'il faut payer le dédit : cela je n'y consentirai jamais. Ce serait une folie que je ne te laisserai pas faire. Je ne veux pas t'entraîner dans une pareille dépense, tu serais assez généreux, assez prodigue pour la faire ; moi, je suis assez sage pour ne pas te permettre de la faire.

— Alors il faut rentrer à Paris.

— Oh! cela non, non.

— Cependant...

— Pourquoi rentrer à Paris?

— Mais tu ne peux pas jouer à Paris et demeurer ici.

— Pourquoi cela? Je reviendrai tous les soirs, il y a un train de minuit et demi ; le coupé viendra me chercher à Ermont, cela est très facile.

— Cela est impossible.

— Impossible pour une autre, pas pour moi ; je n'ai peur ni du froid ni de la fatigue, ni... ni de rien. Est-ce que tu t'imagines qu'avec la pensée que je reviens près de toi j'aurai d'autre souci que toi?

— Cela, quoi que tu dises, me paraît impraticable.

Elle se pencha vers lui pour le bien voir en face, car l'ombre du soir s'était épaissie.

— Voyons, dit-elle, pour qui parles-tu ainsi? Pour toi? Pour moi? Est-ce parce que tu t'ennuies ici et que tu veux profiter de cette occasion pour rentrer à Paris? Alors je n'ai rien à répondre, je n'ai qu'à pleurer mon pauvre Saint-Prix et mon bonheur perdu. Est-ce de moi seule que tu prends inquiétude, au contraire? Est-ce pour m'épargner une fatigue? Alors rassure-toi : cette fatigue, qui ne sera pas si grande d'ailleurs, ce sera avec joie que je la braverai pour revenir ici. Tu n'as donc jamais compris combien je suis attachée à cette maison : ce n'est pas de l'attachement, c'est une religion, c'est une superstition; c'est là que j'ai été heureuse. C'est là que ma vie a commencé; ce serait là que je voudrais qu'elle finît. Si nous la quittons, ce sera comme une rupture, et n'en serait-ce pas une en réalité? Il me semblera que mon bonheur sera perdu. Et, si cela devait être, je te dirais tout de suite : Paye les cent mille francs de mon dédit, et moi, de mon côté, je renonce au théâtre. Tout sacrifier, tout à notre amour, n'est-ce pas ce que tu penses? Dis, n'est-ce pas ce que tu veux?

— Qu'il soit fait comme tu voudras, dit-il.

XXX

La pièce dans laquelle Raphaëlle avait un rôle était une opérette mythologique : *Les Compagnons d'Ulysse*, qui eût porté pour sous-titre, si la mode avait été encore aux sous-titres : « *Ou les hommes changés en bêtes par l'amour* ». Ce rôle, qui n'avait pas grande importance, était celui d'une des pensionnaires de la Circé, nommée Nélée ; Balbine jouait une autre de ces nymphes, Byblis.

Quand Raphaëlle arriva au théâtre, la répétition était commencée depuis quelques instants déjà. Ce fut une affaire pour elle d'arriver jusqu'à la scène. La concierge ne la connaissait pas : que demandait-elle ? où allait-elle ? Il fallut répondre, parlementer ; mais comme sa toilette était élégante, comme ses bijoux étaient riches, ce ne fut pas trop rudement qu'on l'interpella ; c'était une cocotte, il fallait garder avec elle un certain respect. Enfin elle put monter l'escalier sombre, aux marches usées, et arriver tant bien que mal sur la scène à peine éclairée, au milieu de laquelle brûlait un bec de gaz, dont la flamme était rabattue par un réflecteur. Venant du grand jour, ne sachant pas trop où elle se trouvait, il lui fallut un certain temps pour se remettre et surtout pour se reconnaître. Le rideau était levé, et par-dessus la rampe on voyait un vide noir, la salle ; à l'avant-scène, il y avait un fauteuil et deux chaises en paille ; puis, devant le trou du souffleur, une autre chaise : dans le fauteuil Raphaëlle reconnut son directeur ; sur les deux chaises placées près de lui elle devina les auteurs, et sur celle voisine du trou, le souffleur lui-même, qui, un manuscrit à la main, le haussait de temps en temps sous le réflecteur et suivait la répétition. Çà et là, sur la scène vide, des hommes et des femmes allaient et venaient avec un manuscrit à la main, tandis que d'autres se tenaient groupés, causant à voix étouffée, dans le fond ou de chaque côté, à demi noyés dans l'ombre, ou bien éclairés d'une façon bizarre par un rayon de soleil qui, pénétrant à travers une fenêtre et se frayant un passage au milieu des toiles de fond, des rideaux, des tapis enroulés dans les cintres, tombant là rapide et capricieux comme un éclair.

« — Ah! çà, voyons, elles sont toutes dehors, disait Circé, moitié de mémoire, moitié en lisant sur son manuscrit; pas une ne rentre; que font-elles donc? Si cela continue, je n'aurai bientôt plus de bêtes à l'engrais. Enfin voilà Byblis. »

— Mademoiselle Balbine, cria une voix.

— Où donc est-elle?

— Balbine, mais c'est vous Byblis; allons donc, en scène, cria le régisseur en la poussant devant lui.

Balbine s'avança tenant son rôle roulé dans sa main : elle portait une toilette du matin, mais dont la fraîcheur, l'élégance et la richesse contrastaient avec les vieux châles, les vieux manteaux, les vieux paletots défraîchis, usés, fripés, tachés, qui formaient le vêtement des comédiens et des comédiennes qu'on voyait sur la scène; autour des doigts dégantés brillaient des diamants sertis de pierreries, et sur ses deux mains tombaient plusieurs bracelets qui jetaient des feux blancs, verts, rouges.

— Eh bien, que dois-je faire? demanda-t-elle nonchalamment.

— Comment, ce que vous devez faire?

— Oui, moi je ne sais pas.

— Elle n'était pas à la lecture, dit le directeur d'un ton indulgent.

Quand Lajolais a dit : « Enfin, voilà Byblis, » vous entrez là par le fond, doucement, en vous retournant pour voir si on vous suit et vous dites... Allez donc.

— Allez donc, répéta Balbine.

Le régisseur tapa du pied, tandis que les auteurs s'agitaient sur leurs chaises avec une mauvaise humeur manifeste.

Voyant que Balbine tenait son rôle roulé dans sa main, le régisseur s'écria :

— Elle n'a même pas ouvert son rôle !

Puis, s'adressant au souffleur :

— Monsieur Pogé, qu'est-ce qu'elle dit ?

Haussant le manuscrit, le souffleur lut :

« Bon, il s'en va ; je croyais cependant le bien tenir. »

— Eh bien ! y sommes-nous ? demanda le régisseur.

Balbine était remontée, mais elle ne bougeait pas.

— C'est donc un pot-au-feu à remuer, cette fille-là ! s'écria un des auteurs, exaspéré.

Mais le directeur, se penchant à demi vers lui, le fit taire en lui représentant qu'on ne traitait pas de pot-au-feu la maîtresse en titre du prince Savine.

Pendant ce temps Balbine avait descendu la scène et, sur son rôle, qu'elle s'était décidée à dérouler, elle avait lu la phrase dite par le souffleur.

« — Et Nélée ? demanda Circé.

« — Elle me suit. »

— Mademoiselle Raphaëlle, cria une voix.

— Ce n'est pas la peine de l'appeler, dit le directeur, on ne sait pas où elle est.

— Me voici, dit Raphaëlle, sortant de l'ombre qui l'enveloppait et descendant en scène en se dirigeant vers son directeur.

Mais d'un signe de main il l'arrêta, et d'une voix grincheuse qui ne ressemblait guère à celle qu'il avait prise pour parler à Balbine il dit :

— Qu'est-ce que vous venez faire à cette heure-ci ?

— Mais répéter.

— Vous avez votre rôle ?

— Non.

— Eh bien, alors, comment voulez-vous répéter ? Vous allez nous embrouiller et nous faire perdre notre temps à tous : attendez que nous ayons dégrossi cette scène ; Pogé va lire votre rôle ; allez, Pogé, dépêchons ; attention, Lajolais, n'est-ce pas, et vous aussi, mademoiselle Balbine.

Il se rencogna dans son fauteuil d'un air maussade, tandis que Raphaëlle, exaspérée, sortait de la scène pour se retirer dans le fond, où l'on entendait les chuchotements et les ricanements provoqués par cette algarade chez ses bons petits camarades qui ne la connaissaient que de réputation et qui cependant se réjouissaient de cet heureux début.

Pendant ce temps le souffleur lisait son rôle, c'est-à-dire qu'il en disait seulement les premiers et les derniers mots pour donner la réplique à Circé et à Byblis.

On recommença la scène deux fois sans qu'elle marchât beaucoup moins mal la seconde que la première ; puis le directeur, quittant son fauteuil, vint enfin à Raphaëlle et l'emmena à l'écart.

— Vous savez qu'on vous a mis à l'amende, dit-il sur le même ton de mauvaise humeur.

Raphaëlle dédaigna de se défendre et d'expliquer pour quelles raisons elle n'avait pas pu venir aux premières répétitions.

— Très bien, dit-elle, je payerai.

— Il ne s'agit pas de payer, il s'agit d'être exacte. Est-ce que le théâtre est possible avec des femmes qui décampent sans dire où elles vont ?

Il était furieux ; seulement ce n'était pas parce qu'elle avait décampé comme il disait, mais bien parce qu'elle était revenue au moment même où il allait lui faire un procès pour l'obliger à payer les cent mille francs de son dédit, dont il avait le plus grand besoin et sur lesquels il commençait à compter un peu.

Ce fut avec un visage calme qu'elle écouta toutes les mauvaises paroles qu'il lui prodigua : reproches, injures, sottises : ne se fâchant pas, ne répliquant pas, ne bougeant pas.

Quand il se tut enfin, étant arrivé au bout de son rouleau, elle le regarda en face :

— Est-ce que vous me supposiez assez bête pour vous payer mon dédit? demanda-t-elle doucement.

— Mais...

— Quand j'aurais eu l'idée de redevenir libre, est-ce que je ne sais pas que je le serai dans deux mois... mettons trois mois, si vous êtes sûr d'obtenir des délais jusque-là; voyons, franchement, est-ce que je vais racheter trois mois cent mille francs ?

Il lui lança un regard de fureur, mais elle ne baissa pas les yeux.

— Il y a des femmes qui connaissent les affaires, dit-elle, on les renseigne.

A ce moment on vint les interrompre.

— Restez là, dit-il, attendez.

Il revint au bout de dix minutes, son visage avait changé d'expression.

— Allons, dit-il, je ne vous en veux pas, et pour vous le prouver je lève vos amendes.

XXXI

Le Parisien porte si loin le goût du théâtre qu'il prend intérêt aux faits les plus insignifiants qui touchent les comédiens. Qu'un grand personnage arrive à Paris ou quitte Paris, cela ne mérite pas qu'on s'en occupe ; mais qu'un comédien revienne d'Asnières ou de Nogent à Paris, et voilà que cela est une affaire. Le lendemain de cette répétition, les journaux bien informés annoncèrent que mademoiselle Raphaëlle, qui aussitôt après son retour de Russie avait disparu sans qu'on sût ce qu'elle était devenue, s'était présentée la veille au théâtre de l'Opérette pour prendre son rôle dans les *Compagnons d'Ulysse*. « Absente de Paris, la charmante transfuge n'avait point reçu ses bulletins de répétition tout simplement ; il ne s'agissait donc point d'une renonciation au théâtre, comme quelques-uns de nos confrères (toujours mal informés quand il ne nous prennent pas nos renseignements) l'avaient annoncé : les *Compagnons d'Ulysse* lui serviront de pièce de début et lui offriront un rôle tout d'espièglerie et de malice dans lequel elle trouvera l'occasion de se révéler au public parisien et de montrer ses qualités de finesse et d'entrain qui lui ont valu de beaux succès en Russie. »

Cet article, ainsi que d'autres du même genre, avait paru dans certains journaux du matin. Le soir, vers quatre heures, c'est-à-dire au moment où se terminent habituellement les répétitions, Poupardin se présentait dans la loge de la concierge du théâtre de l'Opérette, encombrée de comédiens et de comédiennes, de vieilles femmes, de garçons de journaux, de commissionnaires, qui attendaient là pour savoir si on avait fait droit à leurs demandes de billets de faveur, déposées dans la journée. Dans le couloir, des petits clercs jouaient entre eux aux billes, attendant aussi des places demandées par leur étude et montrant par leur seule présence en cet endroit, que le directeur du théâtre de l'Opérette avait pour son malheur des relations suivies avec les agréés, les avoués et les huissiers.

Quand Poupardin parut, il se produisit chez la plupart de ceux qui étaient là un mouvement de curiosité, et chez la concierge un empressement obséquieux qui était bien extraordinaire chez elle, car c'était une personne considérable qui tenait à faire sentir à chacun qu'elle avait vu d'autres jours. »

C'est que Poupardin, pour les gens de théâtre, était une sorte de prince de féerie, non pas un prince Charmant, mais, ce qui lui valait plus de respect, ce qui inspirait plus d'envie, un prince Payant.

Depuis que la mort de son père avait laissé à sa disposition une très grosse fortune, l'ambition de Poupardin, son désir et son occupation étaient d'avoir toutes les femmes que le théâtre mettait en vue, qu'elles eussent ou n'eussent pas de talent, qu'elles fussent ou ne fussent pas belles, peu lui importait ; dès là que, pour une raison quelconque, justifiée ou non, elles étaient en passe de devenir une étoile, si petite qu'elle fût, il s'accrochait à elles.

Mais ce qu'il voulait c'était les avoir et non les garder ; jamais on ne lui avait connu une maîtresse en titre.

Quand il pouvait dire d'une femme en vue : « Connaissons, » cela suffisait à sa gloire.

Pour cela il n'épargnait rien, temps, peine ou argent ; ses bouquets étaient célèbres dans tous les théâtres, à ce point qu'en voyant arriver un beau bouquet le premier mot que le concierge disait au porteur était : « De la part de M. Poupardin, n'est-ce pas ? — Parbleu ! — Pour qui ? »

Si le nom de celui qui offrait était toujours le même, le nom de celle à qui on offrait changeait presque chaque fois, car Poupardin, qui était un homme pratique, n'abusait pas longtemps des fleurs, considérant que c'était de l'argent perdu ; à un certain moment psychologique qu'il connaissait bien, il faisait intervenir des arguments plus sérieux sous la forme d'une belle et solide bijouterie qui, au Mont-de-Piété aussi bien qu'en vente publique, pouvait se présenter avec des garanties de valeur réelle.

Puis, la victoire obtenue, il disparaissait ; plus de fleurs, plus de bijouterie. Rien, rien qu'un souvenir qu'il gardait et qui amenait un sourire sur ses lèvres quand certains noms de femmes étaient prononcés : « Connaissons. »

Plus d'une avait voulu le fixer et le retenir ; aucune n'avait réussi jusqu'à ce jour.

Il avait pour principe qu'il fallait changer de femme comme de cravate : celle du temps gris n'était plus celle qui convenait par un jour de beau soleil ; il en fallait pour l'été, pour l'hiver ; l'une n'était possible que le matin, l'autre la nuit seulement.

Et comme son cœur ne s'était jamais laissé prendre, il avait pu ne jamais faire d'accroc dans cette ligne de conduite, ce dont il n'était pas médiocrement fier : « Quand je commence à penser à une femme avant de penser à moi, c'est qu'elle devient dangereuse et que le moment est arrivé de la lâcher ; et je la lâche ; je ne revois que celles qui me sont indifférentes. »

Lorsque Poupardin était entré dans la loge, la concierge s'était levée pour le recevoir et écouter sa demande.

— Mademoiselle Raphaëlle ?

— Elle répète.

— Vous en êtes sûre ?

— Je pense ; mais je vais aller voir, de peur de me tromper.

Tout le monde se regarda avec stupéfaction; jamais on n'avait vu si grande marque de faveur.

Ce ne fut pas tout : elle voulut que Poupardin entrât et s'assît dans la loge, ce qu'il fit volontiers; et quand il la vit revenir il se mit à caresser le chat qui dormait sur l'appui de la fenêtre.

Elle ne s'était pas trompée, mademoiselle Raphaëlle répétait, mais la répétition touchait à sa fin.

En effet, au bout de dix ou douze minutes, un torrent parut se précipiter dans l'escalier descendant du théâtre : c'étaient les comédiens qui se sauvaient au plus vite.

Raphaëlle parut à la queue de la file; quand elle toucha la dernière marche, Poupardin lui tendit la main :

— On vous trouve donc, enfin!

— Dame! en venant me chercher.

— Je vous aurais cherchée depuis longtemps si j'avais su de quel côté.

Elle se mit à rire.

— Où allez-vous ? demanda Poupardin.

Elle hésita une seconde.

— A la gare de l'Est.

— Voulez-vous que je vous conduise ? j'ai ma voiture.

Lorsqu'ils furent installés il lui prit les deux mains:

— Voyons, soyez franche, dit-il, est-ce vrai que vous êtes avec Naurouse?

Elle le regarda un moment sans répondre :

— Je vous en prie, dit-il en insistant.

— Eh bien,.. oui

— Et pourquoi vous cachez-vous?

— Pour être libres de mieux nous aimer, car nous

nous aimons : il m'aime à la passion, et moi... je l'adore.

— C'est dur ce que vous me dites là, en face.

— En tous cas il vaut mieux que cela soit dit.

— Et pourquoi ?

— Mais pour que notre position soit bien nette.

— Je vous déplais donc bien ?

— Non, vous ne me déplaisez pas du tout, au contraire, et si je n'avais pas aimé Roger je n'aurais pas répondu à vos lettres comme je l'ai fait.

Le visage de Poupardin s'épanouit.

— Mais je l'aime... je l'adore. Maintenant je veux bien ajouter, puisque vous dites que je suis cruelle en parlant ainsi, que si je le trompais jamais, il me semble qu'il n'y a qu'avec vous que cela serait possible. Mais nous voici arrivés ; laissez-moi descendre.

— Pas encore.

— Il faut que je prenne le train.

— Nous nous reverrons ?

— Quand vous voudrez. Votre voiture est excellente ; c'est plaisir d'être porté dedans... près de vous.

— A demain, alors.

— Si vous voulez.

Quand elle eut vu la voiture de Poupardin disparaître dans le boulevard, par les escaliers qui sont à gauche de la gare de Strasbourg, elle gagna la rue de Dunkerque et la gare du Nord.

XXXII

La veille, en rentrant à Saint-Prix, Raphaëlle avait longuement raconté son entretien avec son directeur, ce qui avait beaucoup amusé, ce qui avait émerveillé Roger : « Quelle femme de tête tu es ! » disait-il.

Ce soir-là, en rentrant, elle raconta tout aussi longuement la visite de Poupardin, car il était dans ses habitudes de tout dire... au moins en arrangeant les choses et en leur donnant la tournure qui convenait.

Tant qu'il avait eu sa maîtresse près de lui, Roger n'avait pas eu le temps de trouver la campagne ennuyeuse ou monotone : ils étaient ensemble, leurs heures étaient remplies ; peu lui importait que ce fût là ou ailleurs.

Mais quand elle le quitta le matin pour ne rentrer que le soir, les choses changèrent ; les heures ne furent plus remplies ; vides au contraire et terriblement longues. Il eût été chez des amis ou dans ses terres, à Naurouse, à Varages, il eût chassé, monté à cheval, visité ses voisins. Mais, à Saint-Prix, que faire ? Il ne pouvait pas chasser. Il ne pouvait pas davantage visiter ses voisins. Il ne pouvait plus se promener dans les bois, dont les moindres sentiers lui étaient connus.

Six ou sept heures de rêveries, c'est bien long, surtout quand toutes les rêveries auxquelles on se laisse entraîner ne sont pas agréables. Et parmi les pensées qui traversaient son esprit lorsqu'il restait ainsi seul, il y en avait de pénibles ; une entre autres qui revenait, qui s'imposait, quoiqu'il voulût l'écarter, car chaque soir en rentrant Raphaëlle, par un mot, toujours le même, la provoquait.

— J'ai encore vu Poupardin ; il n'y a pas moyen de s'en débarrasser.

Il ne voulait pas montrer de jalousie et il restait assez maître de sa volonté pour n'en point laisser paraître en sa présence ; mais, lorsqu'elle était partie et qu'il avait six heures à l'attendre, ce mot, avec toutes les pensées qu'il pouvait engendrer, lui revenait. Alors ces heures étaient éternelles. Que de questions! Si parfois elle était en retard d'une heure ou deux, ce qui se produisait assez souvent, que d'angoisses! Était-ce la répétition seule qui la retardait? Était-ce?...

L'exaspération devenait trop vive, et à son tour il s'en allait à Paris passer quelques heures avec ses anciens amis, qui ne manquaient jamais de le plaisanter sur sa disparition et sa réclusion.

Les difficultés et les ennuis de la vie à Saint-Prix, compliqués des voyages à Paris, augmentèrent : les *Compagnons d'Ulysse* avaient été montés avec cette activité dévorante qu'on ne rencontre que dans les théâtres menacés de la faillite, quand les comédiens ont intérêt à empêcher cette faillite, et comme la pièce en représentation ne faisait pas un sou de recette, on l'avait abandonnée pour répéter le soir. De onze heures du matin à minuit, les comédiens devaient être au théâtre.

La première fois, Raphaëlle put se sauver assez tôt pour prendre encore le train de minuit trente minutes; mais ce fut à grand'peine qu'elle arriva. Aussi déclara-t-elle en rentrant qu'elle coucherait le lendemain à Paris, chez elle, rue Drouot.

C'était seulement pour qu'il ne fût pas exposé à attendre, à s'exaspérer; d'ailleurs il ne s'agissait que de quelques nuits; la pièce était prête, et, sans les auteurs « qui faisaient leur tête », on pourrait la jouer; mais ils voulaient beaucoup de relâches, parce que cela leur donnait de l'importance.

Il ne répliqua rien, et quand le matin elle voulut qu'il lui promît d'être bien sage, il lui fit toutes les promesses qu'elle exigea : « Il aurait confiance ; il ne s'inquiéterait pas ; il penserait combien elle l'aimait. »

Mais lorsqu'elle fut partie il s'en alla derrière elle à Paris, et vers minuit, après avoir passé sa soirée au club, où il se montra désagréable et impatient, il se fit conduire devant l'entrée des artistes du théâtre de l'Opérette :

Deux coupés étaient déjà arrêtés devant cette entrée et, aux lumières que lançaient les lanternes d'argent, Roger reconnut de loin que voitures, chevaux et cocher, étaient aussi irréprochables de tenue les uns que les autres : l'un était le coupé de Poupardin, l'autre celui de Balbine, sans doute.

Vivement Roger sauta à terre sans trop savoir ce qu'il faisait et s'approcha des voitures ; elles étaient vides : Poupardin sans doute était entré dans le théâtre.

Roger, qui ne jouissait pas de la notoriété et des faveurs acquises dans les théâtres par Poupardin, n'essaya même pas de franchir le seuil de l'entrée ; d'ailleurs il n'était pas dans son plan d'aller chercher Raphaëlle jusque sur la scène et de l'enlever triomphalement en vertu de ses droits ; il remonta dans son coupé et, ayant baissé la glace du côté du théâtre, il attendit ; quand elle paraîtrait il serait temps de se montrer.

Les minutes s'écoulèrent, personne ne sortait ; enfin il se fit un brouhaha, on entendit une confusion de voix et de cris. Quelques personnes commencèrent à sortir à la file, rapidement, les hommes le collet du paletot retroussé jusqu'aux oreilles ; les femmes tassées dans des châles et des manteaux, regardant ces voitures.

De nouveau, Roger descendit et se plaça devant la portière faisant face au théâtre.

Il n'eut pas longtemps à attendre. Bientôt Raphaëlle

parut suivie de Poupardin, qui lui parlait par-dessus l'épaule.

En apercevant Roger, elle accourut à lui sans avoir eu un moment d'hésitation ou d'embarras.

— Toi ici? dit-elle en lui prenant les deux mains.
— Je viens te chercher.

Poupardin, un moment interloqué, s'était décidé à faire deux pas vers Roger et à lui tendre la main.

— En voilà une surprise ! dit-il.
— Pour moi agréable, dit Roger en souriant.
— Et pour moi, donc !

Il s'était remis.

— J'avais proposé à madame de la reconduire chez elle, dit-il.

— Merci, répondit Roger. Je l'emmène chez moi. Au revoir.

Une explication était nécessaire; elle eut lieu le lendemain matin, et ce fut Raphaëlle qui l'entama :

— Il est bien certain, dit-elle, qu'il faut renoncer à Saint-Prix; j'aime mieux prendre les devants et te le dire moi-même, sans attendre que tu m'en parles; il me semble que cela me sera moins cruel; une idée de femme; nous sommes si faibles. Les *Compagnons d'Ulysse* vont tomber à plat; c'est idiot d'un bout à à l'autre, pas de mots, pas de situations, pas d'effets pour les comédiens; ça va être une chute fameuse. Il va falloir monter autre chose à la hâte, et il paraît que je serai de cette machine-là; les répétitions vont donc recommencer, du matin au soir je serai prise au théâtre; je ne veux pas que tu restes seul à Saint-Prix à t'ennuyer; au moins en restant à Paris nous pourrons nous voir à l'heure du dîner. Il faut donc rentrer à Paris.

— Eh bien, rentrons à Paris.

— Alors veux-tu me laisser choisir moi-même l'appartement que je dois habiter ?

— Bien volontiers ; choisis ce que tu voudras, où tu voudras.

— A l'avance j'étais bien certaine de ce que serait ta réponse, et si j'ai tant tardé à te faire ma demande, c'est que je dois t'expliquer ce qui l'inspire.

— N'explique rien.

— Il le faut. Tu sais que j'ai ma mère, ma mère que j'aime tendrement ; mais, ce que tu ne sais pas, c'est que j'ai aussi mon père.... un père naturel, mais enfin mon père. Alors que je n'étais qu'une petite fille et que je voyais ma mère peiner pour que nous ne mourions pas de faim, je lui disais : « Quand je serai grande et que je serai riche, nous demeurerons ensemble pour que tu n'aies plus à souffrir. » Chaque jour, en grandissant, je lui ai répété cela. Me voici grande et si je ne suis pas riche, au moins je ne suis plus dans la misère ; je ne veux donc pas, au moment où je vais avoir une maison à moi, ne pas réaliser la promesse que j'ai faite à ma mère.

Roger ne répondit rien, mais il ne fut pas maître de retenir un mouvemement.

— Oh ! ne crains rien, dit-elle vivement, il n'est pas question que ma mère se place entre nous. Ma mère n'est pas de ton monde, je ne veux pas te l'imposer. C'est justement pour cela que cet appartement doit être choisi dans de certaines conditions, c'est-à-dire qu'il doit être en communication avec une ou deux pièces dans lesquelles ma mère s'installera et où je pourrai la voir facilement quand je serai seule. Elle sera chez elle, je serai chez moi ; mais je n'aurai qu'une porte à ouvrir pour la voir. Il ne s'agirait que de ma mère toute seule, rien ne serait plus facile, car la pauvre femme se contente de peu ; mais...

Elle hésita un court moment en se serrant plus fortement contre Roger.

—... Mais il s'agit aussi de mon père. Mon père, qui ne s'est pas occupé de moi quand j'étais petite et qui a abandonné ma mère, nous a retrouvées à mon retour de Russie. Il était dans la garde de Paris, il venait d'avoir sa retraite, et en apprenant qu'il avait une fille qui ne lui demandait rien, il s'est aperçu qu'il avait des entrailles de père. Cela n'est pas très beau, j'en conviens ; mais enfin il me témoigne maintenant beaucoup d'affection. Des personnes pieuses sont intervenues entre lui et ma mère et l'ont amené à l'idée d'un mariage qui, pour ma pauvre mère, est une réhabilitation. Tu vois maintenant quelle est la situation et pourquoi j'hésitais à te l'expliquer, car y a dans tout cela des choses que j'aurais voulu tenir cachées. Si j'ai parlé, c'est que tu dois tout savoir, non seulement pour le présent, mais encore pour l'avenir. Que dirais-tu si, en venant chez moi, tu ne me trouvais pas et si tu me voyais arriver par une porte que tu ne devrais pas franchir. Car, cette porte, tu comprends que ni toi ni eux, vous ne la franchirez jamais ; tu ne peux pas plus aller chez eux, qu'ils ne peuvent venir chez moi. Mon père est un ancien soldat ; il est décoré : il ne s'inquiétera pas de ce que fera sa fille la comédienne, comprenant que nous devons avoir une liberté entière ; mais il ne supporterait pas de voir que sa fille est notoirement la maîtresse du duc de Naurouse.

Le soir même elle avait trouvé l'appartement qu'il lui fallait, celui qui répondait aux exigences de la position : le vestibule, la salle à manger, le salon, le boudoir, la chambre, le cabinet de toilette qui lui étaient nécessaires; puis, en communication avec le boudoir, par une porte qu'on pouvait cacher sous des tentures, trois pièces pour sa mère et son père. Il est vrai qu'à la rigueur elle n'en avait besoin pour eux que de deux; mais elle prit cependant la troisième, se la réservant pour son usage exclusif : située tout à l'extrémité de l'appartement, avec une porte qui ouvrait directement sur l'escalier, cette pièce lui serait très commode pour assurer sa liberté; elle se réfugierait là quand elle voudrait échapper à certaines visites, et elle n'admettrait près d'elle que ceux à qui elle dirait le secret de la porte de l'escalier. Quant à ceux qui ne connaîtraient pas ce secret, comment viendraient-ils la déranger? Pour cela, il faudrait traverser l'appartement des parents.

XXXIII

Il y avait juste huit jours que Raphaëlle était installée dans son appartement du boulevard Haussmann, lorsqu'un matin, en rentrant chez lui, Roger trouva son bijoutier qui l'attendait.

— C'est de l'argent que vous venez chercher? dit-il. Je suis fâché d'avoir à vous répondre qu'en ce moment je n'en ai point.

— Non, monsieur le duc, ce n'est point de l'argent que je viens vous demander.

Et il resta un moment assez embarrassé, cherchant évidemment ce qu'il voulait dire et ne le trouvant pas.

— Alors? demanda Roger, rasséréné.

— Monsieur le duc, m'avez-vous fait demander votre facture?

— Pas du tout. Pourquoi faire aurais-je demandé cette facture? Je n'ai pas d'argent à vous donner.

— Avant-hier, comme j'étais absent, un monsieur, une espèce d'homme d'affaires, portant une serviette noire sous le bras, avec des papiers dedans, s'est présenté chez moi comme venant de votre part.

— De ma part?

— Au moins il l'a dit. Il s'est adressé à ma femme et lui a demandé un relevé de votre facture. Ma femme a répondu que ce relevé n'était pas fait et qu'on vous l'enverrait. Il s'est montré si pressant que ma femme s'est décidée à la fin à faire faire ce relevé de compte. Le soir, lorsque je suis rentré, ma femme m'a raconté la visite de ce personnage qui, par ses allures comme par ses paroles, avait produit sur elle une mauvaise impression, assez mauvaise même pour qu'elle eût conscience d'avoir commis une faute en lui remettant cette facture. Bien entendu, je la confirmai dans cette crainte, car tout cela me paraissait louche.

Ce ne fut point un reproche que Roger adressa au bijoutier, ce fut un remerciement.

— Je vous suis reconnaissant, dit-il, de l'empressement que vous avez mis à me prévenir; il y a là dedans un mystère que je vais tâcher d'éclaircir.

— Si monsieur le duc veut bien passer à la maison, ma femme lui donnera le signalement exact de cet homme d'affaires : rasé, voûté, trop poli.

Mais Roger avait pour le moment autre chose à faire que de s'inquiéter de cet homme, qui, bien certainement, n'était qu'un agent, un instrument aux mains de quelqu'un qui l'avait mis en avant, se tenant prudemment dans la coulisse. Ce quelqu'un, il n'y avait pas à le chercher; le doute, l'hésitation n'étaient pas possibles pour lui : c'était M. de Condrieu qui poursuivait son projet de conseil judiciaire et qui, avant de former sa demande devant la justice, s'entourait de tous les documents propres à l'appuyer et à la faire triompher.

Vivement, Roger se fit conduire chez son tapissier, qui, pour avoir meublé Saint-Prix et l'appartement du boulevard Haussmann, était un de ses plus gros créanciers.

En le voyant entrer dans son magasin, le tapissier vint au-devant de lui en souriant ;

— Oh! monsieur le duc, il ne fallait pas vous presser, j'aurais attendu.

Chez le marchand de chevaux, chez le carrossier, chez le couturier Faugerolles, ce fut la même réponse : « Un homme d'affaires était venu demander les mémoires de la part de M. le duc qui partait en voyage. »

De tous ses créanciers, le plus important était Carbans, il courut chez Carbans ; qu'il trouva en train de déjeuner, enveloppé comme toujours dans un nuage de fumée de viande grillée qui emplissait et infectait la salle.

— Si on est venu me demander ce que vous me devez? Oui, monsieur le duc. Mais vous pensez bien que je n'ai pas été assez naïf pour le dire.

Roger respira.

— On ne fait pas causer l'ami Carbans, c'est lui qui fait causer les autres quand ça l'intéresse.

— Alors?

— Alors, monsieur le duc, on veut vous pourvoir d'un conseil judiciaire, et pour cela on cherche à ramasser toutes vos dettes ; c'est clair, clair comme de l'eau de roche. Au reste, ce que je vous dis là, je l'ai déjà dit à celui qui a voulu me tirer les vers du nez. Mais je n'ai pas parlé ; d'abord parce que vous êtes mon client et que ce n'est pas à moi à conter vos affaires, ensuite parce que je n'aime pas qu'on ait le toupet de vouloir me tirer les vers du nez. Mais vous devez bien penser que cela n'empêche pas votre famille de savoir le plus gros de ce que vous me devez, à moi ou à mes amis ; pour cela elle n'a eu qu'à lever un état des inscriptions qui grèvent vos propriétés. Aussi quoi que je dise ou ne dise pas, je crois bien que vous ne pourrez pas lutter contre votre famille. Vous avez été un peu trop vite, monsieur le duc, un peu trop vite. A votre place, moi, je m'arrangerais avec elle et j'accepterais le conseil judiciaire de bonne volonté.

Roger se leva brusquement.

— Vous êtes jeune, monsieur le duc, vous vous laissez entraîner facilement ; un conseil judiciaire ne vous serait peut-être pas mauvais pendant trois ou quatre ans. Songez donc comme c'est commode de ne pas pouvoir s'engager légalement : la signature ne valant pas mieux que la parole, c'est à considérer.

— Merci, dit Roger, qui s'était dirigé vers la porte.

L'enquête était plus que suffisante, il était inutile de la pousser plus loin ; quand il irait chez tous ses fournisseurs les uns après les autres, à quoi bon ? Partout, sans doute, on lui ferait la même réponse : « Nous avons remis notre facture parce qu'on est venu nous la demander de la part de monsieur le duc. »

Mais s'il n'avait rien à apprendre de ceux qui avaient remis ces factures, il n'en était pas de même vis-à-vis de celui qui les avait fait demander, c'est-à-dire vis-à-vis de M. de Condrieu-Revel.

Sorti de chez Carbans, il était resté un moment sur le trottoir, ne sachant de quel côté tourner, irrésolu, sans idées ; il se dirigea vers la place de la Bourse, et, montant dans une voiture, il dit au cocher de le conduire rue de Lille.

Qu'allait-il dire à son grand-père? il n'en savait rien. Mais il verrait ce que les circonstances lui inspireraient ; pour que cette demande du conseil judiciaire ne fût pas déposée, il était prêt à tout.

Comme il traversait la cour de l'hôtel, il se trouva en face de son cousin, Ludovic de Condrieu, qui, une serviette de maroquin sous le bras, descendait le perron, se rendant sans doute à l'École de droit.

Les deux cousins s'aperçurent en même temps, et chez tous les deux, instantanément, il y eut un mouvement d'arrêt ; mais Roger se remit le premier et tendit la main à son cousin qui, ses longs bras collés contre son corps, gardait une contenance embarrassée.

— J'ai un service à te demander, dit Roger.

— Toi?

— On veut me faire nommer un conseil judiciaire, je viens demander à ton... à notre grand-père de ne pas persister dans cette mesure. J'ai des raisons à faire valoir, de bonnes raisons. Entre avec moi, tu m'entendras les expliquer, tu les appuieras ; ton grand-père t'écoute. S'il ne se laisse pas toucher par moi, il aura égard à tes paroles. Veux-tu?

Cela fut dit franchement, les yeux levés, dans un élan instinctif ; mais cela fut écouté avec les yeux baissés, les bras ballants, avec une gêne visible.

Cependant, comme il fallait bien répondre, Ludovic, à la fin, se décida en balbutiant comme M. de Condrieu :

— Tu sais, dit-il, que notre grand-père ne permet pas qu'on intervienne dans ses affaires.

— Ce ne sont pas ses affaires, ce sont les miennes.

— Vraiment, je n'oserais pas ; et puis je suis déjà en retard, il faut que j'aille à l'École ; au revoir.

Puis, s'arrêtant et se retournant :

— Si tu as de bonnes raisons à faire valoir, sois sûr que grand-père les écoutera, c'est la justice même.

Roger revint au perron ; dans le vestibule il trouva un valet qui l'introduisit dans le grand salon, celui où se trouvait le portrait de la duchesse de Condrieu.

Le comte n'était pas là ; Roger dut attendre quelques instants ; enfin M. de Condrieu arriva, traînant les pieds, la taille voûtée, la tête engoncée dans les épaules, digne et paterne tout à la fois.

Pendant quelques instants le grand-père et le petit-fils restèrent en face l'un de l'autre ; mais tandis que le duc de Naurouse tenait ses yeux levés sur le comte de Condrieu, celui-ci regardait de tous côtés, rapidement, sans s'arrêter, sans se fixer, comme s'il n'était pas chez lui.

Ce fut Roger qui, le premier, prit la parole :

— Monsieur le comte, dit-il, la gorge serrée par l'émotion, je vous demande la permission de vous adresser une question ?

— Vous ?

— Je vous prie de passer sur les raisons de convenances, la gravité de la question que j'ai à vous poser l'exige.

— Alors parlez.

— On me dit que vous voulez me faire nommer un conseil judiciaire, est-ce vrai ?

Le comte s'était assis lourdement, les yeux baissés ; il ne les releva point.

— Ce qu'on vous a dit n'est pas exact, répondit-il.

— Ah ?

— En ce sens que ce n'est pas moi, c'est votre conseil de famille qui croit devoir, dans votre intérêt, recourir à cette mesure préservatrice.

— La distinction a peu d'importance.

— Je vous demande pardon, elle a une importance considérable, considérable pour moi qui tiens à marquer nettement les situations. J'ai été opposé à cette mesure, ceux de nos parents qui composent votre conseil de famille pourront vous le dire, ils vous le diront certainement si vous les interrogez.

Roger resta un moment décontenancé ; il connaissait bien cette manière de se défendre habituelle à son grand-père ; mais, malgré l'envie qu'il en avait, il ne pouvait pas dire à celui-ci que cette explication était mensongère et que c'était lui, lui seul, qui avait préparé et poursuivi l'exécution de cette mesure : il était venu rue de Lille pour arranger les choses, non pour les exaspérer.

— Je suis heureux, dit-il, d'avoir à vous remercier du concours que vous avez bien voulu me prêter, et puisqu'il en est ainsi...

— N'en doutez pas.

— ... Je viens vous prier de me le continuer. Ce conseil de famille, le mien, dont je ne connais pas la plupart des membres, je suis sans influence sur lui, et même il me paraît bien sévère pour moi ; tandis que vous, monsieur le comte, par votre position, par votre autorité, vous pouvez sans doute beaucoup sur lui. Eh bien, je viens vous demander... je viens vous prier d'user de cette autorité pour le faire revenir sur cette mesure.

— Mais...

— Je sais tout ce qu'on peut dire sur les dépenses auxquelles je me suis laissé entraîner, et les reproches qu'on peut m'adresser à ce sujet sont en partie fondés.

— En partie ?

— En partie, car pour être juste, il faudrait entendre les explications que j'ai à donner pour faire comprendre comment j'ai subi cet entraînement, dans quelles conditions particulières j'étais placé, comment il m'était plus qu'à tout autre difficile d'y résister. Mais je passe condamnation sur ces points. J'ai été coupable, je le reconnais. Ce que je veux, ce n'est point faire innocenter le passé, c'est offrir des garanties pour le présent, pour l'avenir. Ces garanties, je les donnerai aussi grandes, aussi complètes qu'on voudra. Mon revenu est d'environ cinq cent mille francs : sur ces cinq cent mille francs on en prendra quatre cent mille, plus s'il le faut, pour éteindre mes dettes, et cela pendant tout le temps nécessaire à cette extinction. Vous voyez que ce que j'ai en vue ce n'est point un intérêt d'argent. Je ne viens pas défendre mes revenus puisque je les abandonne. Je viens défendre mon honneur, le nom de mon père, mon nom, sur lequel je ne veux pas que, par ma faute, jaillisse une tache. Voilà ce que je vous prie de présenter à mon conseil de famille pour qu'il ne prenne pas cette mesure.

— Mais elle est prise.

— Eh bien, alors, pour qu'il revienne sur sa résolution, ce qu'il consentira à faire, j'en suis sûr, si, vous, vous voulez bien plaider ma cause en insistant sur les engagements que je suis prêt à prendre.

— Et quelle garantie offrez-vous que ces engagements seront tenus ?

Roger leva la tête fièrement et, posant sa main sur son cœur :

— Ma parole, dit-il d'une voix vibrante.

— Oui, oui, sans doute ; mais on pourra m'objecter que vous êtes jeune et que vous paraissez disposé à céder facilement à des entraînements pour vous irrésistibles.

— Si jeune que je sois, je sais la valeur d'un engagement pris librement ; d'ailleurs toutes les garanties légales, s'il en existe, ce que j'ignore, je les donnerai ; tout, je suis prêt à tout pour ne pas subir ce conseil judiciaire, et je vous demande en grâce de me l'épargner ; si je ne porte pas votre nom, monsieur le comte, je suis au moins le fils de votre fille...

— Sans doute, sans doute, interrompit vivement M. de Condrieu.

— Eh bien ! j'évoque le nom et le souvenir de ma mère pour que vous évitiez cette flétrissure à son fils.

M. de Condrieu parut ému et, par un geste qui lui était familier, lentement, du bout de son doigt, il parut vouloir sécher une larme qui se serait arrêtée dans les rides qui plissaient ses joues.

— Voilà, dit-il, des paroles qui me remuent doucement le cœur, — sa voix tremblota, — et qui en rachètent d'autres dont je ne veux plus garder souvenir. Elles n'auront point été prononcées en vain. Et ce n'est point en vain que vous aurez fait appel à mon... à ma... à ma tendresse, à ma tendresse. Quand votre conseil de famille verra que de vous-même vous êtes disposé à prendre les arrangements qu'il voulait arriver à vous imposer, je suis convaincu... convaincu qu'il ne persistera pas dans cette demande de conseil judiciaire. Que voulions-nous, je veux dire que voulait-il ? Une seule chose : vous protéger contre vous-même et sauver votre fortune pour que vous la trouviez intacte le jour où vous serez d'âge à en faire l'usage qui convient à votre nom et à votre rang. Oui, je plaiderai votre cause, je la plaiderai et la ferai triompher.

Puis, tout à coup, se frappant le front comme un homme qui vient d'être illuminé :

— Je veux la plaider tout de suite, dit-il, devant vous, c'est-à-dire que je veux que vous m'accompagniez chez les membres de votre conseil de famille, au moins chez quelques-uns, les plus influents, et là, devant vous, je répéterai, j'appuierai les paroles... les nobles paroles que vous venez de prononcer. J'allais me rendre au Sénat, la voiture est attelée, partons.

XXXIV

Cinq jours après les visites faites aux membres du conseil de famille, M. de Condrieu envoya chercher Roger « pour une communication importante, » dit le valet chargé de la commission.

Il trouva son grand-père l'attendant, la figure grave, la mine affligée, l'œil attendri, et tout de suite il comprit qu'il s'était trop facilement laissé entraîner par l'espérance.

M. de Condrieu ne se leva pas du fauteuil dans lequel il était assis ou, plus justement, affaissé ; mais il tendit sa main décharnée et tremblante, en allongeant la tête :

— Mon cher petit-fils... mon cher petit-fils, dit-il en bégayant un peu plus que de coutume, je... je vous ai fait mander pour... pour vous communiquer une bien triste nouvelle... bien triste pour vous, mais en core combien plus pour moi, votre avocat, votre garant en cette affaire.

— Le conseil de famille... s'écria Roger, incapable de se maîtriser.

— Oui... précisément, le conseil de famille, oui, il n'a pas eu confiance, pas confiance dans ma parole. C'est extraordinaire, oui, incompréhensible, inexplicable, pas confiance.

— Alors ?

— Alors son avis est que vous devez être pourvu d'un conseil judiciaire qui vous protège contre vous-même, attendu que vous êtes une nature passionnée, incapable de modération, et même, sous le coup d'une émotion vive de raisonnement.

— Mais...

— Ce que j'ai pu dire, ce que vous avez dit vous-même dans les visites que nous avons faites, les engagements que vous consentez à prendre, les garanties que vous offrez, tout cela... oui, tout cela a été inutile. Individuellement, les membres de votre conseil de famille ont pu être touchés ; collectivement, ils n'ont été sensibles qu'à des raisons juridiques : vous vous êtes laissé entraîner dans de grosses, de très grosses dépenses ; vous pouvez vous laisser entraîner encore ; il faut prendre les mesures que la loi indique pour que cela ne puisse pas se renouveler. J'ai voulu...

— Il suffit, dit Roger, se levant.

— Que voulez-vous faire ?

— Me défendre.

— Comment ?

Durant quelques secondes ils se regardèrent en face.

Un moment déconcerté par la surprise, Roger s'était raffermi.

M. de Condrieu avait pris son air paternelle plus compatissant et le plus affectueux.

Roger avait déjà fait un pas pour sortir ; il revint vers son grand-père, le regardant toujours, le tenant sous ses yeux.

— Vous demandez comment je veux me défendre ? dit-il.

— Sans doute.

— M'offrez-vous votre concours ?

— Mais...

— En un mot, vous rangez-vous de mon côté ou bien du côté du conseil de famille ?

— Vous savez bien que je n'approuve pas cette mesure, je l'ai combattue une première fois lorsqu'on l'a agitée, et devant vous j'ai dit ce que je croyais à propos pour la faire abandonner.

— Ce n'est pas là ce que je demande, je sais ce que vous avez dit... devant moi. Je demande si vous êtes disposé à me prêter votre concours et à m'assister au tribunal ?

— Vous aider, oui, de tout cœur, mon cher enfant, comme cela se doit, puisque je trouve cette demande de conseil judiciaire injuste.

Malgré les efforts qu'il faisait pour se contenir, Roger eut un mouvement d'impatience, car il voyait les tentatives de son grand-père pour s'esquiver, sans trouver un moyen pour l'obliger à répondre nettement.

— Ce que je désire savoir, dit-il, c'est si vous êtes disposé à répéter devant le tribunal ce que vous venez de dire : vous trouvez cette demande de conseil judiciaire injuste ?

— Mais je n'aurais pas qualité pour paraître devant le tribunal.

— Eh bien, si vous ne pouvez pas le dire, écrivez-le ; écrivez-moi là, à l'instant, une lettre dans laquelle vous me donnez votre appui, parce que vous jugez injuste cette demande de conseil judiciaire.

— Certainement je suis disposé à vous aider ; mais vraiment c'est me faire violence que vouloir...

Roger, dans ses mouvements d'irritation, avait à plusieurs reprises déboutonné un de ses gants, que, machinalement, nerveusement, il tiraillait dans tous les sens. En entendant cette phrase, il le boutonna lentement, comme pour se donner le temps de la réflexion ; puis, cela fait, il étendit la main par un geste si brusque et si résolu, que M. de Condrieu s'arrêta interloqué.

— C'est moi, dit Roger, c'est moi, qui me fais violence depuis dix minutes pour ne pas éclater et vous dire que ces réticences et ces faux-fuyants sont inutiles ; j'ai compris. Insister davantage ne serait pas sérieux. Je vous ai dit que je voulais me défendre. Vous m'avez demandé comment. Vous me croyez donc bien simple d'imaginer que je vais me livrer à vous pieds et poings liés, à vous qui... Si cette idée s'est présentée à votre esprit parce que je suis venu réclamer votre concours pour faire abandonner la demande de conseil judiciaire, vous avez eu tort de ne pas comprendre la raison qui me faisait agir. C'était un marché que je venais vous proposer, rien qu'un marché, auquel j'ai eu le tort, je le reconnais, de donner une forme polie. Ce que je venais vous dire, c'était ceci : « Vous avez peur que je dissipe une fortune que vous espérez voir arriver aux mains de votre fils : eh bien, je prends l'engagement de conserver cette fortune intacte pendant un certain nombre d'années. » J'ai cru que vous m'aviez compris et que, satisfait de cet engagement, que vous pouviez rendre aussi étroit que possible, vous renonciez à ce conseil judiciaire, devenu inutile au succès de vos plans. Vous, de votre côté, vous avez cru que j'étais touché par la tendresse dont vous me parliez et la larme que vous tâchiez de me montrer. Nous nous sommes trompés l'un et l'autre. L'engagement que je vous proposais ne vous a pas paru suffisant ; vous n'avez pas eu confiance dans ma parole, vous n'avez pas confiance dans les moyens légaux que les gens d'affaires pouvaient trouver ; vous avez poursuivi la demande du conseil judiciaire dans un intérêt que je ne devine pas, mais qui doit être certain, plus solide à coup sûr et plus considérable pour vous que celui qui se trouvait dans la combinaison que je vous proposais. Eh bien, je me défendrai. Je ne sais si je réussirai, car vous êtes bien puissant et bien habile, tandis que je suis faible, ignorant, isolé ; mais si vous parvenez à me faire nommer ce conseil judiciaire, votre but ne sera pas encore atteint. Vous pourrez par là m'empêcher de dissiper ma fortune de mon vivant, mais vous ne pourrez pas m'empêcher d'en disposer après moi. Vous ne pourrez pas m'empêcher de la donner. Et je vous jure que votre fils n'en aura pas un sou.

Sur ce mot, il fit une courte inclinaison de tête et sortit, frémissant, aveuglé.

XXXV

Se défendre.

Roger eût été vraiment bien embarrassé de dire à M. de Condrieu comment il entendait se défendre.

Il rentra chez lui fort abattu, non découragé, mais

perplexe, se demandant ce qu'il devait faire et ne trouvant pas de réponse aux questions qu'il se posait.

La porte fermée, Bernard lui remit plusieurs feuilles de papier timbré qu'un huissier venait d'apporter.

Roger passa vivement dans sa chambre pour examiner ces papiers; mais, soit émotion, soit mauvaise écriture, il ne put pas tout d'abord les lire.

Enfin, s'étant un peu calmé et ayant renoncé à l'idée de vouloir lire tout d'un coup d'œil, depuis le premier mot jusqu'au dernier, il put, tantôt devinant, tantôt épelant, déchiffrer à peu près ces paperasses au moins dans les passages qui étaient « de fait » et non « de style » :

« A MM. les président et juges composant la chambre du conseil de la première chambre du tribunal civil de première instance de la Seine.

» M. le comte Pierre-Narcisse-Étienne de Condrieu-Revel, sénateur, commandeur de la Légion d'honneur, président honoraire de l'Académie philotechnique, membre des Académies d'Aix, de Bordeaux, de Toulouse, de Nantes, etc., demeurant à Paris, rue de Lille.

» Ayant Mᵉ Lucotte pour avoué.

» A l'honneur de vous exposer... »

Ainsi, c'était bien son grand-père qui, malgré ses protestations, introduisait lui-même cette demande de conseil judiciaire.

» Il y a trois mois, M. le duc de Naurouse a atteint sa majorité et il a été mis en possession de la fortune qu'il avait recueillie dans la succession de ses père et mère, et par les soins de son tuteur il lui a été versé une somme de 977,547 francs, provenant de la balance de son compte de tutelle.

» Ce jour même, cette somme était dépensée et le

soir M. le duc de Naurouse perdait huit cent mille francs au jeu. C'était ainsi qu'il fêtait sa majorité par une dépense insensée de dix-huit cent mille francs.

» Ce fut alors que sa famille conçut la pensée de le pourvoir d'un conseil judiciaire ; mais M. le comte de Condrieu-Revel parvint à faire abandonner cette mesure en représentant à ceux des parents du jeune duc de Naurouse qui s'étaient justement émus qu'il ne convenait pas de se laisser effrayer par ce premier acte de prodigalité, si considérable que fût cette prodigalité ; qu'elle pouvait être le résultat d'un moment d'entraînement, d'égarement passionné, et qu'avant de s'adresser à la justice il était sage d'attendre pour voir si elle ne serait pas une leçon.

» Ni un avertissement ni une leçon, car, trois semaines après, M. le duc de Naurouse consentait sur ses propriétés, au profit de divers, une hypothèque de onze cent cinquante mille francs.

» Depuis, ses prodigalités et ses dettes ont subi la même progression déplorable, et on l'a vu donner un libre cours à ses goûts de dépense.

» En même temps, il contracte une liaison aussi dangereuse pour sa fortune que pour sa santé, et dès lors il semble qu'il soit atteint d'une véritable manie de prodigalité.

» Mieux que de longues explications, l'énumération de quelques-unes des dettes qu'il a contractées depuis sa majorité fera comprendre dans quelle voie déplorable il est entraîné et où il doit être arrêté sous peine de voir sa fortune complètement dévorée avant peu de mois : à Baillou, bijoutier, rue de la Paix, il doit pour coffrets, bagues, bracelets, bijoux de différentes sortes, 67,000 francs; à Bauwer, carrossier, 24,000 francs; à Isaac, marchand de chevaux, 14,000 fr.;

au couturier Faugerolles, pour robes, costumes, manteaux, 18,000 francs; à Lobel, tapissier, 248,000 francs; à Thomson, sellier, 3,000 francs; à Marette, chapelier pour dames, 1,200 francs; à Jourdain, tailleur, 3,000 francs; à Schiller, bottier, 800 francs.

» Si l'on additionne ces différentes sommes on trouve près de 380,000 francs, qui, ajoutés au 150,000 francs de la maison de campagne, aux 1,150,000 francs d'hypothèques et aux 977,547 francs, reliquat du compte de tutelle, forment un total général de près de deux millions sept cent mille francs (2,676,547) dépensés en moins de trois mois, — et cela sans parler d'autres dettes contractées deci, delà, quelques-unes considérables, dont il a été impossible de se procurer le chiffre exact.

» Dans ces conditions, c'est un devoir douloureux pour l'exposant de s'adresser au tribunal pour lui demander d'ordonner des mesures qui fassent cesser un pareil état de choses et qui protègent le duc de Naurouse contre les entraînements qui le conduiraient rapidement à une ruine complète. »

Après cette lecture il resta un moment immobile, réfléchissant. Bien évidemment, sur un pareil exposé, tout tribunal le condamnerait : deux millions sept cen mille francs! Il n'avait jamais voulu fixer son esprit sur ce chiffre; jamais il n'avait voulu faire cette addition, la plus formidable accusation qu'on pût porter contre lui; et encore, comme le faisait habilement remarquer la requête, ce n'était pas tout. Que dire pour sa défense? Qu'une partie de cette somme avait servi à éteindre d'anciennes dettes; mais le reste, c'est-à-dire plus de seize cent mille francs!

Cependant il n'était pas arrivé au bout de la lecture de ces paperasses; il continua: ordonnances du président du tribunal prescrivant que cette requête serait communiquée au procureur impérial et nommant un juge pour faire un rapport; conclusions du procureur impérial déclarant qu'avant de faire droit le conseil de famille devait donner son avis; délibération du conseil de famille décidant qu'il y avait lieu à nommer un conseil judiciaire; enfin citation à comparaître devant le tribunal pour y subir un interrogatoire. Et tout cela il le lut d'un bout à l'autre, ne distinguant pas ce qui n'était que simple phraséologie de palais de ce qui était vraiment sérieux et donnant à tout la même importance, même aux distinctions honorifiques qui accompagnaient longuement les noms des juges.

Dans une aussi mauvaise position que la sienne, contre une accusation aussi habilement disposée, quels moyens employer pour se défendre?

Le nom de Harly lui vint sur les lèvres.

Aussitôt, ramassant ses paperasses, il se rendit rue Le Peletier.

— Que voulez-vous? demanda Harly après avoir lu la requête.

— Me défendre.

Harly resta un moment sans répondre, réfléchissant.

— Je suis médecin et non avocat ou avoué, mais au moins je puis vous conduire chez un de mes amis, capable de vous guider, et en qui j'ai toute confiance.

— Qui?

— Un avoué, un ancien camarade de travail et de misère, Nougaret.

— Quand pouvons-nous le voir?

— Tout de suite; je vais vous conduire chez lui.

En chemin, tandis que la voiture roulait rapidement

vers la rue Sainte-Anne, Harly expliqua quel homme était son ami Nougaret.

Un fils de paysans, venu à Paris à douze ans, sachant à peine lire, et qui tout en gagnant son pain de chaque jour, s'était instruit en suivant les cours gratuits qui se font le soir : à vingt-quatre ans, il avait passé son examen du baccalauréat; à trente ans, il avait été reçu avocat; à trente-cinq ans, on lui avait vendu, bien qu'il n'eût pas un sou pour la payer, une des bonnes études d'avoué de Paris.

L'avoué était dans son cabinet; il reçut, aussitôt qu'on les lui eut annoncés, Harly et le duc de Naurouse.

En quelques mots, Harly exposa l'affaire, pendant que Roger examinait l'avoué avec l'angoisse du malade qui étudie le grand médecin, de qui il attend un miracle; cet examen lui inspira confiance. A regarder la tête intelligente de l'avoué, son œil perçant, son attitude calme et résolue, il se sentit rassuré de penser qu'il allait l'avoir pour défenseur.

— Vous avez la requête, demanda l'avoué, coupant court aux explications de Harly.

Harly avait mis presque autant de temps que Roger à lire ces papiers; en deux ou trois minutes, l'avoué les eut parcourus, ne s'attachant qu'à l'essentiel.

— Qu'y a-t-il de vrai dans tout cela? demanda-t-il.
— Beaucoup de choses.
— Les dettes? Le détail en est exact?
— A peu près.
— Cela est grave. Aussi, à votre place, je n'hésiterais pas à tout faire pour éviter que l'affaire aille devant le tribunal.
— Je suis prêt à tout.
— Même à abandonner une grosse part de vos revenus pour éteindre vos dettes, même à...

— J'ai proposé cet abandon à mon grand-père et aux membres de mon conseil de famille, il n'a pas été accepté.

— Ah !

— C'est qu'on veut davantage.

— Quoi donc ?

— Ma fortune entière.

Roger expliqua la situation telle qu'il la voyait, en insistant sur les espérances de M. de Condrieu.

Il fit ce récit longuement, clairement, d'une façon saisissante.

Et il remarqua qu'à mesure qu'il parlait, l'avoué devenait plus attentif et l'écoutait avec plus d'intérêt, plus de sympathie.

C'est que tout d'abord Nougaret, qui connaissait le duc de Naurouse de réputation, avait cru n'avoir affaire qu'à une demande toute simple de conseil judiciaire provoquée justement par les prodigalités et les folies d'un jeune homme à la mode ; mais en écoutant ce récit, il comprit qu'il y avait un drame de famille sous cette demande ; que les choses n'étaient pas aussi simples qu'il se l'était imaginé ; que ce jeune homme valait mieux que sa réputation tapageuse, et qu'il y avait des raisons pour expliquer, peut-être même pour excuser les entraînements auxquels il avait cédé.

— Vous voyez, dit Roger en terminant, que j'ai besoin d'un défenseur aussi habile que dévoué, car j'ai dans mon grand-père un adversaire terrible, qui vous effrayerait, j'en suis sûr, si vous le connaissiez.

— Je le connais.

— De réputation.

— Mieux que cela, car je suis en ce moment son adversaire dans un procès qui me l'a fait connaître et qui m'a montré quelles étaient sa force, son audace, son habileté, sa persévérance ; je veux parler de l'affaire en usurpation de nom que poursuit contre lui M. le duc de Condrieu, mon client.

— Comment ! une usurpation de nom ? demanda Roger.

— M. le duc de Condrieu, représentant de la grande famille des Condrieu, prétend que M. le comte de Condrieu-Revel n'a pas le droit de porter ce nom de Condrieu qui ne lui a jamais appartenu, attendu que son grand-père s'appelait tout simplement Coudrier, et que c'est le général, père de M. le comte de Condrieu-Revel, qui a changé ce nom de Coudrier en Condrieu, afin de se rattacher à l'illustre famille des Condrieu.

— C'est impossible, s'écria Roger, rouge de honte.

— C'est la prétention de mon client que je vous expose, et, si je vous en parle, c'est pour que vous compreniez que je connais M. le comte de Condrieu-Revel, car si les prétentions de mon client sont fondées, il faut, pour que M. le comte de Condrieu-Revel ait pu maintenir cette usurpation de nom jusqu'à ce jour et faire accepter cette fraude par tous, par les divers gouvernements qu'il a servis, par le monde, par les écrivains qui ont publié des livres sur la noblesse française, il faut vraiment que ce soit... que ce soit l'homme terrible dont vous parliez.

Roger resta un moment anéanti, car malgré les sentiments de répulsion qu'il éprouvait pour son grand-père, il ne pouvait pas oublier qu'il était le petit-fils de celui qu'on accusait de cette fraude et que, dans ses veines, il y avait du sang de ce Condrieu, ou plutôt de ce Coudrier. Ce que l'avoué venait de raconter était-il donc possible ! Devant cette question, sa fierté se révoltait outragée et indignée.

Il put rester sous l'oppression de cette pensée d'autant plus longtemps, que l'avoué ne parlait plus; il s'était posé les deux coudes sur son bureau, et, la tête enfoncée dans ses mains, il restait là réfléchissant comme s'il eût été seul : de temps en temps on entendait ses cheveux rudes et durs crier entre ses doigts qui s'ouvraient et se refermaient machinalement.

Tout à coup il abaissa ses mains et, relevant la tête, il se tourna vers Harly.

— A-t-on pu croire, demanda-t-il, que M. le duc de Naurouse portait en lui le germe héréditaire de la maladie dont est mort son père ou de celle qui a tué sa mère?

— On a pu le croire, autrefois, l'enfance de M. le duc de Naurouse ayant été difficile, répondit Harly; mais maintenant ces inquiétudes sont dissipées : M. le duc ne porte pas en lui le germe de l'une ou de l'autre de ces maladies.

— Enfin, on a pu le croire, dit l'avoué, cela suffit. Avez-vous un avocat?

— Non.

— Eh bien ! je vous engage à prendre Gontaud; il vous faut un défenseur qui, par son caractère et sa réputation, soutienne l'affaire, Gontaud est l'homme qu'il nous faut. Maintenant je ne dois pas vous dissimuler que nous avons peu de chances de succès. Mais en même temps je tiens à vous dire que si, comme je le crains, nous succombons, nous pourrons nous relever. Cela dépendra de vous. Si le conseil judiciaire vous est imposé, nous pourrons, au bout d'un an ou deux, le faire lever ; pour cela vous n'aurez, pendant ces deux ans, qu'à vivre simplement, en mettant à exécution l'arrangement que vous aviez proposé à M. de Condrieu-Revel. En serez-vous capable?

— Je serai capable de tout pour recouvrer ma liberté.

XXXVI

Avant d'être défendu par son avoué et son avocat, Roger devait commencer par se défendre lui-même et comparaître seul devant les juges chargés de l'interroger.

Aussi ce ne fut pas sans émotion et sans trouble qu'il se rendit au Palais de justice. Il se sentait envahi par des sentiments confus de gêne, de répulsion et d'humiliation qui l'effrayaient. Il eût fallu être maître de soi, capable d'écouter avec calme, de réfléchir, de peser ses réponses, et précisément il n'avait jamais été si nerveux, si violemment agité, si mal disposé à la patience, à la modération, à la raison.

Bien qu'il eût peu pratiqué les livres, il y en avait un qu'il avait lu, relu, étudié, et qui lui avait appris à peu près tout ce qu'il savait, c'était les Mémoires de son grand-père, le diplomate, le duc François de Naurouse. Né en 1760, mort en 1831, le duc François avait traversé la grande époque qui commence à Louis XVI, passe par la Révolution, l'Émigration, l'Empire, la Restauration pour aboutir à la révolution de Juillet, et, dans les mémoires qu'il avait écrits pendant les dix dernières années de sa vie, en profitant des loisirs que lui laissait une grande ambassade, il avait raconté les événements qu'il avait vus et dans lesquels il avait joué un rôle, souvent très important. Mais ces Mémoires n'étaient pas un simple récit anecdotique et personnel. Tout en racontant les faits dont il avait été témoin ou auxquels il avait été mêlé, tout en peignant les personnages qu'il avait connus, le duc François de Naurouse avait fait œuvre d'historien et de théoricien politique un peu à la façon de Joseph de Maistre, en disant comme celui-ci qu'il faut sans cesse prêcher aux peuples les bienfaits de l'autorité et aux rois les bienfaits de la liberté. Pour lui, il n'y avait qu'un gouvernement possible : la monarchie absolue, le roi régnant, la noblesse gouvernant. Si la Révolution avait pu s'établir en France, cela tenait à deux causes principales : 1° le gouvernement, c'est-à-dire les ministères, confiés par Louis XIV à des gens de rien, avaient ruiné et déshonoré le principe d'autorité ; 2° les empiétements et les usurpations des parlements. Sur ce dernier point il avait été dans sa haine pour la magistrature au moins aussi loin que Saint-Simon, et même plus loin ; son livre était plein d'accusations, de moqueries, de railleries, d'insultes contre ces gens de rien, pleins d'audace, d'ignorance, de suffisance, de morgue, qu'il poursuivait implacablement, qu'il fustigeait à tout propos et hors de propos, en grand seigneur qui a trouvé l'infaillibilité dans la contemplation de ses titres ; et tout cela avec un style passionné, endiablé, fait de verve, de hardiesse, de noblesse, de familiarité, de trivialité, qui n'avait souci que de l'effet à produire et ne reculait devant rien, en homme à qui tout est permis. Ainsi écrit, ce livre plein de portraits vivants, d'anecdotes curieuses, de réflexions profondes mêlées à des raisonnnements quelquefois faux, mais toujours émus, ce livre était d'une lecture entraînante ; cinq fois Roger l'avait lu d'un bout à l'autre et à chaque instant, dans une heure d'ennui et de désœuvrement, il l'avait ouvert au hasard avec un intérêt toujours aussi vif ; intérêt dû au mérite du récit, mais aussi, il faut le dire, mais surtout à la qualité de celui qui l'avait écrit, — son grand-père, l'illustration et la gloire de sa famille. Dans ces conditions il était donc tout naturel que le jeune duc de Naurouse eût accepté les sentiments et les opinions de son illustre aïeul et qu'il pensât comme celui-ci à l'égard de ces « robins » qu'il n'avait guère eu l'occasion de voir et de connaître dans le monde où il avait vécu.

C'était devant quelques-uns de ces « robins » qu'il allait comparaître en accusé, lui, le descendant et l'héritier du duc François.

Avant que Nougaret lui eût parlé du procès intenté par le duc de Condrieu, il se fût présenté fièrement devant ces juges, n'ayant d'autres préoccupations que celles de sa défense ; mais maintenant la situation n'était plus la même : c'étaient des gens qui, bien certainement connaissaient ce procès, qui allaient l'interroger et chercher ce qu'il pouvait y avoir en lui, tout Naurouse qu'il fût, de ce sang de paysan. Cela faisait battre son cœur à grands coups et monter la rougeur de la honte à son visage.

Lorsqu'il entra dans la salle des Pas-Perdus pleine de gens affairés, il lui sembla que les yeux de quelques avocats flâneurs s'attachaient sur lui avec curiosité. Il est vrai qu'avec son pardessus élégant de couleur claire, ses gants frais, sa canne à pomme ciselée, ses fines bottines, surtout avec sa désinvolture aisée et légère, il n'avait guère la tournure d'un pauvre diable de plaideur.

En se faisant renseigner deux ou trois fois, il parvint à la chambre où il était cité. Comme il était en avance, il dut attendre.

Enfin on vint le prévenir qu'il devait paraître devant ses juges. Malgré l'émotion qui l'étreignait, il fit son entrée la tête haute, le regard assuré, sans forfanterie, mais aussi sans trouble apparent. La salle était vide, ce qui le rassura; il ne vit que trois juges, un substitut et un autre personnage à l'air occupé, empressé, avec quelque chose de poli et d'affable qui ne sentait point le magistrat tel qu'il se l'imaginait : un greffier sans doute.

A son entrée, ces cinq personnes l'avaient enveloppé de leurs regards curieux qu'il avait assez bien supportés ; puis les deux juges avaient abaissé leurs têtes, l'un sur un numéro de la *Gazette des tribunaux*, l'autre sur ses ongles qu'il s'était mis à nettoyer avec le bec d'une plume ; le greffier avait rangé ses papiers ; seuls, le substitut et le président avaient continué à le regarder, le président en plein visage, le substitut aux pieds comme s'il admirait sa chaussure et se disposait à lui demander l'adresse de son bottier.

— Votre nom, votre âge, votre demeure ? demanda le président.

— François-Roger de Charlus, duc de Naurouse, — il appuya légèrement sur le titre, — j'ai vingt-un ans et trois mois ; je demeure à Paris, rue Auber.

— Vous avez lu les pièces qui vous ont été signifiées ?

— Oui, monsieur.

— Alors vous connaissez les faits qui vous sont reprochés. Les contestez-vous ?

— Avant tout, je dois protester...

— Permettez.

Mais Roger ne se laissa pas couper la parole; il leva la tête et donna à sa voix plus de force et de fermeté :

— ... Je dois protester contre la façon dont on s'est procuré les chiffres des dettes contenus dans cette requête.

— Sont-ils ou ne sont-ils pas exacts? interrompit le président.

Sans répondre Roger continua :

— On s'est présenté chez mes fournisseurs et en mon nom, comme si l'on en avait reçu de moi la mission, on a demandé à chacun d'eux le relevé de ma facture.

— Alors ces factures ont un certain caractère d'exactitude? Vous le reconnaissez implicitement.

— Je ne reconnais rien, je proteste.

— Nous ne sommes pas ici pour recevoir vos protestations ; nous devons vous interroger sur les faits relatés en cette requête, et vous devez, vous, nous répondre ou ne pas nous répondre, selon que vous le jugez bon à votre intérêt.

— Alors je n'ai qu'à attendre vos questions.

Le président regarda ses deux juges et le substitut de l'air d'un homme qui se dit : « Voilà un jeune coq qui lève bien haut la tête. » Ce fut au moins ce que Roger crut comprendre ; mais cela ne la lui fit pas baisser, au contraire.

— Est-il vrai, demanda le président, que le jour de votre majorité vous avez dépensé une somme de 977,547 fr. provenant du reliquat de votre compte de tutelle ?

— J'ai été entraîné.

— Par la passion du jeu ?

— Non, par les circonstances.

— Comment, ayant perdu huit cent mille francs, avez-vous consenti des hypothèques pour onze cent cinquante mille francs ?

— J'ai eu besoin de cette somme.

— Ces trois cent cinquante mille francs excédant

les huit cent mille ne sont-ils pas le prix usuraire du prêt qui vous était fait ?

Roger ne répondit pas, car il ne pouvait le faire qu'en accusant Carbans, et le mot usuraire employé par le président l'avait mis sur ses gardes : ce n'était pas à lui de dénoncer Carbans, si cher que celui-ci se fût fait payer.

— Vous ne répondez pas ? dit le président.

— J'ai répondu : j'ai eu besoin de cette somme.

— Maintenant, passons aux mémoires si vous voulez bien.

— Mais sur ce point aussi j'ai déjà répondu. Entrer dans des explications serait reconnaître la légitimité des moyens qu'on a employés pour se procurer ces mémoires, — ce que je ne ferai pas.

— Vous remarquerez qu'en somme cela vous dispense de répondre.

— Peut-être cela est-il contraire à mes intérêts ; mais, avant de prendre garde à mes intérêts, je prends souci de ma dignité.

De nouveau le président regarda les juges et le substitut en souriant.

— Dans ces conditions, dit-il, je pense qu'il est inutile de pousser plus loin votre interrogatoire. Nous allons le clore ; on vous en donnera lecture et vous aurez à le signer.

Puis, accentuant son sourire :

— Il est entendu que si vous jugez à propos d'y ajouter quelque chose toute liberté vous est accordée.

XXXVII

Roger n'avait point parlé à Raphaëlle de la demande en conseil judiciaire. A quoi bon la tourmenter ? Elle saurait toujours la vérité assez tôt, quand le jugement serait rendu.

Mais il ne put pas attendre jusque-là

Un matin, en rentrant chez lui, il trouva Mautravers installé dans son salon depuis assez longtemps déjà. En le voyant entrer Mautravers vint à lui vivement, les mains tendues.

— Mon cher, dit-il, j'ai appris ce matin le danger dont vous êtes menacé et je viens me mettre à votre disposition, si je puis vous être utile à quelque chose.

Comme de tous ses amis Harly était le seul qu'il eût mis au courant du procès, Roger resta un moment surpris.

— Et qui vous a appris ce danger ? demanda-t-il.

— Ce journal. J'espère que vous allez vous défendre vigoureusement ?

— Sans doute.

— Comment ?

Roger regarda un moment Mautravers dans les yeux.

— Cela regarde mon avoué et mon avocat, dit-il enfin.

Maintenant le secret que Roger avait voulu garder vis-à-vis de Raphaëlle n'était plus possible ; elle allait apprendre la vérité par ce journal ou par quelque indiscrétion, mieux valait donc la lui faire connaître.

Tout de suite il se mit en route pour le boulevard

Haussmann; il avait laissé Raphaëlle au lit, sans doute allait l'y trouver encore.

Mais il ne l'y trouva point.

— Madame est chez ses parents, dit la femme de chambre, je vais la prévenir que monsieur le duc désire la voir.

Roger attendit.

En effet, Raphaëlle avait pour habitude, aussitôt que « son petit duc » la quittait, de passer un jupon de laine et un caraco, non une de ces belles robes de chambre qu'elle gardait pour les heures où elle était en représentation dans son salon ou son boudoir, et plus libre, plus à son aise dans ce costume qui avait été celui de sa jeunesse, redevenue la fille des faubourgs, elle s'en allait faire une visite matinale à ses parents et bien souvent déjeuner avec eux et quelques vieilles amies de sa mère, qui, certaines de trouver table servie, étaient fidèles au boulevard Haussmann. Alors, sur le poêle, qui servait à la fois au chauffage et à la cuisine, on faisait cuire des saucisses à la poêle et l'on faisait sauter du foie au vin bleu. M. Houssu, devenu depuis peu le mari de la mère de Raphaëlle et par conséquent le père légal de celle-ci, qu'il avait reconnue, ne dédaignait pas de mettre la main à la cuisine, en manches de chemise, son pantalon bien tiré par des bretelles en cuir tendues sur sa large poitrine, comme les buffleteries qu'il avait si longtemps portées ; il hachait le persil ou tournait le foie, tout en fumant sa pipe du matin. On se mettait à table et longuement on déjeunait en bavardant, en racontant des histoires d'autrefois, du bon temps, du temps de misère, et aussi en s'occupant d'affaires, spécialement des prêts que M. Houssu faisait à la petite semaine, employant pour le mieux les économies de sa fille. Puis, sur la table encombrée d'assiettes, de fourchettes, de croûtes de pain, pendant que le marc de café bouillait, Raphaëlle jouait d'interminables parties de besigue ou de piquet avec son père, à cheval sur une chaise et sacrant tous les saints quand il perdait. C'était là seulement que Raphaëlle se retrouvait; le reste de son existence était une sorte de rêve auquel elle ne croyait pas beaucoup et qui, elle en avait vaguement conscience, devait se terminer un jour ou l'autre par un réveil aussi brusque que désagréable.

Ce fut au milieu d'une de ces parties de besigue qu'on vint la prévenir que le duc l'attendait. Vivement, jetant les cartes sur la table au grand désespoir de son père qui voulait finir la partie bien commencée pour lui, elle rentra chez elle.

— Eh bien ?

Roger donna le journal en posant le doigt sur le passage qui les intéressait.

Elle se jeta dans ses bras et longtemps elle le tint serré sans parler, ayant besoin de se remettre et de réfléchir à ce qu'elle allait dire.

Ce coup la frappait d'autant plus violemment qu'elle commençait à s'habituer à l'existence brillante que le duc lui avait faite : on la citait parmi les femmes à la mode: elle comptait; on la remarquait; on s'inquiétait d'elle lorsqu'elle faisait sa promenade autour du lac dans sa voiture; elle était en passe de devenir une puissance.

— Alors, dit-elle, tu vas te trouver sans argent ?
— Cela est à craindre.
— Que vas-tu faire ?
— Je ne sais pas; je n'ai pas encore cherché.

Elle réfléchit un moment :

— Ton procès est commencé, dit-elle, il n'est pas jugé ; il s'écoulera encore un certain temps avant ce jugement, n'est-ce pas !

— Sans doute.

— Pendant ce temps tu restes libre ; si tu profitais de cette liberté pour emprunter une grosse somme qui te mettrait pour longtemps à l'abri des embarras d'argent?

— C'est impossible.

Un moment encore elle garda le silence, comprenant qu'elle avait fait fausse route ; mais sa force consistait surtout dans son habileté et sa souplesse à se retourner.

— Eh bien, ce que tu ne peux pas faire, dit-elle en tendant les deux mains à Roger bravement et résolument, je le ferai, moi. Je n'emprunterai pas, parce que emprunter coûte trop cher, mais je vendrai. Ce mobilier, les chevaux, les voitures, la maison de Saint-Prix, les bijoux, je vendrai tout ; et puis je louerai un tout petit logement où tu viendras me voir. Personne ne saura que tu es mon amant ; je dirai à tout le monde que nous nous sommes quittés ; je pourrai vivre là avec l'argent que j'aurai retiré de la vente, et nous attendrons ainsi le moment où tu seras parvenu à te débarrasser de ton conseil judiciaire. Alors nous regagnerons le temps perdu et nous nous rattraperons des mauvais jours.

Tout cela fut dit passionnément, avec l'exaltation du sacrifice et du dévouement. Roger en fut profondément ému ; il était dans des conditions où le cœur s'ouvre facilement à une parole de tendresse, et ce témoignage d'amour et de générosité que lui donnait sa maîtresse ne pouvait que le troubler délicieusement.

Il la prit dans ses bras et longuement il l'embrassa.

— Non, dit-il, non je n'accepterai pas ce sacrifice, mais je n'en suis pas moins heureux que tu en aies eu l'idée.

— C'était bien naturel.

— Peut-être ; mais, en tout cas, ce serait indigne à moi de l'accepter. Je chercherai ; sans doute je trouverai quelque chose.

— Et si tu ne trouves pas?

— Il resta un moment accablé.

Elle recula de quelques pas et, parlant, les yeux baissés :

— Tu sais bien, n'est-ce pas, que je t'aime et qu'il n'y a que toi au monde que j'aime, eh bien...... si..... je prenais Poupardin, ce serait toujours toi, toi seul que j'aimerais.

Il se leva violemment et vint à elle les bras tendus.

Alors elle recula encore de quelques pas et souriant :

— Comment, dit-elle, ne vois-tu pas que je ne parlais pas sérieusement? c'était une épreuve pour voir jusqu'où tu m'aimais. Je l'ai vu ; qu'importe le reste, qu'importe la misère : tu es et tu seras toujours mon dieu.

XXXVIII

Bien que Roger eût rejeté très loin l'idée suggérée par Raphaëlle d'emprunter une grosse somme, pour en vivre jusqu'au jour où il serait relevé de son conseil judiciaire, la nécessité l'obligea bientôt de revenir à cette idée et de chercher s'il n'y avait pas quelque moyen de la réaliser.

Un ami seul pouvait lui rendre ce service, un ami

sûr, qui ne prendrait pas peur pour son argent en présence de quelque traquenard habile tendu par M.⁹ de Condrieu-Revel, — traquenard qu'on devait prévoir sans deviner quel il pourrait être, mais qui était dans la logique des choses.

Parmi ses amis il n'y en avait que deux en état de lui prêter cette grosse somme sans se gêner : Savine et Poupardin.

Mais si ce dernier pouvait, par sa fortune, lui rendre facilement ce service, Roger, lui, ne pouvait pas, après ce qu'il avait appris par Raphaëlle, le lu demander.

Restait donc Savine, qui, s'il ne faisait pas ce prêt par amitié, pouvait très bien, étant donné son caractère, le faire par ostentation. Il est vrai que dans les conditions présentes la discrétion eût mieux valu que l'ostentation, qui, à un certain moment, pouvait devenir dangereuse ; mais il n'avait pas le droit de se montrer trop difficile, et pourvu qu'une chance se présentât en sa faveur, il devait en profiter.

Lorqu'il arriva rue François Iᵉʳ, Savine venait de se mettre à table pour déjeuner, et dans l'assiette qu'on venait de lui servir se montrait une escalope de veau arrangée aux pointes d'asperges.

— Tiens, vous mangez donc maintenant des ragoûts ? dit Roger surpris de cette désobéissance aux règles si soigneusement écrites sur le carnet.

— J'ai quitté Harly.

— Ah !

— Il me tuait, positivement ; il n'était que temps ; peut-être même est-il trop tard. J'ai pris Horton.

— Alors l'alcool ?

— Justement, et j'aime mieux cela. D'autre part, Harly m'a très mal soigné pour ma blessure ; il a traité cela beaucoup trop légèrement. Il faut être à moitié mort pour que ce garçon fasse attention à ce qu'on lui dit.

— Les émotions sensuelles ?

— Horton les permet, mais moi je ne me les permets pas ; j'ai été tellement affaibli par le régime de Harly que je ne pourrais pas les supporter.

Et sans doute pour combattre cette faiblesse, il mangea comme un ogre, dévorant les cinq ou six plats de viande, de poisson, de légumes qui lui furent servis, et les arrosant d'un sauterne excellent qu'il se garda bien de couper d'eau.

Ce fut seulement lorsque les cigares furent allumés que Roger se décida enfin à expliquer le sujet de sa visite.

Aux premières paroles, Savine prit une figure navrée et telle qu'on pouvait croire qu'il était en proie à une douleur atroce : cependant, à mesure que Roger avança dans son explication, cette figure se convulsa encore pour arriver au paroxysme du désespoir en même temps que Roger arrivait à son dernier mot. Alors, comme s'il ne pouvait plus se soutenir, Savine se retint à une statue en bronze contre le socle de laquelle il était resté appuyé, tout en fumant son cigare régulièrement.

Tout à coup, après avoir posé avec soin son cigare sur le socle de la statue, il se jeta sur les mains de Roger et, les prenant dans les siennes, il les serra avec effusion.

— Mon cher Roger, dit-il, vous savez que je vous aime et que de tous nos amis vous êtes celui pour qui j'éprouve le plus d'estime, le plus d'affection ; pour moi vous êtes un frère ; vous le savez, n'est-ce pas ?

Roger n'avait rien à répondre à ce transport, il se tut.

— Dites-moi que vous le savez, insista Savine, dites-moi que vous ne doutez pas de ces sentiments.

— C'est parce que je n'en ai pas douté que je me suis adressé à vous.

— Alors vous savez pourquoi je ne puis pas vous rendre le service que vous me demandez? Je vous ai bien écouté, lorsque vous m'avez expliqué votre situation, avec tout le soin dont je suis capable et je crois vous avoir compris : ce qu'il vous faut, n'est-ce pas, c'est un prêteur, qui, en aucun cas, ne vous demandera l'argent qu'il vous aura versé ou qui ne fera pas connaître avant que vous l'y autorisiez la dette que vous aurez contractée envers lui? C'est bien cela, n'est-il pas vrai?

— Justement.

— Eh bien, mon ami, je ne suis pas ce prêteur. Assurément je ne vous redemanderais jamais l'argent que je vous aurais prêté avant que vous me proposiez de me le rendre ; mais je ne peux pas vous affirmer qu'on ne fera pas connaître votre dette avant le moment que vous aurez choisi. Voyez dans quel état je suis, — il toussa, — voyez comme je suis faible, — il se mit à trembler. — Je ne mange que pour me soutenir. Combien de temps cela doit-il durer? Je ne sais. Peut-être pas très longtemps. Je puis mourir, car l'état général est bien délabré, bien épuisé. Que feraient mes héritiers? Ne produiraient-ils pas votre reconnaissance au grand jour, car vous ne pouvez pas emprunter sans reconnaissance, puisque vous aussi pouvez mourir.

— Je vous remercie, dit Roger, je vois maintenant que c'est un service que vous voulez me rendre.

— N'est-ce pas? Ah! que je suis heureux de penser que notre amitié ne se trouvera pas altérée!

Roger se sauva, incapable de supporter plus lontemps cette comédie, plus blessé, plus peiné de la façon dont le refus avait été accompagné que du refus lui-même.

Alors il proposa une combinaison à son avoué, qui consistait à vendre une ou plusieurs de ses propriétés pour éteindre toutes ses dettes; l'argent qui resterait sur le prix de cette vente lui serait versé.

Mais l'avoué n'accepta pas cette combinaison et montra qu'elle était impraticable.

— Lorsque le jugement sera rendu, dit-il, et s'il nous est défavorable, nous tâcherons d'arriver à cette vente si vous y tenez; mais je doute que nous réussissions. D'ailleurs je ne dois pas vous cacher que, pour obtenir la levée du conseil judiciaire, le moyen de payer vos dettes avec vos revenus est le seul bon.

Mais avant que le jugement fût rendu il devait s'écouler encore un certain temps pendant lequel il n'avait pas un sou à toucher.

Comment entretenir le train de maison de Raphaëlle?
Il joua.

Mais, comme tous ceux qui jouent parce qu'il faut qu'ils gagnent, il joua mal et perdit non seulement le peu qu'il avait, mais encore sur parole : dans un club, cent louis; dans un autre, cent cinquante; dans un autre cent, en tout, sept mille francs qu'il lui était impossible de payer.

Et, s'il ne payait pas, il allait être affiché.

Une fois encore, il fallait qu'il recourût à un ami.

— Lequel?

Un seul lui inspirait assez confiance pour qu'il osât encore tenter cette terrible démarche : le prince de Kappel. Comme la somme n'était pas très importante, le prince pourrait peut-être la lui prêter. En tout cas, il ne jouerait pas de comédie.

— Trois cent cinquante louis ! s'écria le prince lorsque Roger eut exposé sa demande, certainement il faut les payer. Vous ne pouvez pas être affiché ; il faut que je vous les prête. Cherchons ce que j'ai.

Dans les poches, on trouva vingt-cinq louis. C'était peu.

— J'ai une réserve, dit le prince ; visitons-la.

Cette réserve était dans un tiroir de bureau ; elle contenait en tout sept louis.

— Cela ne fait pas assez, dit le prince. Je vais emprunter le complément nécessaire pour former les trois cent cinquante louis qu'il vous faut. J'espère que je vais les trouver.

De fait, il les trouva ; et, tout heureux, il les apporta à Roger.

XXXIX

Roger avait pu demander de l'argent au prince de Kappel pour sauver son honneur, mais jamais il ne se serait abaissé à une pareille demande pour les besoins de sa maîtresse.

Cependant il fallait qu'il pourvût à ces besoins.

Il vendit un cheval, puis un autre, puis un autre encore, puis son coupé, puis son phaéton, puis son cabriolet, puis son tilbury, puis ses autres chevaux qui devenaient inutiles puisqu'il n'avait plus de voitures ; il eût bien voulu garder ses chevaux de selle qu'il aimait : mais il dut les vendre aussi.

Chevaux et voitures furent dévorés en quelques semaines ; alors il fallut chercher d'un autre côté.

Il avait une riche collection de montres, dont quelques-unes anciennes, entourées de pierreries du plus grand prix. Il fit vendre ses montres ; puis ensuite des bonbonnières, des bagues, des épingles, des broches, des boutons, des bracelets, car la mode ayant été pendant quelque temps pour les jeunes gens de porter des bracelets, il s'était conformé à cette mode : enfin, les uns après les autres, tous ses bijoux.

Il avait aussi une très belle et très nombreuse collection d'armes : carabines de Devisme, fusils à bascule de Purdey, pistolets, épées de combat, épées de cérémonie, poignards ; elle fut vendue comme l'avait été celle des bijoux, et une nouvelle semaine fut assurée pour Raphaëlle, qui ne pouvait pas ne pas montrer quelque suprise de ce que l'argent arrivait par si petites fractions.

Deux ans auparavant, il avait été invité à des fêtes costumées, et pour cette occasion il s'était fait faire quelques costumes magnifiques qui avaient produit une véritable sensation : un costume Henri IV, un costume Louis XIV, un costume Régence, ces deux derniers ornés de riches dentelles et de pierreries ; les costumes furent vendus comme l'avaient été les bijoux et les armes.

Le nombre des objets qui pouvaient être d'une vente assez facile se restreignait. Dans son salon, il avait un piano à queue d'Érard et quelques petits tableaux : il vendit piano et tableaux.

Il passa alors l'inspection, il fit l'inventaire de ce qui pouvait être encore vendu et il ne trouva plus que les meubles meublant son appartement : des fauteuils, des chaises, des tapis, des tentures, des pendules, des candélabres.

Lorsque ses amis le voyaient maintenant, les sourcils contractés, insensible à ce qui l'entourait, n'écoutant pas ce qu'on lui disait, toujours replié sur lui-même comme s'il cherchait la solution d'un problème, ils pensaient que les soucis de son procès lui étaient vraiment bien cruels.

— Croyez-vous qu'il tient à l'argent, le petit Naurouse, disait Mautravers, est-ce drôle, un garçon qui avait si bien commencé.

Enfin le jugement fut rendu et le duc de Naurouse fut pourvu d'un conseil judiciaire dans la personne d'un ancien commis greffier nommé Berthomieux, qui savait dire comme personne : « C'est grave, faisons attention, n'allons pas trop vite, » et qui joignait à ces mérites déjà considérables celui d'être le mari d'une fort belle femme qui ne manquait jamais d'assister en toilette de gala à la messe de rentrée, où on la voyait, imposante et sereine, échanger des saluts avec un certain nombre de magistrats.

Roger n'avait pas voulu assister au prononcé de ce jugement et il était resté chez lui, attendant la bonne ou mauvaise nouvelle que son avoué devait lui envoyer aussitôt qu'elle serait connue.

Bien qu'il l'attendît mauvaise, cependant une faible espérance persistait encore et malgré tout en lui, — celle en un miracle.

Il resta longtemps tenant dans sa main, le lisant et le relisant machinalement, le court billet que lui avait écrit Nougaret :

« Monsieur le duc,

» Le jugement vient d'être rendu — contre vous ; si
» vous étiez libre aujourd'hui, je voudrais bien vous
» voir ; je serai à mon étude jusqu'à dix heures du
» soir. »

Il prit son chapeau et sortit; ses pas le portèrent chez Raphaëlle. Ne devait-elle pas être la première à connaître ce jugement. Comme elle allait être désolée, la pauvre fille, et pour lui, et pour elle-même, ce qui après tout n'était que juste. Mais il n'accepterait pas le sacrifice qu'elle lui avait offert, pas plus qu'il ne la laisserait dans la pénurie d'argent de ces derniers temps. Pour cela il s'entendrait le soir même avec Nougaret. Si la vente d'une de ses propriétés n'était pas possible, au lieu d'abandonner presque tout son revenu pour éteindre ses dettes, il se réserverait, sur les cinq cent mille francs dont il se composait, cent mille francs par an. De ces cent mille francs, il en garderait vingt-cinq ou trente mille pour lui et donnerait le reste à Raphaëlle. Assurément elle saurait être sage; il n'avait pas de doutes là-dessus.

Bien qu'il fût près de deux heures de l'après-midi, Raphaëlle était encore chez ses parents.

— Je vais prévenir madame, dit la femme de chambre qui ouvrit la porte; si monsieur le duc veut attendre.

Roger entra dans le boudoir.

Ce boudoir joignait justement l'appartement des parents de Raphaëlle, et sa fenêtre ouvrait sur un balcon qui régnait tout le long de la maison et par lequel on pouvait autrefois communiquer avec les deux pièces occupées par M. et madame Houssu; mais Raphaëlle qui voulait être maîtresse chez elle, avait fait poser une grille sur ce balcon de façon à ce que ses parents ne pussent pas venir la déranger.

En entrant dans le boudoir, Roger alla droit à la fenêtre qui était ouverte et, posant son chapeau sur un meuble, il avança un peu sur le balcon pour respirer, car il étouffait.

— M. le duc vient d'arriver, dit une voix derrière lui.

Il se retourna, croyant qu'on venait d'entrer dans le boudoir, mais tout de suite il comprit qu'il se trompait ; ce n'était pas dans le boudoir qu'on avait parlé, c'était dans la pièce à côté, dont la fenêtre aussi était ouverte, — la femme de chambre qui annonçait son arrivée à Raphaëlle.

— Le duc, répondit Raphaëlle, il m'embête à la fin !

Un coup de bâton asséné violemment sur la tête de Roger ne l'eût pas plus assommé que ce mot : il chancela et plia le dos.

Mais il se redressa aussitôt, et son mouvement d'instinct fut d'aller à la grille fermant le balcon et de crier : « Le voici, le duc » ; mais il fut retenu par les paroles qui succédaient à celles qui l'avaient frappé.

— Que faut-il dire ? demanda la femme de chambre.

— Zut.

— Allons, allons, dit une grosse voix sur le ton de la conciliation.

— Oh ! toi, laisse-moi tranquille ou je t'envoie à la balançoire.

— C'est comme ça que tu parles à l'auteur de tes jours ?

— Quand il se mêle de ce qui ne le regarde pas, oui. J'ai dit que le duc m'embêtait et je le répète : il m'embête, il m'embête, il m'embête !

Ce fut avec une exaspération croissante qu'elle jeta ce mot.

— J'en ai plein le dos. S'il se fâche, tant mieux... Ça sera fini. J'aime mieux que ça arrive avant son conseil judiciaire qu'après ; ça me donnera le beau rôle. Et vous savez qu'il ne peut pas l'éviter : Mautravers me disait encore l'autre jour que c'était sûr. Comme ça ferait bien mon affaire, un duc de la Panne! Voilà six semaines que je m'extermine pour lui faire comprendre qu'il est temps que ça finisse. Ah! bien oui, il ne veut rien comprendre.

— Ça prouve en sa faveur, dit la voix d'homme; il tient à toi, ce garçon, il a bon goût.

— Quand on a des goûts distingués il faut avoir le moyen de se les payer. Et il ne va pas avoir le sou, le pauvre diable. Je parie qu'un de ces jours il va venir me proposer de tout vendre pour aller nous enfermer dans un grenier et filer le parfait amour. Quand je lui ai parlé de ça, si vous aviez vu les yeux qu'il a faits : c'était à mourir de rire. Non, vraiment, quand on pense combien les hommes sont bêtes, c'est inouï; on n'en a pas idée; faut le voir pour le croire.

— Ça dépend, dit la grosse voix, il y a homme et homme.

— Oh! ne fais pas ta tête; tu sais, quand tu aurais été plus fort que les autres, ça ne ferait jamais une belle force. Enfin, pour le moment, c'est moi la bête de ne lui avoir pas encore signifié congé; mais ça ne peut plus durer comme ça : Poupardin se fâche à la longue, ça l'ennuie d'être toujours en second, il veut être en premier.

— Ça se comprend.

— Des bêtises; mais enfin il faut bien en passer par là. Une autre bête pour l'orgueil, celui-là; il serait capable à la fin de se fatiguer et de renoncer. Croyez-vous que cela serait drôle : j'ai eu assez de mal à le maintenir. Quel travail! Et tu sais, papa, s'il reprenait ses anciennes habitudes, ça serait une débâcle ici : plus de fourchette à piquer dans le foie et à sucer sans avoir l'air de rien. Aussi je suis décidée. Le duc a bien fait de venir : je vas lui régler son compte ; ma foi, tant pis pour lui s'il a la tête trop dure, je taperai dessus jusqu'à ce que ça entre ; ce n'est plus possible cette galère-là.

— Allons, allons, dit la grosse voix, pas d'emportement ; si tu veux lui régler son compte, règle-le-lui. Je crois effectivement que l'heure a sonné ; seulement, en douceur, hein ; sois aimable, c'est le métier qui veut ça. Crois-tu que plus d'une fois je n'ai pas eu envie d'envoyer quelques bons coups de crosse dans les reins des bourgeois? Eh bien, jamais ; je me disais : « Retiens-toi, Houssu, c'est le métier qui le veut. »

Roger n'en put pas entendre davantage.

Il aurait voulu la tuer.

Il aurait voulu se précipiter chez ces misérables et leur dire leur fait.

La tuer! elle n'en valait pas la peine.

Parler à ces gens : à ce père, à cette fille, à cette mère.

Un frisson de dégoût le secoua de la tête aux pieds.

Vivement il rentra dans le boudoir et traversa le salon et le vestibule.

— Madame vient tout de suite, dit la femme de chambre.

Il s'arrêta, et sans éclats de voix, sans grands gestes :

— Vous lui direz que j'étais sur le balcon du boudoir.

XL

Roger monta le boulevard Haussmann sans savoir ce qu'il faisait, où il était.

Ce n'était pas le bruit des voitures qui retentissait à son oreille, c'était un mot, toujours le même, prononcé avec un accent faubourien, lent et gras :

— Il m'embête, il m'embête.

Il continua de marcher, ivre, il alla ainsi jusqu'à l'Arc-de-Triomphe. Là, il s'arrêta ou plutôt il fut arrêté par la file des voitures qui passaient devant lui, se rendant au Bois.

Dans une sorte de brouillard confus, il vit des mains, des chapeaux qui le saluaient; mais il n'avait pas d'yeux pour reconnaître ceux qui lui adressaient ces saluts. Il ne regardait personne; pourquoi faisait-on attention à lui?

Une idée traversa son esprit bouleversé : on connaissait sans doute déjà le jugement qui venait de le frapper, et c'était pour tâcher de saisir les effets que ce jugement avait provoqués en lui qu'on l'examinait.

Une voiture vide passait; il fit un signe au cocher. Mais prêt à monter, il resta indécis.

— Où allons-nous? demanda le cocher.

— Je cherche.

Le cocher le regarda avec surprise, se demandant s'il avait affaire à un fou.

— Rue Ganneron, villa Saint-Michel, dit-il.

— Et où est-ce, la rue Ganneron, s'il vous plaît?

— Du côté de Batignolles, de Montmartre, je ne sais pas.

— On demandera.

En effet, en demandant, le cocher arriva dans une rue tortueuse qui n'avait de maisons que d'un côté, l'autre étant bordé par un long mur uniforme qui semblait ne devoir jamais finir ; et la voiture s'arrêta.

La maison était de misérable apparence, d'une tristesse lugubre, sale et délabrée ; dans un trou noir creusé à l'entrée d'une allée au carreau terreux, se tenait le concierge qui, disait un écriteau à la main, faisait le neuf et le vieux.

— M. Crozat? demanda Roger.

Le concierge qui en ce moment faisait du vieux, et même du très vieux, car le soulier qu'il recousait avait déjà cinq ou six pièces, leva la tête :

— Au troisième, la quatrième porte à gauche dans le corridor de droite.

— Est-il chez lui ?

— C'est à voir.

Tout en montant l'escalier aux marches glissantes ou collantes, Roger eut besoin de se répéter ces indications pour ne pas les oublier et confondre ce qui était à droite avec ce qui était à gauche.

Il arriva au troisième, et dans le corridor de droite, après avoir bien compté, il frappa à la quatrième porte.

La voix de Crozat qu'il reconnut répondit d'entrer.

— Monsieur de Naurouse, ah ! quelle bonne fortune, dit Crozat en venant au-devant de lui.

Roger se trouvait dans une toute petite chambre mansardée, éclairée par une fenêtre coupée dans le toit, et dont tout le mobilier consistait en un lit de fer, une table et une chaise. Un des pieds du lit était consolidé avec une ficelle; la table paraissait avoir les reins cassés et penchait d'une façon menaçante sous le poids des papiers et des livres dont elle était chargée; la paille qui fonçait la chaise s'échappait deci delà en petits tire-bouchons frisotants.

Ce fut cette chaise que Crozat offrit à son ancien élève, par cette bonne raison qu'il n'en avait pas d'autre.

— Veuillez vous asseoir, monsieur le duc, je vous prie.

— Monsieur Crozat, dit Roger en s'asseyant vis-à-vis la fenêtre ouverte, je viens vous demander un service : celui de reprendre nos leçons.

— Oh! avec grand plaisir.

— Vous êtes libre?

— Mais certainement.

— J'entends libre de quitter Paris et de venir vous renfermer avec moi dans un château de la Provence pendant deux ou trois années, où vous me ferez travailler sérieusement.

Crozat, qui était resté debout, leva si brusquement ses deux bras qu'il faillit crever son plafond en papier fleuri.

— Si cela vous gêne, j'en serais désolé, continua Roger, car, je vous l'ai dit, ce que je vous demande c'est un service réel, puisque je compte sur vous pour me sauver d'une situation désastreuse et m'aider à devenir un homme.

Cela fut dit d'une voix grave et émue.

— Voici la situation, dit Crozat avec bonhomie, et je vous prie de me permettre de vous l'exposer pour que vous puissiez comprendre le mouvement de surprise avec lequel j'ai accueilli votre proposition, — qui, je vous l'affirme, me touche et m'honore. J'avais un élève que j'ai eu la chance, peu espérée, de faire recevoir, il y a un mois : la famille, dans son délire de joie, m'a offert une gratification inespérée aussi par moi, un beau billet de cinq cents francs. Depuis longtemps j'étais dévoré du désir de faire imprimer une petite comédie en vers : *Le Comte et la Marquise*, que j'avais vainement présentée aux Français, à l'Odéon, au Gymnase, où elle avait été repoussée sous le prétexte, absurde, je vous l'assure, de rappeler Musset. — Musset a ses qualités ; j'ai les miennes qui me sont personnelles. J'ai employé mes cinq cents francs à satisfaire ce désir et j'ai fait imprimer ma comédie, dont voici un exemplaire qui vous était destiné ; la dédicace en fait foi, comme vous pouvez le voir.

Disant cela, Crozat prit sur la table une petite brochure à couverture jaune, toute fraîche, et la tendit à Roger, mais sans s'interrompre.

— J'ai naturellement porté des exemplaires de ma pièce à tous les journaux, et c'est aujourd'hui même que s'est terminée cette distribution, de sorte que j'étais bien aise de rester à Paris, non pour solliciter des articles, je ne suis pas solliciteur, mais pour voir par moi-même l'effet que cela allait produire et le coup que cela pouvait porter. Mais il est évident qu'à la rigueur je puis charger un ami de surveiller les journaux et de m'envoyer ceux qui parleront de moi. Ainsi, monsieur le duc, ne prenez pas souci de mon mouvement de surprise ; j'accepte votre offre avec empressement et me mets à votre entière disposition. Quand devons-nous partir ?

— Ce soir à huit heures, par la gare de Lyon. Trouvez-vous au buffet à sept heures ; nous dînerons ensemble. J'espère que cette hâte ne gênera pas vos préparatifs ?

— Oh! pas du tout, ils seront vite faits.

Roger s'était levé, et il regardait par la fenêtre, comprenant maintenant ce qu'était le long mur qu'il avait suivi, un mur de cimetière, celui du cimetière Montmartre. — Au bas, devant lui, au milieu d'allées d'arbres et de massifs d'arbustes verts, on voyait circuler des groupes d'hommes et de femmes en noir, des voitures de deuil, des corbillards, et çà et là, comme une tache blanche, le surplis d'un prêtre. Des rumeurs montaient, mêlées à des piétinements et à des roulements de voitures.

— Vous regardez la vue, dit Crozat. C'est elle qui m'a fait prendre cette chambre. Comme on trouve cela triste, les locations se font difficilement et elles sont moins chères qu'ailleurs. Pour moi, je ne suis pas sensible à ces choses; ce n'est pas du dehors que nous vient la tristesse, c'est de nous quand nous n'avons pas de ressort intérieur, pas d'activité d'esprit, pas de but à atteindre. Voilà pourquoi la tristesse ne m'a jamais touché dans cette chambre: je travaillais. J'avoue cependant qu'elle n'est pas très belle. Mais qu'importe! C'est si beau d'avoir une niche à soi, — je ne dis pas en soie.

Il se mit à rire de son rire large et sonore. Roger lui tendit la main, tout ému et en même temps tout réconforté.

— A ce soir, dit-il.

— A ce soir, sept heures, sans faute, assurément.

Roger dit à son cocher de le reconduire vivement rue Saint-Anne, à l'adresse de Nougaret.

L'avoué était chez lui et tout de suite il reçut son client.

— Désolé, monsieur le duc, mais je vous avais fait

pressentir ce fâcheux résultat ; nous avons fait le possible, de notre mieux.

— J'en suis convaincu et vous remercie ; mais ce n'est point du passé que nous devons nous occuper maintenant, c'est de l'avenir.

— Justement, et c'était pour vous entretenir de votre projet de vente que je désirais vous voir.

— J'ai renoncé à ce projet de vente. Je désire que l'arrangement que vous conclurez soit celui-ci : j'abandonne, pour payer mes dettes, tout mon revenu, à l'exception de vingt-cinq mille francs que je me réserve pour vivre.

— C'est bien peu, et il est à craindre que vous ne soyez entraîné à faire de nouvelles dettes.

— Non, car je quitte Paris et me retire dans ma terre de Varages, où je vais passer trois ou quatre ans à travailler sérieusement.

— Vous ferez cela ?

— Certes, je pars ce soir.

— Eh bien ! voilà une résolution virile, dont je vous félicite de tout cœur ; je vous donne ma parole qu'avant trois ans je vous aurai débarrassé de votre conseil. Vous facilitez singulièrement notre tâche. Je sais quelqu'un qui va être bien heureux : Harly.

— Vous lui ferez mes adieux, car je n'aurai pas le temps de le voir avant mon départ.

Ce n'était pas tout à fait le temps qui lui manquait, c'était le courage ; il faudrait entrer dans certaines explications avec Harly, parler de Raphaëlle, et il ne s'en sentait pas capable.

XLI

Toutes les dispositions prises avec son avoué pour l'arrangement de ses affaires, Roger rentra chez lui rapidement.

— Préparez-moi promptement, dit-il à son valet de chambre, tout ce qui peut m'être nécessaire en linge, vêtements et chaussures pour un long séjour à la campagne ; puis vous ferez porter les malles à la gare de Lyon pour sept heures, ce soir, et vous m'attendrez au buffet.

— Je pars avec monsieur le duc ?

— Non.

Bernard, malgré son envie, n'osa pas en demander davantage. Déjà le duc avait ouvert son bureau et s'était mis à écrire : sa main courait si rapidement sur le papier qu'elle traduisait bien certainement une pensée réfléchie et arrêtée :

« Tu as bien fait, chère Christine, de ne pas déses-
» pérer de moi ; tu as bien fait surtout de penser qu'un
» mot de toi aurait le pouvoir de me rappeler à la
» raison, car c'est à toi qu'appartient tout le mérite de
» la résolution que je viens de prendre.

» Je quitte Paris et j'abandonne sans regret l'exis-
» tence que tu blâmais et qui te désespérait.

» Voilà la résolution que ton bon et vaillant petit
» cœur me suggère ; voilà ce que ton affection ob-
» tient.

» Tu craignais de me déplaire avec ta sagesse et
» tes doux conseils, tu m'as rendu glorieux, fier de
» moi ; tu pensais que j'oublierais ta lettre, et cette

» lettre je l'ai lue vingt fois, je me sentais grandi par
» les sentiments de tendresse que tu me gardais ;
» quelque chose de puissant me relevait, et je me
» sentais digne de ton amitié.

» Dans la crise effroyable que je traverse en ce
» moment, cette lettre est mon appui, mon sauveur,
» le bras qui me soutient, l'étoile qui me montre mon
» chemin et me guide.

» Je pars pour Varages, où je vais travailler et
» essayer de devenir un homme; et je pars avec un
» maître dont je vais me faire l'écolier docile. Sois
» tranquille, je ne me rebuterai point, je ne déses-
» pérerai point, et ce sera sans révoltes comme sans
» dégoûts que j'accepterai tous les ennuis ou toutes
» les difficultés que va me créer ma résolution; et si
» je faiblis quelquefois, je me retremperai dans ton
» souvenir.

» Es-tu contente?

» Que je voudrais le savoir; que je voudrais voir
» tes yeux se lever sur moi souriants et rassurés !

» Pourquoi les circonstances nous séparent-elles?
» Pourquoi nous ont-elles tenus loin l'un de l'autre?
» J'aurais été meilleur en ne te quittant pas, et les
» coups qui me frappent m'eussent été sans doute
» épargnés.

» Je ne veux rien dire, chère Christine, qui puisse
» te blesser ou te peiner, si légèrement que ce soit;
» mais s'il y a des fautes dans ma vie, je crois que je
» n'en suis pas seul responsable. J'avais besoin de
» tendresse, de douceur, de ménagements ; j'avais
» besoin de me sentir soutenu par l'amour d'une
» famille, et j'ai été repoussé si cruellement par ceux
» qui auraient dû m'entourer et m'aimer, que sans
» toi je serais resté plongé dans un noir abandon.

» Ton sourire a éclairé ma jeunesse, l'a réchauffée ;
» mais il est arrivé un jour où ce sourire m'a man-
» qué et où je suis resté seul.

» Par bonheur je le retrouve ce sourire au moment
» même où je roule au plus profond de l'abîme et,
» une fois encore, il me sauve. Dans les bouillonne-
» ments tumultueux de mon esprit, tes paroles me
» reviennent : elles s'imposent et me font réfléchir.
» Ce que je ne trouvais pas moi-même, emporté,
» affolé que j'étais par l'exaspération et la douleur,
» elles me l'inspirent en me faisant comprendre que
» je dois me réserver un autre avenir que celui que
» je me préparais, et qu'il y a des devoirs qu'un
» homme de mon rang n'a pas le droit d'oublier sans
» déchoir. S'il m'est impossible, malgré l'ambition
» que j'en ai, d'ajouter une gloire à mon nom, je
» veux du moins tout faire pour ne point l'amoindrir.
» Ne crains donc plus pour moi, chère Christine ;
» pendant plusieurs années ma vie va être régulière,
» tranquille, cachée ; elle sera remplie du souvenir
» de tes conseils et de plus elle sera soutenue par la
» pensée de devenir personnellement quelqu'un, par
» la volonté de me rendre bon à quelque chose. Cer-
» tes, je n'espère plus l'existence qui aurait peut-
« être été la mienne si, à mes premiers pas dans le
» monde, j'avais su, j'avais pu, si on avait voulu ;
» mais enfin tout n'est pas perdu, et bien des choses
» peuvent se réparer encore.

» C'est à cela que je vais travailler, c'est le but que
» je vais poursuivre virilement et courageusement.

» Si la solitude m'est triste, et il est possible qu'elle
» me le soit, elle me donnera au moins la joie de pou-
» voir penser à toi et d'évoquer ton image.

» Cette joie, je me l'étais interdite au milieu de la

» vie que je menais. Te mêler, si peu que ce fût, à
» mon milieu eût été te faire injure, et pour rien au
» monde je n'aurais voulu te voir apparaître dans ce
» cadre indigne de ta pureté.

» Mais dans les bois silencieux de Varages, lors-
» que rien ne viendra me troubler, me distraire ou
» m'occuper, je pourrai librement penser à ma chère
» Christine que je verrai, dans l'auréole de ses bou-
» cles blondes, m'approuver et m'encourager comme
» une bonne petite sœur, comme une fée. Ainsi, après
» m'avoir aidé à me reconquérir, tu me soutiendras.

» Adieu donc, jusqu'au jour où nous pourrons nous
» revoir ; accompagne-moi de tes pensées.

» ROGER. »

» Je ne puis te faire parvenir cette lettre qu'au
» moyen d'un subterfuge ; je dois donc t'en écrire
» une seconde que tu pourras avouer et montrer si
» on demande à la voir : quant à ce que je viens de
» te dire en laissant parler mon cœur, personne n'en
» saura jamais un mot, n'est-ce pas ? tu ne sais rien,
» ni de moi, ni de mes résolutions. »

Et tout de suite, prenant une autre feuille de papier il écrivit :

« Puisque tu es la seule personne de ma famille qui
» m'ait témoigné de l'affection et de la sympathie, je
» ne veux pas quitter Paris sans te faire mes adieux,
» regrettant beaucoup de ne pouvoir te les adresser
» que par ce court billet.

» Je t'embrasse tendrement, ma chère Christine.

» Ton cousin,

» ROGER. »

Ayant plié ces deux lettres, il les mit sous une même enveloppe, qu'il ferma et scella soigneusement, et sur laquelle il écrivit : « *Mademoiselle Christine de Condrieu-Revel.* »

L'heure avait marché, il était près de cinq heures et demie.

Il sortit et, prenant une voiture, il se fit conduire au palais du Sénat, en recommandant au cocher de marcher aussi rapidement que possible.

— M. le comte de Condrieu-Revel est-il en séance? demanda Roger à un huissier.

Celui-ci répondit affirmativement, en ajoutant que la séance allait se terminer d'un instant à l'autre, de sorte que ce n'était pas la peine de déranger M. le comte de Condrieu, qui allait sortir.

— Très bien, répondit Roger, je vais l'attendre.

Mais au lieu de l'attendre, comme il le disait, il courut à sa voiture :

— Rue de Lille, au galop.

A cette heure-là il n'y avait pas à craindre de rencontrer Ludovic, car c'était un des jours où il se rendait dans une parlotte, où, avec d'autres jeunes gens qui se préparaient comme lui à la vie politique, il s'habituait à parler longuement et savamment pour ne rien dire. Christine devait donc être seule à l'hôtel.

Ce fut avec émotion qu'il monta les marches du perron au haut duquel se tenait un domestique en grande livrée.

— Mademoiselle Christine ?

— Mademoiselle est dans son appartement.

Il respira.

— Alors, faites-lui porter tout de suite cette lettre qui est pressée; il n'y a pas de réponse.

Il ne put pas traverser la cour sans se retourner et

sans lever les yeux vers ses fenêtres ; mais il ne la vit point.

Ce fut avec un cruel serrement de cœur qu'il monta dans sa voiture : « Adieu, jusqu'au jour où nous pourrons nous revoir », avait-il dit dans sa lettre ; et peut-être ne la reverrait-il jamais. Quand il reviendrait à Paris ne serait-elle pas voilée et cloîtrée ? Un seul cœur l'avait aimé, l'aimait, et il fallait qu'il se séparât de lui.

— Où allons-nous ? demanda le cocher.

Roger tira sa montre : il était six heures, et il n'avait plus rien à faire dans Paris.

— A la gare de Lyon, dit-il, aussi lentement que vous voudrez.

Il se tassa dans un coin, se laissant aller à la prostration qui, après ces quelques heures de luttes, d'agitation, de fièvre, s'emparait de lui : c'était fini ; rien ne le soutenait plus.

Il ne trouva point Crozat au buffet ; mais après l'avoir attendu pendant un quart d'heure environ, il le vit arriver, toujours vêtu de son éternel habit noir et coiffé de son gibus en mérinos. Les poches de son habit, celles du côté comme celles des pans, paraissaient pleines à crever, pleines de livres dont on devinait la forme ; à sa main il portait en la dandinant une espèce de valise, de porte-manteau, de sac, moins plein que ses poches assurément.

S'étant assis à la table du duc, il tendit à celui-ci une petite brochure à couverture jaune qu'il tira d'une de ses poches :

— Votre exemplaire du *Comte et la Marquise* que vous aviez oublié, dit-il, je vous l'apporte ; cela pourra vous fournir une lecture pour le voyage.

Roger s'excusa en quelques mots, puis il pria

Crozat de s'entendre avec Bernard pour l'enregistrement des bagages.

— Mais voilà mon bagage, dit Crozat, montrant sa valise.

Crozat fit honneur au dîner et mangea pour deux, mais silencieusement, respectant la préoccupation de son élève.

Enfin on monta en wagon ; la cloche sonna, le sifflet de la machine retentit et le train s'ébranla lentement.

Roger et Crozat étaient assis en face l'un de l'autre ; celui-ci pencha sa tête par la glace ouverte et pendant quelques instants il regarda les lumières qui, au loin, piquaient çà et là l'obscurité.

— Adieu, Paris, dit-il, adieu.
— Non, dit Roger au revoir. (1)

FIN

(1) L'épisode qui suit a pour titre : *la Duchesse d'Arvernes.*

www.ingramcontent.com/pod-product-compliance
Lightning Source LLC
Chambersburg PA
CBHW050657170426
43200CB00008B/1325